생명과학을 위한 딥러닝

Authorized Korean translation of the English edition
Deep Learning for the Life Sciences ISBN 9781492039839
ⓒ 2019 Bharath Ramsundar, Peter Eastman, Patrick Walters, and Vijay Pande
This translation is published and sold by permission of O'Reilly Media, Inc., which owns or controls
all rights to publish and sell the same.

생명과학을 위한 딥러닝

생물학, 유전체학, 신약 개발에 적용하는 실무 딥러닝

바라스 람순다르 · 피터 이스트먼 · 패트릭 월터스 · 비제이 판데 지음

김태윤 옮김

i!i
에이콘

에이콘출판의 기틀을 마련하신 故 정완재 선생님 (1935-2004)

바라스 람순다르 Bharath Ramsundar

생물학적 빅데이터를 구축하는 블록체인 blockchain 회사인 데이터마인드 Datamined (생명공학 분야에서 인공지능의 발전을 가속화하는 데 필요한 빅데이터를 생성하는 것을 목표로 한다.)의 공동 창립자이자 최고기술책임자(CTO)다. 또한 신약 개발에 딥러닝을 적용하는 DeepChem[1] 라이브러리의 수석 개발자이자 MoleculeNet의 공동 개발자다.

UC 버클리에서 EECS와 수학 분야 학사 학위를 받았으며, 최근 스탠퍼드 대학교에서 컴퓨터과학으로 박사 학위를 받았다. 또한 과학 분야 최우수 대학원생을 지원하는 허츠 펠로우십 Hertz Fellowship에 선정돼 비제이 판데 Vijay Pande 교수에게 연구 지도를 받았다.

피터 이스트먼 Peter Eastman

스탠퍼드 대학교의 생명공학 부서에서 생명정보학 소프트웨어를 개발하고 있다. 고성능 분자 역학 시뮬레이션 도구인 OpenMM의 수석 개발자이며 화학, 생물학, 재료과학 분야의 딥러닝 라이브러리인 DeepChem의 핵심 개발자다. 2000년부터 생명정보학 소프트웨어 회사인 실리콘 제네틱스 Silicon Genetics의 기술 부사장을 역임한 전문 소프트웨어 엔지니어이며, 현재의 관심 분야는 물리학에 딥러닝을 응용하는 것이다.

---

1 DeepChem은 텐서플로를 기반으로 한다. – 옮긴이

패트릭 월터스^{Patrick Walters}

케임브리지에 있는 릴레이 테라퓨틱스^{Relay Therapeutics} 계산 및 정보학 부서(컴퓨터 시뮬레이션과 실험 데이터를 통합하는 새로운 응용 분야에 중점을 두고 약물 시뮬레이션 프로그램을 주도하는 통찰을 제공한다.)의 책임자다. 릴레이 테라퓨틱스에 합류하기 전에는 버텍스 제약^{Vertex Pharmaceuticals}에서 20년 동안 모델링 및 정보학의 책임자로 근무했다.

현재 학술지 「Journal of Medicinal Chemistry」의 편집 자문 위원이며, 이전에는 「Letters in Drug Design & Discovery」와 「Molecular Informatics」에서 자문 위원을 맡았다. 2017년 Gordon Computer Assisted Drug Design 콘퍼런스의 의장이었고, 미국 국립 보건원(NIH)이 진행하는 D3R^{Drug Design Data Resource}과 미국 화학회 TDT^{Teach-Discover-Treat} 등의 과제에 여러 가지 도움을 주는 등 과학 공동체에서 적극적인 역할을 하고 있다. 캘리포니아 대학교에서 화학 학사 학위를 받았고, 애리조나 대학교에서 입체 분석에서의 인공지능 응용을 연구해 유기화학 박사 학위를 받았다. 박사 학위를 받기 전에는 바리언 인스트루먼츠^{Varian Instruments}에서 화학자이자 소프트웨어 개발자로 일했다.

비제이 판데^{Vijay Pande}

투자 회사 앤드리슨 호로위츠^{Andreessen Horowitz}의 총괄 파트너이며, 인공지능을 포함하는 최신 컴퓨터과학을 생물학과 의료 체계에 적용하는 혁신적인 벤처 회사 투자를 담당한다. 또한 스탠퍼드 대학교 생명공학부 조교수로 재직하면서 의학과 생물학에 대한 선구적인 연구를 바탕으로 200편 이상의 논문 출간과 두 건의 특허 등록, 두 가지 새로운 치료 약물 발견 등과 같은 성과를 거뒀다.

기업가로서 질병 연구를 위한 분산 컴퓨팅 프로젝트인 Folding@Home을 만들었다. Folding@Home은 새로운 질병 치료법을 찾고 기초 과학 발전에 필요한 연산 작업을 다수의 컴퓨터로 분산하는 프로젝트이며 의학과 생물학의 발전을 돕는다. 10대 시절에 이미 비디오 게임 〈크래쉬 밴디쿳^{Crash Bandicoot}〉으로 잘 알려진 너티 독^{Naughty Dog}의 첫 번째 직원으로 일했으며, 현재는 스탠퍼드 대학교의 스타트업 기업인 Globavir Biosciences사의 공동 창립자로서 뎅기열과 에볼라에 대한 치료법을 연구 중이다.

옮긴이 소개

김태윤(deepthought@postech.ac.kr)

제약회사 연구소에서 연구원으로 근무하고 있으며, 생물학 실험과 프로그래밍에 관심이 많은 자칭 바이오해커다. 다양한 과정에서 얻은 경험을 공유하는 블로그(https://partrita.github.io)를 운영하고 있다. 『파이썬을 활용한 생명정보학 2/e』(에이콘, 2019)을 번역했으며, 최근에는 신약 개발에서 빅데이터, 머신러닝 등과 같은 다양한 분석 기술을 응용하고자 노력하고 있다. 그리고 언젠가 사이언스 판타지 소설을 써보고 싶다는 꿈을 갖고 있다.

옮긴이의 말

이 책은 나의 두 번째 번역서다. 번역이 어렵다는 것을 이전 책을 번역하면서 절실히 깨달았지만, 이 책의 제목을 보는 순간 까맣게 잊어버리고 다시 번역 작업을 하게 됐다.

컴퓨터과학과 생명과학의 융합은 오래된 꿈과 같다. 누구나 그 중요성을 알지만, 선뜻 다가가지 못한다. 아마도 각 영역이 방대하고 융합 학문은 추상적이기 때문일 것이다. 따라서 이 책은 나와 비슷한 생각을 하는 사람에게 한 줄기 빛과 같다. 저자들은 우리에게 앞으로 나아가야 할 방향을 알려줄 뿐만 아니라 실무에 적용할 수 있는 예시를 사용해 이해를 돕는다.

비록 딱딱한 내용으로 가득 찬 전문 서적이지만 독자들이 쉽게 이해할 수 있도록 번역 과정에서 나름대로 최선을 다했다. 그럼에도 부족한 부분이 너무나도 많은 것 같다. 이 책에서 잘 이해되지 않는 내용이 있다면 개의치 말고 연락을 주길 바란다. 독자들과의 소통은 언제나 환영이다.

차례

들어가며

최근 로봇공학의 발전으로 많은 생명과학 실험이 자동화돼 엄청난 양의 데이터를 만들어내고 있다. 약 20년 전에는 한 명의 과학자가 평생 동안 모아야 했을 데이터가 오늘날에는 하루면 쌓인다. 이로 인해 생명과학과 데이터 과학$^{data science}$의 경계가 빠르게 사라지고 있으며, 데이터의 홍수 속에서 데이터를 빠르게 분석하는 능력은 생명과학자의 필수 자질이 되고 있다. 이제 엑셀^{Excel}로 실험 데이터를 처리하고 그래프를 그리는 시대는 지났다. 현대의 생명과학자에게는 거대한 실험 데이터 속에 숨겨진 패턴을 찾아내고 새로운 지식을 얻어 과학적 결론을 도출해내는 능력이 가장 필요하다.

지난 몇 년간 딥러닝$^{deep learning}$은 데이터의 패턴과 의미를 찾아내는 강력한 도구로 활용돼 왔으며, 주로 이미지 분석, 외국어 번역, 음성 인식과 같은 빅데이터 분석에서 놀라운 성능을 보여줬다. 이 책에서는 딥러닝을 생명과학 분야에 적용하는 방법으로 유전체학, 신약 개발, 질병 진단 등의 다양한 분야에 사용하는 과정을 소개한다. 또한 실무에 바로 사용할 수 있는 예제 코드를 제공해 독자들의 시간을 아껴줄 것이다.

편집 규약

이 책에서는 다음과 같은 편집 규약을 사용한다.

고정폭 글자

단락 내에서 프로그램 목록, 변수 또는 함수의 이름, 데이터베이스, 데이터 유형, 환경

변수, 명령문, 키워드와 같은 프로그램적 요소를 나타낸다.

굵은 고정폭 글자

문자 그대로 사용자가 입력해야 하는 명령 또는 기타 텍스트를 표시한다.

기울인 고정폭 글자

사용자가 변경해야 하는 값이나 내용에 따라 변경되는 것을 표현한다.

 이 요소는 팁 또는 제안을 나타낸다.

 이 요소는 일반적인 참고 사항을 나타낸다.

 이 요소는 경고 또는 주의할 내용을 나타낸다.

예제 코드 다운로드

예제 코드는 https://github.com/deepchem/DeepLearningLifeSciences에서 다운로드할 수 있다. 동일한 파일을 에이콘출판사 도서정보 페이지 http://www.acornpub.co.kr/dl-life-sciences에서도 다운로드할 수 있다.

이 책의 예제 코드는 실무에 바로 사용할 수 있게 작성돼 있다. 그리고 저자의 허락 없이 코드의 일부를 사용해 프로그램을 작성해도 문제가 되지 않는다. 다만 이 책의 예제 코드를 CD-ROM으로 판매하거나 배포하는 것은 문제가 된다. 즉, 책을 인용하고 일부 예제 코드를 사용하는 것은 괜찮지만, 예제 코드를 사용해 물품으로 판매하는 경우라면 사전 허락이 필요하다.

출처 표기가 꼭 필요하지는 않지만 표기해준다면 감사하겠다. 저작자 표기에는 대개 제목, 저자, 출판사, ISBN 코드가 포함된다(예시: 'Deep Learning for the Life Sciences by Bharath Ramsundar, Peter Eastman, Patrick Walters, and Vijay Pande (O'Reilly), Copyright 2019 Bharath Ramsundar, Karl Leswing, Peter Eastman, and Vijay Pande, 978-1-492-03983-9').

위에 명시된 내용과는 다르게 예제 코드를 사용해야 한다면 언제든지 permissions@oreilly .com으로 연락해주길 바란다.

질문

http://bit.ly/deep-lrng-for-life-science에서 코드 예제, 오탈자, 보충 자료를 찾을 수 있으며, 이 책과 관련해 질문이 있다면 bookquestions@oreilly.com으로 문의하길 바란다. 한국어판에 관한 질문은 에이콘출판사 편집 팀(editor@acornpub.co.kr)이나 옮긴이의 이메일로 문의하길 바란다.

감사의 말

오라일리O'Reilly의 편집자인 니콜 타슈Nicole Tache와 다른 리뷰어들에게 감사의 말을 전한다. 또한 예제 코드 작성을 도와준 칼 레싱Karl Leswing, 젠친 우Zhenqin Wu와 유전학에 대해 조언해준 조니 이스라엘Johnny Israeli에게도 고맙다.

바라스 람순다르: 이 책을 쓰면서 많은 주말과 밤을 가족과 함께 하지 못했다. 그 기간을 이해해주고 격려를 아끼지 않은 가족에게 감사한다.

피터 이스트먼: 끊임없이 지원해준 아내와 머신러닝을 함께 공부한 직장 동료들에게 감사를 표한다.

패트릭 월터스: 아내 안드레[Andrea]와 딸 알리[Alee], 메디[Maddy]의 사랑과 지원에 감사한다. 또한 많은 것을 배울 수 있게 해준 버텍스 제약과 릴레이 테라퓨틱스의 모든 동료에게도 고맙다는 말을 전한다.

마지막으로 이 책 전반에 걸쳐 많은 격려와 지원을 해준 DeepChem 커뮤니티에 감사한다.

1장
왜 생명과학인가?

지난 20년 동안 현대 의학은 지속적인 혁신으로 많은 환자의 삶을 질적으로 개선해왔다. 에이즈(AIDS)는 1981년에는 시한부 삶을 선고하는 치명적인 질병이었지만, 지금은 항 레트로바이러스antiretroviral 치료법의 개발로 환자의 평균 수명이 크게 늘어났다. 그리고 C형 간염은 10년 전에는 불치의 병이었지만 이제는 완치가 가능하다. 또한 유전학의 발전으로 의사들이 환자의 유전병을 정확하게 진단하고 가능한 치료법을 찾을 수 있게 됐다. 이렇게 놀라운 의학 발전에는 데이터 분석 기술이 원동력이 됐다. 그렇기 때문에 현대 의학이 더 발전하려면 컴퓨터를 통한 데이터 분석 기술의 발전이 뒷받침돼야 한다.

딥러닝은 왜 필요한가?

머신러닝은 이제 온라인 쇼핑에서 소셜 미디어까지 모든 것을 아우르는 핵심 요소다. 개발자들은 머신러닝으로 아마존 에코Amazon Echo 또는 구글 홈Google Home과 같은 사람의 말을 이해할 수 있는 인공지능 비서를 개발했고 실시간 웹 페이지 번역 기능도 만들었다. 또한 머신러닝은 물리학과 생명과학의 다양한 영역에 많이 적용되고 있다. 망원경 이미지에서 새로운 은하를 찾는 일부터 시작해 대형 강입자 충돌기Hadron Collider[1]에서 원자 간 상호작용을 분류하는

---

1   유럽 입자 물리 연구소(CERN) 소관의 입자 가속 및 충돌기로 스위스 제네바에 있으며 인류 역사상 가장 거대한 실험 장치다. - 옮긴이

작업에 이르기까지 정말 다양한 곳에 사용되고 있다.

이렇게 다양한 분야에서 머신러닝을 사용할 수 있게 된 데에는 딥러닝 알고리즘의 덕이 크다. 딥러닝 알고리즘은 이미 1950년대에 인공신경망^{Artificial Neural Network}(ANN)의 기술적 토대가 만들어졌고 1980년대에 이론적으로 정립됐지만, 당시 컴퓨터 하드웨어의 한계로 인해 이제서야 쓸만한 딥러닝 모델을 구현할 수 있다. 딥러닝 이론은 2장에서 살펴보기로 하고, 여기서는 딥러닝이 가져온 중요한 발전 몇 가지만 소개한다.

- 딥러닝은 휴대폰, 컴퓨터, TV, 기타 유비쿼터스^{ubiquitous} 장치의 음성 인식 기술이 발전하는 것을 주도했다.
- 딥러닝을 통한 이미지 분석은 자율 주행과 인터넷 검색을 비롯한 여러 애플리케이션의 핵심 구성 요소로 종양 세포와 정상 세포를 구분하는 연구 등에도 활용된다.
- 아마존과 같은 판매 사이트에서는 딥러닝을 통한 추천^{recommend} 시스템이 사용된다. '이 품목을 구매한 고객이 함께 구매한 품목'이라는 문구를 통해 소비자에게 특정 물건을 추천한다. 비슷한 접근법으로 넷플릭스^{Netflix}에서는 영화를 추천해준다. 생명과학에서는 이런 추천 시스템이 신약 후보 물질의 적합성을 판단하는 데 사용된다.
- 번역기는 한때 매우 복잡한 규칙에 기반한 프로그램이었지만, 딥러닝에 사용한 번역기는 기존의 번역기보다 단순한 구조이면서도 더 우수한 성능을 보여준다.

위 목록은 딥러닝이 가져온 혁신의 아주 일부일 뿐이다. 우리는 이미 빅데이터의 시대에 살고 있고 딥러닝을 통한 혁신은 현재 진행형이다. 그러므로 딥러닝을 사용할 줄 아는 능력은 점점 더 중요해질 것이다.

현대 생명과학은 빅데이터를 다룬다

앞서 언급했듯이 이제 생명과학의 본질이 달라졌다. 로봇공학이 실험을 자동화하면서 실험 데이터의 양이 비약적으로 늘어났다. 1980년대의 생명과학자는 한 번의 실험으로 단 하나의 실험 결과를 얻을 수 있었고, 데이터 분석은 휴대용 계산기면 충분했다. 그러나 오늘날에는 하루나 이틀 사이에 수백만 개의 실험 데이터가 생성돼 휴대용 계산기로는 분석이 불가능하다. 게다가 생성되는 실험 데이터의 양은 점점 더 늘어나고 있다.

염기서열분석sequencing의 발전은 우리가 당뇨병, 암, 낭포성 섬유증[2]과 같은 질병과 개인의 유전자 데이터를 연결하는 데이터베이스를 구축할 수 있게 해줬다. 그에 따라 현재 많은 과학자가 이런 데이터베이스를 분석함으로써 해당 질병의 원인을 이해하고 새로운 치료법을 개발하기 위한 노력을 기울이고 있다.

과거에는 수작업에 의존했던 분야들도 이제 일일이 분석하기에 너무 많은 양의 데이터를 만들고 있다. 예를 들면, 세포의 이미지 분류 작업은 이전에는 사람이 직접 했지만 근래에는 머신러닝을 사용해 처리한다.

실험 기술의 발전 또한 화학 물질의 구조와 생물학적 활성을 목록화하는 데이터베이스의 개발로 이어졌다. 구조-활성 관계Structure-Activity Relationship(SAR)는 현재 화학 정보학cheminformatics의 기초가 됐고, 과학자들은 차세대 신약 개발에 필요한 예측 모델을 구축하기 위해 이런 데이터베이스를 사용한다.

생물학적 데이터베이스가 점점 거대해짐에 따라 데이터 분석에 컴퓨터를 사용하는 것이 매우 중요하다. 그렇기 때문에 컴퓨터를 잘 다루는 생명과학자들의 필요성은 점점 커지고 있다.

무엇을 배우는가?

이 책의 처음 몇 개 장에서는 '컴퓨터가 데이터를 통해 학습하는 것에 대한 이론'으로 정의되는 머신러닝의 기초부터 배운다.[3] 이어서 딥러닝을 소개하고 생명과학에 어떻게 적용할 수 있는지 설명한다.

---

2   상염색체 열성 유전 질환이다. 주로 폐에 큰 문제를 일으킨다. – 옮긴이

3   Furbush, James. "Machine Learning: A Quick and Simple Definition." https://www.oreilly.com/ideas/machine-learning-a-quick-and-simple-definition, 2018

2장에서는 딥러닝을 사용해 간단한 선형 회귀와 같은 작업을 수행하고 실제 생명과학의 문제를 해결하는 딥러닝 모델을 만들어본다. 일반적으로 머신러닝에 사용되는 데이터셋은 학습train 데이터셋과 모델의 성능을 평가하는 데 사용되는 테스트test 데이터셋으로 구분된다. 그래서 데이터셋을 나누는 방법과 딥러닝 모델의 하이퍼파라미터hyperparameter[4]로 알려진 다수의 매개변수를 변경해보며 모델의 성능을 최적화하는 방법을 배운다.

3장에서는 생명과학에 딥러닝을 응용할 수 있도록 설계된 라이브러리인 DeepChem을 배운다. DeepChem의 사용법을 설명하고자 첫 번째 예제로 분자의 독성toxicity을 예측하는 딥러닝 모델을 만들어본다. 두 번째 예제는 현대 생물학에서 가장 노동 집약적인 작업인 세포 이미지 분류를 DeepChem으로 구현해 다양한 의료 이미지 분석 모델을 만들어본다.

4장에서는 딥러닝을 분자molecule 데이터 분석에 적용한다. 먼저 우리 주위의 모든 것을 구성하는 분자의 개념을 설명할 것이다. 분자는 물질을 구성하는 벽돌building block이라 표현하지만, 실제로는 벽돌과 다르게 단단하지 않으며 오히려 유연하고 매우 동적이다. 분자를 컴퓨터 데이터로 표현하고자 과학자들은 이미지의 픽셀pixel과 유사한 방법으로 분자를 표현하는 방식을 고안했다. 이 방식이 어떻게 분자 정보를 표현하는지 4장에서 살펴보고 딥러닝으로 분자 데이터를 분석하는 작업을 해본다.

5장에서는 물리 법칙으로 생명 현상을 설명하는 생물물리학에 딥러닝을 사용해본다. 모든 생명체는 단백질로 구성돼 있고 약물이 생체에 미치는 영향을 예측하기 위해 단백질과 약물의 상호작용을 이해하는 것이 중요하다. 따라서 약물이 어떻게 단백질 3차원 구조와 상호작용하는지 설명하며 단백질 3차원 구조를 컴퓨터가 이해할 수 있는 형식으로 변환하는 방법을 배운다. 그리고 이런 지식을 바탕으로 약물과 단백질의 상호작용을 예측하는 딥러닝 모델을 만들어본다.

6장에서는 유전학genetics과 유전체학genomics에 딥러닝을 사용하는 내용을 배운다. 유전학은 현대 의학의 핵심 요소다. 이제 애완견의 혈통을 확인하는 데 유전자 검사를 사용할 정도로 염기서열분석의 비용이 저렴해짐에 따라 유전자 분석은 환자에게 적합한 치료법을 찾는 데

---

4   사용자가 수동으로 입력해주는 입력 변수 – 옮긴이

사용된다. 6장의 도입부에서는 단백질을 만드는 데 필요한 DNA와 RNA부터 유전학과 유전체학에 대한 기초적인 내용까지 설명하고, 후반부에서는 딥러닝으로 DNA와 RNA의 상호작용을 예측하는 방법을 살펴본다.

7장에서는 간단한 광학현미경부터 초고해상도 이미지를 얻을 수 있는 전자현미경까지 다양한 형태의 현미경을 개략적으로 살펴본다. 생물학 및 의료 이미지 분석의 대상은 너무 작아 사람의 눈으로 관찰하기 어렵다. 따라서 7장의 전반부에서는 현미경 이미지를 딥러닝을 분석해서 얻을 수 있는 이점에 대해서 배운다. 7장 후반부에서는 현재의 현미경 이미지 분석법이 지닌 한계점을 알아보고, 딥러닝 모델을 사용하는 방법과 이미지 분석 파이프라인을 소개한다.

8장에서는 질병 진단에 딥러닝을 사용하는 방법을 살펴본다. 현대 의학은 믿을 수 없을 정도로 복잡하기 때문에 의사 개개인이 모두를 기억할 수 없다. 그래서 딥러닝을 질병 진단에 사용한다면 엄청난 잠재력을 보여줄 것이다. 이상적인 상황에서 딥러닝 모델은 모든 의학적 데이터를 종합해 의사가 진단을 내리는 데 도움을 줄 수 있다. 따라서 8장에서는 질병 진단을 위한 머신러닝 방법의 역사를 비롯해 사람이 수작업으로 만들었던 전문가 시스템에서 딥러닝 기술로의 전환을 알아본다. 또한 현대 의학에서 딥러닝이 어떻게 의사들을 보조할 수 있는지 살펴보고 전자 건강 기록이 가져올 윤리적 문제를 이야기할 것이다.

9장에서는 약물과 단백질 간의 상호작용을 예측해 신약 후보 물질을 얻는 딥러닝 모델을 만들어본다. 약물과 단백질 간의 상호작용은 신약 개발의 핵심적인 요소로 앞서 배운 딥러닝 모델은 기존의 데이터셋에 있는 데이터를 갖고 예측값을 얻었지만, 신약을 개발하려면 완전한 미지의 데이터가 필요하다. 따라서 9장에서는 생성 모델generative model이라고 불리는 새로운 딥러닝 모델을 사용해 기존 데이터셋을 통해 학습하고 완전히 새로운 분자 구조 데이터를 만들어본다.

10장에서는 딥러닝 모델을 최적화하고 의학적 진단의 근거를 제시하기 위해 딥러닝 모델 내부를 살펴본다. 앞에서는 딥러닝 모델을 '속이 보이지 않는 상자black box'처럼 입력 데이터를 넣어서 예측값을 얻는 데 사용할 뿐이며, 값이 생성된 방법이나 이유는 설명하지 않았다. 그러므로 10장에서는 딥러닝 모델을 이해하기 위한 방법을 배우고, 예측 정확도에 대한 개념과 적절한 모델 평가법을 살펴본다.

11장에서는 DeepChem으로 가상 선별검사virtual screening를 해본다. 선별검사는 모든 신약 개발의 첫 번째 단계로 신약 후보 물질로 사용할 수 있는 분자를 찾는 과정이다. 일반적으로 선별검사는 생물학적 실험을 수행하기 때문에 복잡하고 시간이 오래 걸린다. 그러나 우리는 딥러닝 모델을 사용해 이미 알려진 약물이나 기타 생물학적 활성 분자 데이터셋을 사용해 새로운 신약 후보 물질을 간단하고 빠르게 찾는 방법을 살펴볼 것이다.

마지막 12장에서는 현대 생명과학에 딥러닝이 미치는 영향과 잠재력을 다룬다. 그리고 데이터베이스의 가용성 문제와 학습 모델의 품질을 비롯한 현재 딥러닝의 한계점을 살펴본다. 또한 진단, 맞춤 의학, 신약 개발, 생물학 연구를 포함하는 다양한 영역에서 딥러닝이 가져올 기회와 잠재적 위험을 설명하며 마무리한다.

딥러닝 소개

2장에서는 딥러닝의 기본 원리를 소개한다. 이미 딥러닝을 잘 알고 있는 독자라면 2장을 건너뛰고 3장부터 읽어도 괜찮다. 그러나 책의 나머지 부분을 이해하는 데 필수적인 내용을 다루고 있으므로, 초심자라면 다음 내용을 유심히 읽어야 할 것이다.

머신러닝으로 문제를 해결할 때는 수식으로 표현하는 것이 가장 중요하다.

$$\mathbf{y} = f(\mathbf{x})$$

위의 수식에서 굵게 표시된 $\mathbf{x}$와 $\mathbf{y}$는 수학적 표현인 벡터^{vector}를 의미한다. 그리고 함수 $f(\mathbf{x})$는 입력 벡터를 받아 출력 벡터를 만든다. 아래의 목록은 다양한 문제를 어떻게 수학적 함수로 표현할 수 있는지 보여주는 예시다.

- 사진^{image}의 모든 픽셀^{pixel}[1] 정보가 벡터 $\mathbf{x}$에 들어있고 함수 $f(\mathbf{x})$는 고양이 사진인 경우 1을 출력하고, 그렇지 않으면 0을 출력한다.
- 위의 예시와 동일하지만 함수 $f(\mathbf{x})$의 출력값이 숫자로 구성된 벡터다. 예를 들어 벡터의 첫 번째 요소는 이미지에 고양이가 포함돼 있는지를, 두 번째 요소는 개가 포함돼 있는지를, 세 번째 요소는 비행기가 포함돼 있는지를 나타낸다.
- $\mathbf{x}$는 염색체의 DNA 염기서열 정보를 포함하고, $\mathbf{y}$는 염색체의 전체 염기 수의 길이를 나타내는 벡터다. 각각의 요소는 해당 부분이 단백질을 암호화하고 있다면 숫자

---

1 'Picture Element'의 준말로 '화소'라고도 한다. 이 점 하나에 해당 색의 정보(빨간색, 녹색, 파란색, 투명도 등)가 담겨 있다. – 옮긴이

1을, 그렇지 않은 경우 숫자 0을 값으로 가진다.

- **x**는 분자의 화학 구조 정보가 들어있는 벡터이고, **y**는 해당 분자의 물리적 특성을 요소로 가진 벡터다. 분자의 물리적 특성에는 용해도와 다른 분자와의 결합력 등이 포함돼 있다.

위의 예시에서 알 수 있듯이 함수 $f(\mathbf{x})$는 아주 긴 벡터를 입력값으로 사용하기 때문에 필연적으로 아주 복잡하다. 그렇기 때문에 사람이 단순하게 입력값을 살펴본다고 해서 함수의 결괏값을 유추하기는 매우 어렵다.

과거에는 이런 문제를 해결하고자 개발자들이 함수 $f(\mathbf{x})$를 작성했다. 함수 $f(\mathbf{x})$를 만들기 위해 개발자들은 직접 문제를 분석하고 어떤 매개변수를 사용해야 하는지를 판단해 프로그램을 작성했다. 예를 들면 '사진의 어느 픽셀에 있는 무늬가 고양이를 나타내는 경향이 있는지?'와 '어느 형태의 DNA 서열이 단백질을 암호화하고 있는지?'를 구별하는 프로그램을 직접 작성했다. 이렇게 수작업으로 함수 $f(\mathbf{x})$를 작성하는 것은 노동 집약적이며, 개인의 전문 지식에 따라 성능이 천차만별이었다.

그러나 머신러닝은 완전히 다른 접근 방식을 사용한다. 사람이 직접 함수 $f(\mathbf{x})$를 작성하는 대신 컴퓨터에게 많은 데이터를 주고 거꾸로 함수를 만들어낸다. 예를 들어 개발자가 고양이 존재 여부를 표시한 사진을 적게는 수천에서 많게는 수백만 개까지 모아서 머신러닝을 수행한다. 그러면 컴퓨터는 사진에 고양이가 있다면 1에 가까운 숫자를 출력하고, 반대로 고양이가 없다면 0에 가까운 값을 출력하는 함수 $f(\mathbf{x})$를 만든다.

여기서 '컴퓨터 스스로 함수를 만들게 한다.'는 것은 어떻게 작동할까? 머신러닝은 기본적으로 몇 개의 클래스^{class}를 가진 함수를 정의하는 모델^{model}을 사용한다. 모델에는 매개변수 ^{parameter}와 모든 값을 포함하는 변수^{variable}가 포함돼 있고, 매개변수의 값이 데이터에 의해 변경되면서 클래스의 함수 중에서 알맞은 것을 선택하게 된다. 즉, 머신러닝이란 컴퓨터가 이러한 모델의 올바른 매개변수 값을 찾는 과정이다. 다시 말해 학습 데이터를 입력값으로 받아서 모델의 출력값이 실제 데이터와 최대한 비슷해지도록 하는 매개변수의 값을 찾는 과정이 머신러닝이다.

선형 모델

선형 모델$^{linear\ model}$은 머신러닝 모델 중 가장 간단하다. 수식으로 표현하면 다음과 같다.

$$y = Mx + b$$

위 방정식에서 **M**은 행렬(가중치^{weight}라고도 한다.)이고, **b**는 벡터(편향^{bias}이라고도 한다.)다. 각각의 크기는 입력값과 출력값의 수에 따라 결정된다. **x** 길이가 T이고 **y** 길이는 S인 경우, **M**은 S×T 크기의 행렬이 되고 **b**는 길이가 S인 벡터가 된다. 이런 것들이 모여서 모델의 매개변수를 구성한다. 이 방정식에서는 단순하게 각 출력의 구성 요소가 입력값의 구성 요소와 선형 관계를 이룬다고 가정한다. 즉, 매개변수(**M**과 **b**)를 설정해 각 구성 요소에 대한 선형 결합을 만든다.

선형 모델은 가장 초기의 머신러닝 모델이며 1957년에 퍼셉트론^{perceptron}이란 이름으로 소개됐다. 공상 과학 소설에 나올 법한 퍼셉트론이라는 이름은 사실 마케팅으로 본질은 선형 모델이다. 어쨌든 퍼셉트론이라는 이름은 반세기가 넘게 사용되고 있다.

일반적으로 선형 모델은 적용되는 문제와 상관없이 동일한 형태를 가진다. 그래서 공식화하기 쉬운 편이다. 선형 모델 간의 유일한 차이점은 입력 및 출력 벡터의 길이다. 따라서 매개변수 값을 조절하는 것만으로 간단하게 사용할 수 있다. 머신러닝에는 해결하려는 문제와 독립적인 모델 및 알고리즘이 필요하고, 선형 모델은 그 역할을 잘 수행한다.

그러나 선형 모델은 그 특성상 해결할 수 있는 문제가 매우 제한적이라는 단점이 있다. 그림 2-1에서 볼 수 있듯이 선형 모델(1차원에서의 직선을 의미)은 실제 대부분의 데이터 형태와 맞지 않는다. 게다가 데이터의 차원이 늘어날수록 이 문제는 더 악화되는 경향이 있다. 예를 들어 고양이 사진을 구분하는 문제는 선형 모델로 해결할 수 없다. 이런 문제에는 훨씬 더 복잡한 비선형 모델이 필요하다. 사실 대부분의 경우에는 비선형 모델이 필요하다. 그렇다면 어떻게 복잡한 비선형 모델을 정의할 수 있을까?

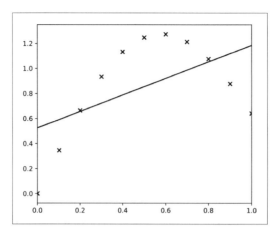

그림 2-1 선형 모델은 곡선형 데이터에 적합하지 않다. 곡선형 데이터에는 비선형 모델이 필요하다.

다층 퍼셉트론

다층 퍼셉트론$^{multilayer\ perceptron}$은 간단히 설명하면 선형 모델을 여러 겹으로 쌓는 것이다. 수식으로 표현하면 다음과 같다.

$$\mathbf{y} = \mathbf{M}_2\varphi(\mathbf{M}_1\mathbf{x} + \mathbf{b}_1) + \mathbf{b}_2$$

위 수식을 자세히 살펴보면 선형 모델 수식인 $\mathbf{M}_1\mathbf{x}+\mathbf{b}_1$부터 시작한다는 것을 알 수 있다. 그런 다음 비선형 함수 $\varphi(x)$를 선형 모델에 적용하고 두 번째 선형 모델에 해당 결과를 넘겨준다. 활성 함수로 알려진 $\varphi(x)$는 다층 퍼셉트론에 필수적인 부분이다. 이 함수가 없다면 다층 퍼셉트론 모델은 선형 모델과 다를 바 없다. 다층 퍼셉트론은 단일 퍼셉트론(선형 모델)에 비선형 함수를 추가함으로써 훨씬 더 넓은 범위의 머신러닝을 할 수 있다.

다층 퍼셉트론은 우리가 원하는 만큼의 레이어^{layer}를 쌓을 수 있다.

$$\mathbf{h}_1 = \varphi_1(\mathbf{M}_1\mathbf{x} + \mathbf{b}_1)$$

$$\mathbf{h}_2 = \varphi_2(\mathbf{M}_2\mathbf{h}_1 + \mathbf{b}_2)$$

$$\dots$$

$$\mathbf{h}_{n-1} = \varphi_{n-1}(\mathbf{M}_{n-1}\mathbf{h}_{n-2} + \mathbf{b}_{n-1})$$

$$\mathbf{y} = \varphi_n(\mathbf{M}_n\mathbf{h}_{n-1} + \mathbf{b}_n)$$

위의 수식처럼 단일 선형 모델을 여러 층으로 쌓는 것을 다층 퍼셉트론 혹은 줄여서 MLP$^{\text{MultiLayer Perceptron}}$라 부른다. 중간 단계의 h_i는 은닉층$^{\text{hidden layer}}$이라 부르며, 이름에서 알 수 있듯이 h와 i는 입력도 출력도 아닌 계산하는 과정에서만 사용되는 중간 산물 값이다. 또한 $\varphi(x)$ 함수도 계속 추가된다는 것을 알 수 있는데, 이것은 각각의 레이어가 서로 다른 비선형을 나타낸다는 의미다.

다층 퍼셉트론은 그림 2-2처럼 시각화할 수 있다. 각각의 레이어는 비선형성을 따르는 선형 모델에 해당한다. 다층 퍼셉트론에서 정보는 위 레이어에서 아래 레이어로 전파되고, 위 레이어의 출력이 다음 레이어의 입력이 된다. 또한 각각의 레이어는 입력값에서 출력값을 계산해내는 매개변수를 자체적으로 가진다.

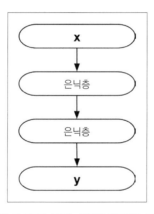

그림 2-2 다층 퍼셉트론. 정보는 각각의 레이어를 통해 이동한다.

다층 퍼셉트론은 인공 신경망이라고 불리기도 한다. 인공 신경망이라는 이름은 신경 생물학의 신경세포^{neuron}[2]에서 따왔다. 뇌에 있는 신경세포는 다른 신경세포들과 연결돼 서로 신호를 받고, 증폭하고, 다시 신호를 보내기도 한다. 그래서 크게 보면, 다층 퍼셉트론(MLP)의 레이어들은 뇌의 신경세포와 유사한 방식으로 작동한다.

---

2   신경계를 구성하는 세포이며 '뉴런'이라고도 부른다. - 옮긴이

활성화 함수[3] $\varphi(\mathbf{x})$는 어떻게 정해야 할까? 놀랍게도 대부분의 경우 이것은 중요하지 않다. 물론 활성화 함수가 전혀 중요하지 않다는 뜻은 아니다. 단지 독자들이 기대하는 것에는 미치지 못한다는 의미다. 거의 대부분의 활성화 함수들이 충분히 좋은 성능을 보여주기 때문이다. 최근 몇 년간 연구자들은 다양한 활성화 함수를 만들었고, 몇몇은 다른 것보다 뛰어났지만 거의 모든 활성화 함수의 성능이 대동소이했다.

현재 가장 인기 있는 활성화 함수는 ReLU[4]다. 수식으로 $\varphi(x) = \max(0, x)$라고 표현되며 아직 어떤 활성화 함수를 써야 하는지 모르는 상황이라면 먼저 사용해볼 것을 권한다. 다른 활성화 함수들 중 많이 사용되는 것으로는 하이퍼볼릭 탄젠트^{hyperbolic tangent}($\tanh(x)$)와 시그모이드^{sigmoid}($\varphi(x) = 1/(1 + e^{-x})$) 함수가 있다. 그림 2-3에서 시각화된 각각의 활성화 함수를 확인할 수 있다.

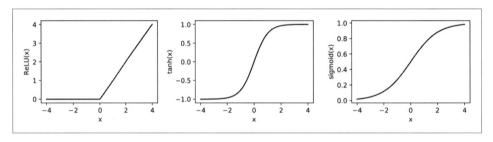

그림 2-3 일반적으로 사용되는 활성화 함수: ReLU, 하이퍼볼릭 탄젠트, 시그모이드 함수

또한 다층 퍼셉트론은 너비^{width}와 깊이^{depth}라는 두 가지 속성을 선택해야 한다. 간단한 선형 모델을 사용할 때는 이런 선택이 필요 없었다. $\mathbf{x}$와 $\mathbf{y}$의 값이 주어지면 $\mathbf{M}$과 $\mathbf{b}$의 크기가 알아서 결정되기 때문이다. 그러나 다층 퍼셉트론에서는 은닉층으로 인한 선택 사항이 존재한다. 너비는 숨겨진 층의 크기를 나타내고 우리가 원하는 크기를 가질 수 있도록 $\mathbf{h}_i$ 값을 변경한다. 해결하려는 문제에 따라 입력값과 출력값보다 은닉층이 훨씬 커지거나 작아져야 할 필요가 있기 때문이다.

---

3   앞에서는 비선형 함수라고 불렀다. 일정한 값을 넘어야 참(True)이 되기 때문에 활성화 함수라고 부른다. – 옮긴이
4   Rectified Linear Unit의 약자다. – 옮긴이

깊이는 모델의 레이어 수를 나타낸다. 따라서 은닉층의 개수가 하나인 것을 얕은 모델이라 하고, 개수가 많은 것을 깊은 모델이라 한다. 이것이 바로 '딥러닝'이라는 용어의 근원이다. 즉, 딥러닝은 '많은 레이어가 있는 모델을 사용한 머신러닝'을 의미한다.

딥러닝에서 올바른 레이어의 개수와 너비를 선택하는 것은 과학자들의 영역이다. 다시 말해 '그것은 여전히 연구 중인 분야다.'라고 말할 수 있다. 가장 좋은 성능을 보여주는 값을 알아내기 위해 과학자들은 수많은 매개변수의 조합으로 최적의 값을 찾고 있다. 아래의 목록은 지금까지 알려진 정보를 통해 권장되는 내용이다. 머신러닝 결과를 이해하는 데 이 내용들이 조금이나마 도움이 될 것이다.

1. 하나의 은닉층만 있는 상대적으로 얕은 모델은 보편적으로 근삿값을 구할 때 사용한다.

   이는 얕은 모델이 어느 정도 합당한 한도 내에서 모든 함수를 근사시킬 수 있다는 것을 의미한다. 즉, 은닉층이 많지 않아도 원하는 문제를 해결하는 데 충분할 수 있다는 것이다. 그러나 주의할 점은 근삿값의 정확도는 은닉층의 너비에 따라 달라지며 높은 정확도를 얻으려면 매우 넓은 레이어가 필요하다는 것이다.

2. 깊은 모델은 얕은 모델보다 적은 수의 매개변수를 요구하는 경향이 있다.

   다소 이상하게 들릴 것이다. 그러나 특이한 경우를 제외하면 일반적으로 그렇다. 좀 더 구체적으로 설명하면 모든 문제는 수용 가능한 정확도를 효율적으로 달성하기 위해 특정 깊이의 모델이 필요하다. 얕은 깊이 신경망을 사용하면 레이어의 너비에 관한 매개변수의 수가 빠르게 증가하고, 이것은 얕은 모델보다 깊은 모델이 항상 더 나은 선택처럼 느껴지게 한다. 그러나 다음 세 번째 원칙도 고려해야 한다.

3. 깊은 모델은 얕은 모델보다 학습이 오래 걸린다.

   그래서 2007년 이전에는 대부분의 머신러닝 모델이 얕은 모델을 사용했다. 깊은 모델의 이론적인 이점은 이전부터 알려져 있었지만 당시의 컴퓨터로는 깊은 모델을 학습하는 데 어려움이 있었다. 그러나 더 나은 학습 알고리즘, 새로운 유형의 학습 모델, 방대한 학습 데이터와 더 빠른 컴퓨터의 등장으로 최근에는 깊은 모델의 학습이 가능해졌다. 이런 발전 덕분에 딥러닝은 새로운 머신러닝 분야로 정립됐다. 그럼에도 불구하고 깊은 모델은 얕은 모델보다 학습이 어렵다는 것은 변함없다.

모델 학습하기

이제 모델을 학습시키는 방법을 살펴보자. 다층 퍼셉트론은 대다수의 문제에 사용할 수 있는 일반적 모델을 제공한다. 좀 더 특수한 유형의 모델은 나중에 배울 것이다. 그렇기 때문에 다음과 같이 생각할 수 있다. 일단 모델을 학습시키는 방법이 있을까? 주어진 문제에 대한 모델 매개변수의 최적 값을 찾으려면 어떻게 해야 할까?

가장 먼저 해야 하는 일은 머신러닝에 필요한 데이터를 수집하는 것이다. 수집한 데이터셋은 학습 데이터셋이라고 부르며, 아주 많은 수의 (x, y) 쌍으로 구성돼 있어야 한다. 데이터셋의 각 샘플sample은 모델에 입력값과 해당 입력값의 출력값으로 구성돼 있어야 한다. 예를 들면, 학습 데이터셋은 각 이미지에 고양이가 포함돼 있는지 여부를 나타내는 레이블label과 해당 이미지 데이터의 모음이다.

그다음으로 손실 함수 $L(\mathbf{y}, \hat{\mathbf{y}})$를 정의한다. 손실 함수는 모델의 예측 결과값과 실제값의 차이를 측정하는 함수다. 손실 함수에서 $\mathbf{y}$는 모델의 예측값이고 $\hat{\mathbf{y}}$는 학습 데이터의 실제값이다. 그런 다음 전체 학습 데이터셋에 대한 평균적 차이를 계산한다.

$$\text{average loss} = \frac{1}{N} \sum_{i=1}^{N} L(\mathbf{y}_i, \hat{\mathbf{y}}_i)$$

손실 함수 $L(\mathbf{y}, \hat{\mathbf{y}})$는 예측값과 실제값이 서로 비슷할 때는 값이 작고, 예측과 실제가 다르다면 값이 커야 한다. 다시 말해, 훈련 데이터의 모든 샘플을 가져와 모델에 대한 입력으로 사용하고 출력값이 실제와 얼마나 차이가 나는지를 계산한다. 그런 다음 전체 차이의 평균값을 구한다.

해결하려는 문제에 맞는 적절한 손실 함수를 선택하는 것은 중요하다. 일반적으로 사용하는 손실 함수는 유클리드 거리Euclidean distance 계산(L_2 거리라고도 함)이다. 수식으로는 $L(\mathbf{y}, \hat{\mathbf{y}}) = \sqrt{\Sigma_i (y_i - \hat{y}_i)^2}$으로 표기한다. 이 식에서 y_i는 벡터 $\mathbf{y}$의 i번째 성분을 의미한다.

만약 모델의 예측 결과가 확률분포일 때는 일반적으로 교차 엔트로피 손실 함수를 사용한다. 교차 엔트로피$^{cross\ entropy}$[5] 손실 함수를 사용한다. 수직으로는 $L(\mathbf{y}, \hat{\mathbf{y}}) = - \Sigma_i\, y_i \log \hat{y}_i$로 표현되며 유클리드 거리에 비해 계산량이 많다. 손실 함수를 선택하는 것에는 정답이 없다. 해결하려는 각 문제의 세부 사항에 따라 적절한 것을 골라야 한다.

이제 손실 함수를 통해 모델이 얼마나 잘 작동하는지 측정할 수 있게 됐다. 그러면 이제 손실 함수를 사용해 모델의 성능을 개선해야 한다. 성능 개선을 위해서는 학습 데이터셋에 대한 평균 손실을 최소화하는 매개변수 값을 찾아야 한다. 매개변수 값을 찾는 다양한 방법이 있지만 딥러닝에서는 대체로 경사 하강법$^{gradient\ descent}$을 사용한다. θ가 모델의 모든 매개변수 집합을 나타낸다고 하면 경사 하강법은 다음과 같은 수식으로 나타낸다.

$$\theta \leftarrow \theta - \epsilon \frac{\partial}{\partial \theta} \langle L \rangle$$

수식에서 $\langle L \rangle$은 학습 데이터셋에 대한 평균 손실이다. 경사 하강법은 각 단계마다 '하강'하는 방향으로 약간씩 거리를 이동하기 때문에 지금과 같은 이름을 갖게 됐다. 다시 말해 평균 손실을 줄이기 위해 모델의 각 매개변수를 조금씩 변경한다. 매개변수를 조금씩 변경하다 보면 더 이상 손실 값이 줄어들지 않는 지점에 다다르게 된다. 그러면 그 지점의 매개변수를 사용하는 것이다. 위 수식의 ϵ은 학습 속도라고 불리며, 각 단계에서 매개변수가 변경되는 정도를 결정한다. 학습 속도는 매우 조심스럽게 선택해야 한다. 학습 속도 값이 너무 작으면 학습이 너무 느리고, 너무 크면 모델이 전혀 학습하지 못하기 때문이다.

위의 경사 하강법 알고리즘에는 심각한 문제가 하나 있다. 바로 각 학습 단계의 훈련 데이터에 포함된 모든 샘플을 계산하는 것이다. 즉, 모델을 훈련하는 데 필요한 시간이 훈련 데이터셋의 크기와 비례한다. 만약 100만 개의 학습 데이터가 있다면 평균 손실 함수 계산에 100만 번의 계산이 필요하다. 또한 일반적인 딥러닝 학습에는 100만 단계의 평균 손실 함수 계산이 필요하다는 것을 고려하면 총 10^{18}번의 연산이 필요하다. 이 정도의 연산을 하려면 슈퍼 컴퓨터를 사용해도 아주 오랜 시간이 걸린다.

---

5   두 확률분포 사이의 차이를 계산하는 데 사용한다. - 옮긴이

다행히 해결 방법이 있다. 바로 훨씬 적은 수의 샘플로 ⟨L⟩ 값의 평균을 추정하는 것이다. 이것은 확률적 경사 하강법Stochastic Gradient Descent(SGD)이라고 한다. 이제 학습 단계에서는 학습 데이터의 배치batch(부분 데이터셋)를 만들고 평균값을 계산해 손실 함수의 경사를 계산한다. 확률적 경사 하강법은 필연적으로 데이터 노이즈noise가 발생하지만 전체 데이터의 평균 손실 함수를 추정할 수 있는 방법이다. 또한 가능한 한 데이터의 노이즈를 줄이기 위해 매 단계마다 새로운 데이터의 배치를 만든다.

확률적 경사 하강법은 훨씬 빠르다. 각 단계에 필요한 시간은 각 배치의 크기에 따라 달라지며, 이는 전체 훈련 데이터에 비해 매우 작은 크기(종종 100개 정도의 샘플 수)이기 때문이다. 그러나 각 단계에서 노이즈가 있는 추정을 기반으로 하는 단점이 있기 때문에 덜 바람직하다는 것이다. 그래도 전반적으로 학습 시간이 훨씬 짧아지기 때문에 많이 사용된다.

대부분의 딥러닝에서 최적화 알고리즘으로 확률적 경사 하강법을 사용하지만, 이외에도 다양한 변형 알고리즘이 있다. 다행히 이러한 알고리즘들은 일반적으로 작동 방식을 알지 못해도 바로 사용할 수 있게 딥러닝 프레임워크에 구현돼 있다. 현재 가장 많이 사용되는 알고리즘은 Adam과 RMSProp이다. 어떤 알고리즘을 써야 할지 잘 모르겠다면 Adam과 RMSProp 중 하나를 선택하는 것이 좋다.

검증하기

지금까지 설명한 모든 작업을 수행했다고 가정해보자. 많은 양의 학습 데이터를 수집하고 적절한 모델을 선택한 다음 손실 함수의 값이 매우 작아지도록 머신러닝을 수행했다. 그러면 이제 모든 문제가 해결된 것일까?

안타깝지만 그렇지 않다. 우리가 아는 것은 모델이 학습 데이터셋에서는 잘 작동한다는 사실이다. 그렇다면 과연 새로운 데이터에서도 모델이 잘 작동할까? 그래서 모델을 검증validation하는 과정이 필요하다.

모델을 검증하기 위해서는 테스트 데이터셋이라고 하는 두 번째 데이터셋이 필요하다. 테스트 데이터셋은 학습 데이터셋과 정확하게 같은 형태를 갖는 (x, y) 쌍의 집합이지만 중복되는 데이터가 없어야 한다. 학습 데이터셋으로 모델을 훈련시킨 다음 테스트 데이터셋으로 검증하는 것이 머신러닝의 가장 중요한 원칙이다.

- 모델을 설계하거나 학습하는 동안 어떤 방식이든 테스트 데이터를 사용하지 않아야 한다.

사실 테스트 데이터는 확인조차 하지 않는 것이 가장 좋다. 테스트 데이터셋은 완벽하게 학습된 모델을 테스트해 성능을 파악하기 위한 것이다. 만약 테스트 데이터셋이 어떤 식이든 모델에 영향을 주면 테스트 데이터가 학습 데이터가 된다. 그렇게 되면 모델이 과적합overfitting될 가능성이 있다. 과적합된 모델은 학습 데이터에서는 좋은 성능을 보이지만 다른 데이터에서는 성능이 좋지 않은 모델이다.

거의 무한한 모집단의 데이터로 머신러닝을 하는 것은 불가능하기 때문에 우리는 모집단을 대표하는 부분 집합인 학습 데이터를 사용한다. 따라서 모델의 과적합 여부를 검증하는 것이 중요하다.

정규화

과적합은 머신러닝을 사용하는 연구자들에게 중요한 문제다. 그렇기 때문에 그동안 과적합을 피하기 위해 많은 기술이 개발됐다는 것은 놀랍지 않다. 정규화는 과적합을 피하기 위한 방법을 총칭한다. 따라서 정규화의 목적은 전체 데이터에 일반적으로 적용할 수 있는 모델을 만드는 것이다.

정규화 기법을 배우기 전에 먼저 알아둬야 할 두 가지 내용이 있다.

첫째, 과적합을 피하는 가장 좋은 방법은 더 많은 학습 데이터를 사용하는 것이다. 학습 데이터가 크면 실제 모집단의 데이터 분포를 더 잘 나타내므로 과적합이 잘 일어나지 않는다. 그러나 일반적으로는 데이터를 더 얻는 것이 불가능한 경우가 많다. 이미 있는 데이터로 할 수 있는 최선의 선택은 정규화 기법을 사용하는 것이다. 하지만 언제나 더 많은 데이터가 정규화보다 더 좋은 결과를 가져온다는 것을 기억하자.

둘째, 모든 경우에 사용할 수 있는 최고의 정규화 기법은 존재하지 않는다. 정규화 기법은 문제에 따라 적절한 것을 선택해야 한다. 학습 알고리즘은 과적합 여부를 판단하지 못한다. 오직 알고 있는 것은 학습 데이터뿐이다. 따라서 실제 데이터 분포와 학습 데이터의 차이점을 알지 못하므로 학습 데이터셋에서 잘 작동하는 모델을 생성하는 것이 학습 알고리즘의 최선이다. 그래서 사용자의 개입이 필요한 것이다.

정규화 기법의 본질은 특정 유형의 모델을 다른 모델보다 선호하도록 학습 과정을 조절하는 것이다. 다시 말해 좋은 모델이 가져야 하는 피처feature와 과적합 모델의 다른 점을 가정하고, 이어서 해당 피처를 가진 모델을 선호하도록 학습 알고리즘에 알려준다. 물론 이러한 가정은 명시적explicit이기보다는 암시적implicit이다. 만약 특정 정규화 기법을 사용한다면, 해당 기법이 어떤 가정을 전제하는지는 모르더라도 가정이 존재한다는 사실은 반드시 기억해야 한다.

가장 단순한 정규화 기법은 모델의 학습 단계를 줄이는 것이다. 일반적으로 모델이 학습을 시작하는 초기 단계에서 실제 데이터의 전체적인 피처를 파악하는 경향이 있다. 그러나 학습 단계가 많아질수록 특정 학습 데이터 샘플에 대한 세부적인 정보를 얻을 가능성이 높아져서 과적합을 하게 된다. 따라서 학습 단계의 수를 제한함으로써 과적합 가능성을 줄일 수 있다. 다시 말해 학습을 통해 찾은 최적의 매개변수는 가장 처음에 찾은 매개변수와 비교해 큰 차이가 없어야 한다.

다른 정규화 기법은 모델에서 매개변수의 크기를 제한하는 것이다. 예를 들어 $|\theta|^2$에 비례하는 손실 함수에 항을 추가할 수 있다. 여기서 θ는 모델의 모든 매개변수를 포함하는 벡터다. 과적합은 종종 매개변수가 매우 커져서 발생하기 때문에 이렇게 하면 적당한 매개변수 값이 필요한 것보다 커지지 않게 된다.

또 다른 정규화 기법은 가장 많이 쓰이는 드롭아웃dropout이다. 드롭아웃 방법은 학습 모델의 은닉층을 일정 비율로 무작위로 선택해서 0으로 설정한다. 즉, 신경망의 결합을 의도적으로 누락시키는 것이다. 드롭아웃의 원리는 말도 안 되는 것처럼 보이지만, 실제로는 놀랍도록 잘 작동한다. 일부 결합이 사라진 신경망으로 어떻게 예측이 가능할까? 드롭아웃의 수학적 이론은 복잡하지만, 간단히 설명하면 드롭아웃은 모델 내에서 개별적인 계산이 중요하지 않다고 가정한다. 그래서 개별 계산을 무작위로 제거해서 모델의 나머지 부분이 작동되게 만든다. 이로 인해 과적합이 억제되는 것이다. 어떤 정규화 방법을 사용해야 하는지 잘 모른다면 먼저 드롭아웃 방법을 사용해보는 것이 좋다.

하이퍼파라미터 최적화

일반적인 알고리즘을 사용하는 모델의 경우에도 아주 많은 선택이 필요하다. 예를 들면 다음과 같다.

- 모델의 레이어 수
- 각 레이어의 너비
- 수행할 학습의 단계 개수
- 머신러닝 동안의 학습 속도
- 드롭아웃을 사용할 때의 비율

이런 것들을 하이퍼파라미터라 한다. 하이퍼파라미터는 모델 또는 학습 알고리즘에 의해 만들어지는 것이 아니라 사용자가 설정해주는 매개변수다. '어떻게 하이퍼파라미터를 설정해야 할까?', '자동으로 매개변수를 설정하는 것이 머신러닝의 장점 아니었는가?'라는 등의 의문이 들 것이다. 그래서 하이퍼파라미터 최적화 방법을 배울 필요가 있다. 가장 간단한 최적화 방법은 각각에 대해 많은 조합의 값들을 통해 머신러닝을 하고 가장 잘 작동하는 모델을 찾는 것이다.

하이퍼파라미터를 변경하면 계산량이 아주 많이 늘어난다. 그렇기 때문에 무작위 매개변수의 조합을 시도하는 것보다는 정교한 접근법이 필요하다.

최적의 하이퍼파라미터 값을 어떻게 알 수 있을까? 가장 간단하게 알 수 있는 것은 학습 데이터에서 손실 함수가 가장 낮은 하이퍼파라미터를 찾는 것이다. 그러나 학습 데이터가 아닌 테스트 데이터에서 손실 함수가 낮아야 한다는 것을 기억하자. 이 점은 드롭아웃 비율과 같은 정규화에 영향을 미치는 하이퍼파라미터에 특히 중요하다. 학습 데이터에서 낮은 손실 함숫값은 과적합을 뜻할 수 있다. 그래서 많은 하이퍼파라미터 값을 시도해 테스트 데이터셋에서도 손실 함숫값이 최소화되는 값을 찾아야 한다.

모델을 설계하거나 학습하는 동안 어떤 방법으로든 테스트 데이터를 사용해서는 안 된다. 테스트 데이터는 모델이 알지 못하는 새로운 데이터에서 얼마나 잘 작동할 수 있는지 판단하는 역할을 한다. 그래서 학습 데이터셋에서 잘 작동하는 하이퍼파라미터가 테스트 데이터셋에서도 그럴 것이라고 보장할 수 없다. 그렇기 때문에 테스트 데이터셋이 모델의 학습에 영향을 주지 않도록 하는 것이 중요하다.

위의 문제를 해결하려면 유효성 검사 데이터셋이라는 새로운 데이터셋이 필요하다. 유효성 검사 데이터셋은 학습 데이터나 테스트 데이터 중 어떤 샘플과도 중복되지 않아야 하고 다음과 같이 작동해야 한다.

1. 각 하이퍼파라미터 값 집합에 대해 학습 집합에서 모델을 훈련시키고 유효성 검정 데이터셋의 손실을 계산한다.
2. 유효성 검정 데이터셋에서 가장 낮은 손실 함숫값을 나타내는 하이퍼파라미터로 최종 모델을 만든다.
3. 최종 모델로 테스트 데이터셋을 평가해 얼마나 잘 작동하는지에 대한 성능을 측정한다.

다른 유형의 모델들

사용자가 해야 할 결정이 하나 더 남아있다. 바로 어떤 종류의 모델을 사용할 것인가다. 이것은 그 자체로 이미 거대한 주제다. 2장의 앞부분에서는 다층 퍼셉트론을 설명했다. 다층 퍼셉트론은 다양한 문제에 사용할 수 있는 일반적 모델이라는 장점이 있지만 분명한 단점도 있다. 바로 다층 퍼셉트론은 엄청난 수의 매개변수가 필요하므로 과적합이 잘 된다는 것이다. 또한 레이어의 수가 늘어날수록 학습이 어려워지는 문제도 있다. 따라서 문제에 맞는 다른 모델을 사용한다면 더 나은 결과를 얻을 수 있다.

이 책의 나머지 부분은 생명과학 분야에서 특히 유용한 유형의 모델을 배우는 것으로 구성돼 있다. 3장부터는 그런 유형의 모델을 배우게 될 것이다. 그래도 여기서는 다양한 분야에서 많이 사용되는 두 가지 모델을 알아본다. 바로 합성곱 신경망과 순환 신경망이다.

합성곱 신경망

합성곱 신경망Convolutional Neural Network(CNN)은 널리 사용되는 딥러닝 모델 중 하나로 이미지 처리와 컴퓨터 비전을 위해 개발됐으며 음성 신호(1차원 데이터), 이미지(2차원 데이터), 자기 공명 영상Magnetic Resonance Imaging(MRI) 데이터(3차원 데이터) 등과 같이 사각형 틀grid에서 샘플링된 데이터를 처리하는 문제에 탁월한 성능을 보여준다.

합성곱 신경망은 신경망neural network이라는 용어에 딱 맞는 모델이다. 합성곱 신경망의 작동 원리는 고양이 시각 피질에서 영감을 얻었다. 1950년부터 1980년까지 수행된 연구를 통해 과학자들은 고양이의 시력은 일련의 층layer을 통해 처리된다는 것을 알아냈다. 그래서 최초의 합성곱 신경망은 고양이의 시각 피질을 모방했다. 합성곱 신경망의 첫 번째 입력층의 각 뉴런(신경세포라고도 한다.)은 전체 시야의 작은 부분(수용 영역)을 입력값으로 받는다. 각각의 뉴런은 수평선이나 수직선 같은 특정 패턴이나 피처에 특화돼 있다. 두 번째 층은 첫 번째 입력층을 통해 얻은 결괏값의 부분 군집cluster을 입력값으로 사용해 더 넓은 구역의 패턴을 인식한다. 즉, 각각의 레이어는 이전 레이어보다 크고 더 추상적인 패턴으로 원본 이미지를 변환한다.

합성곱 신경망은 고양이의 시각 피질처럼 일련의 층을 통해 원본 이미지를 추상화한다. 그래서 언뜻 보면 다층 퍼셉트론과 비슷해 보이지만, 각각의 계층 구조는 매우 다르다. 다층 퍼셉트론은 완전히 연결된 층을 사용해 출력값의 모든 요소가 입력값에 의존하지만, 합성곱 신경망은 입력값의 일부를 사용하는 합성곱층convolutional layer을 사용한다. 따라서 각 출력 요소는 이미지의 작은 영역에 해당하며 해당 영역의 입력값에 의존적이다. 이것은 각 층을 정의하는 매개변수의 수를 엄청나게 줄여준다. 실제로 각 출력 요소는 적은 수의 입력값에만 의존하기 때문에 가중치 행렬 $\mathbf{M}_i$의 대부분 요소는 0으로 간주한다.

합성곱층은 더 나아가 이미지의 부분 영역 매개변수가 동일하다고 가정한다. 한 층이 한 세트^{set}의 매개변수를 사용해 이미지에서 수평선을 감지하면, 이미지의 다른 부분 영역에서도 수평선을 감지하기 위해 동일한 매개변수를 사용한다. 따라서 각 층의 매개변수 수는 이미지의 크기와 무관하다. 즉, 머신러닝을 통해 합성곱층은 이미지 전체에 대한 출력 피처를 정의할 수 있다. 이미지의 부분 영역은 보통 5×5픽셀 정도로 아주 작고, 그런 경우 학습한 매개변수의 수는 부분의 각 출력 피처의 25배에 불과하다. 따라서 합성곱 신경망은 다층 퍼셉트론보다 적은 수의 매개변수를 갖는다. 이것이 합성 신경망 모델이 쉽게 과적합되지 않는 이유다.

순환 신경망

순환 신경망$^{Recurrent\ Neural\ Network}$(RNN) 모델은 단어로 구성된 텍스트 문서, 염기^{base}로 구성된 DNA 등 일련의 단위들로 이뤄진 데이터를 처리하는 데 사용된다. 순환 신경망은 앞에서 배운 딥러닝 모델들과 조금 다르다. 데이터의 구성 요소들이 하나씩 신경망에 입력되는 것은 동일하지만, 각각의 레이어에서 다음 레이어로 출력값을 넘길 때 출력값을 다시 입력값으로 받는다는 것이 다르다. 이렇게 하면 일종의 메모리^{memory} 효과를 얻을 수 있다. 데이터의 요소(단어, DNA 염기 등)가 신경망에 입력되면 각 레이어에 대한 입력은 이전 레이어의 입력값에 의존한다(그림 2-4 참조).

따라서 순환 레이어$^{recurrent\ layer}$의 입력은 일반 입력(이전 레이어의 출력값)과 반복 입력(이전 레이어의 입력값)이라는 두 부분으로 구성된다. 그런 다음 이러한 입력을 기반으로 새로운 출력값을 계산한다. 원칙적으로는 완전 연결된 레이어에도 사용할 수 있지만 일반적으로 잘 작동되지 않는다. 그래서 과학자들은 순환 신경망에서 훨씬 잘 작동하는 다른 유형의 레이어를 개발했다. 가장 널리 사용되는 두 가지 요소는 GRU$^{Gated\ Recurrent\ Unit}$와 LSTM$^{Long\ Short\ Term\ Memory}$이다. 세부 사항은 걱정하지 말고, 순환 신경망을 만드는 경우 일반적으로 이러한 유형의 레이어 중 하나를 갖고 구성한다는 것만 기억하자.

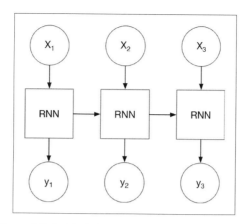

그림 2-4 순환 신경망. 서열의 각 요소(x_1, x_2, ...)가 입력으로 주어지면
출력(y_1, y_2, ...)은 입력 요소와 이전 단계의 순환 신경망 자체 출력에 따라 달라진다.

순환 신경망은 메모리라는 개념을 가짐으로써 앞에서 살펴본 다른 모델과 근본적으로 다르다. 합성곱 신경망 또는 다층 퍼셉트론의 출력은 전적으로 입력값에 의해 결정되지만 순환 신경망은 다르다. 순환 신경망은 입력값뿐만 아니라 모델 내부의 상태에 따라 출력값이 변한다. 마찬가지로 내부 상태는 각각의 새로운 입력값에 의해 변경된다. 순환 신경망의 이런 특징은 DNA와 같이 반복되는 단위로 구성된 데이터에서 유용하게 사용된다.

더 읽을거리

2장에서는 딥러닝에 대한 전반적인 내용과 개요를 설명했다. 이 책의 나머지를 이해하는 데는 충분한 설명이지만, 딥러닝을 전부 이해하기에는 부족했을 것이다. 다행히 시중에 이미 충분한 학습 자료가 있다. 다음의 목록은 특별히 추천하는 자료들이다.

- 마이클 닐슨^{Michael Nielsen}이 쓴 『Neural Networks and Deep Learning』(http://neuralnetworksanddeeplearning.com, Determination Press)은 2장과 거의 동일한 내용을 다루지만, 모든 주제를 더 자세히 설명한다. 딥러닝에 대한 실무적 지식과 활용법을 배울 수 있는 좋은 책이다.

- 이안 굿펠로우[Ian Goodfellow], 죠슈아 벵지오[Yoshua Bengio], 아론 쿠빌[Aaron Courville]의 저서 『Deep Learning』(http://www.deeplearningbook.org, MIT Press)은 이 분야 최고의 연구자들이 작성한 내용을 담고 있다. 독자가 컴퓨터과학 분야의 대학원생과 비슷한 배경을 갖고 있는 것으로 기대하면서 그 주제의 수학적 이론을 훨씬 더 자세하게 설명한다. 모든 이론을 이해하지 않고도 딥러닝을 쉽게 사용할 수 있지만, 딥러닝에서 독창적인 연구를 하고 싶다면 이 책이 매우 좋을 것이다.

- 바라스 람순다르[Bharath Ramsundar][6]와 레자 자데[Reza Zadeh]의 저서 『TensorFlow for Deep Learning』(O'Reilly)은 딥러닝 모델의 수학적 토대를 깊이 파고들지 않고 딥러닝 핵심 개념을 설명한다. 따라서 실무적인 딥러닝에 관심이 있는 독자들에게 유용할 것이다.

---

6   이 책의 저자 중 한 명이다. - 옮긴이

DeepChem을 이용한 머신러닝

3장에서는 텐서플로 기반 머신러닝 라이브러리인 DeepChem으로 딥러닝을 생명과학 분야에 사용하는 방법을 소개한다. DeepChem 라이브러리에는 생명과학 분야에 특화된 모델, 알고리즘, 데이터셋이 포함돼 있다. 이 책의 나머지 부분에서는 생명과학 분야에 DeepChem을 사용하는 다양한 예제를 배울 것이다.

케라스, 텐서플로, PyTorch 라이브러리를 사용하지 않은 이유?

간단하게 말하면, 라이브러리 개발자들은 핵심 사용자들이 원하는 기능을 제공하는 데 초점을 맞추기 때문이다. 예를 들어 케라스(Keras) 라이브러리는 이미지 처리, 텍스트 처리, 음성 분석에 대해 광범위한 지원을 제공하지만 분자 데이터의 처리, 유전학 데이터 또는 현미경 이미지에 대한 지원은 미비하다. 그래서 생명과학에 초점을 맞춘 DeepChem 라이브러리를 사용한다. DeepChem 라이브러리는 생명과학 분석에 알맞은 딥러닝 모델과 다양한 파일 형식을 지원하며 잘 작성된 지원 문서를 제공한다.

또한 DeepChem은 텐서플로를 기반으로 하기 때문에 기존 머신러닝 생태계와 잘 융합된다. 즉, DeepChem으로 작성한 코드도 텐서플로에서 작동할 수 있다.

아직 DeepChem을 설치하지 않았다면 공식 홈페이지(https://deepchem.io/)에 접속한 후 운영체제에 맞는 방법을 따라 2.4.0 버전을 설치하자.[1] 이후의 책 내용은 독자의 컴퓨터에 이미 DeepChem이 설치돼 있다고 가정한다.

---

1 이 책에 소개된 코드들은 DeepChem 2.4.0 버전에서 작성됐으며 현재 최신 버전은 2.7.0 이다. 따라서 도커(Docker)를 사용하면 많은 문제를 사전에 피할 수 있다. 공식 문서는 https://deepchem.readthedocs.io/en/latest/get_started/Docker-tutorial.html에서 확인할 수 있으며 간단하게 docker run —rm -it deepchemio/deepchem:2.4.0 명령어를 사용하면 실행할 수 있다.

DeepChem의 기본 데이터셋

DeepChem은 기본적인 추상화 기능을 사용해 데이터셋을 머신러닝에 적합하게 변환한다. 데이터셋은 데이터 각각에 대한 정보를 포함하는 입력 벡터 x와 출력 벡터 y로 구성돼 있으며 추가적인 기타 정보 등도 포함한다. DeepChem은 데이터셋을 저장하기 위해 다양한 하위 클래스들을 사용한다. NumpyDataset 클래스는 넘파이^{NumPy} 배열로 편리하게 변환할 수 있어서 가장 많이 사용된다. 이 절에서는 NumpyDataset을 사용하는 간단한 예제 코드를 살펴본다. 파이썬 인터프리터^{interpreter}에서 다음 코드를 입력하면 곧바로 출력값을 확인할 수 있다.

먼저 필요한 라이브러리를 불러온다. DeepChem의 버전이 2.4.0이 맞는지 확인하자.

```
import deepchem as dc
print(dc.__version__)
import numpy as np
```

간단한 넘파이 배열을 만들어본다.

```
x = np.random.random((4, 5))
y = np.random.random((4, 1))
```

생성한 넘파이 배열은 총 네 개의 샘플로 구성돼 있다. 배열의 x축은 각 샘플에 대해 다섯 개의 피처를 갖고 있으며, 배열의 y축은 각각의 샘플을 나타낸다. 아래와 같이 예제 데이터를 출력해보면 더 쉽게 이해할 수 있을 것이다. 다만 이 코드는 무작위로 값을 생성하므로 각 요소의 값은 매번 다른 것이 정상이다.

```
In : x
Out:
  array([[0.960767 , 0.31300931, 0.23342295, 0.59850938, 0.30457302],
  [0.48891533, 0.69610528, 0.02846666, 0.20008034, 0.94781389],
  [0.17353084, 0.95867152, 0.73392433, 0.47493093, 0.4970179 ],
  [0.15392434, 0.95759308, 0.72501478, 0.38191593, 0.16335888]])
In : y
Out:
  array([[0.00631553],
  [0.69677301],
  [0.16545319],
  [0.04906014]])
```

배열을 NumpyDataset 객체로 저장한다.

```
dataset = dc.data.NumpyDataset(x, y)
```

NumpyDataset 객체 속에 저장된 원래의 넘파이 배열을 출력하는 방법은 다음과 같다.

```
In : print(dataset.X)
  [[0.960767 0.31300931 0.23342295 0.59850938 0.30457302]
  [0.48891533 0.69610528 0.02846666 0.20008034 0.94781389]
  [0.17353084 0.95867152 0.73392433 0.47493093 0.4970179 ]
  [0.15392434 0.95759308 0.72501478 0.38191593 0.16335888]]
In : print(dataset.y)
  [[0.00631553]
  [0.69677301]
  [0.16545319]
  [0.04906014]]
```

출력된 넘파이 배열이 원본과 동일한지 확인한다.

```
In : np.array_equal(x, dataset.X)
```

```
Out : True
```

```
In : np.array_equal(y, dataset.y)
Out : True
```

다른 유형의 데이터셋

앞서 이야기한 것처럼 DeepChem은 다양한 유형의 데이터셋 객체를 포함한다. 이런 데이터셋 객체는 주로 컴퓨터의 메모리 용량을 넘어서는 빅데이터를 다룰 때 사용한다. 또한 DeepChem 에는 텐서플로의 tf.data 객체를 불러오는 도구도 있다. 이런 고급 기능들은 앞으로 차차 배우게 될 것이다.

독성 분자 예측 모델 만들기

이 절에서는 DeepChem을 사용해 분자의 독성을 예측하는 모델을 훈련시키는 방법을 살펴 본다. 독성 분자 예측 이론은 4장에서 설명하기로 하고 일단은 DeepChem 모델을 사용하는 방법에 집중한다. 먼저 필요한 라이브러리를 불러온다.

```
import numpy as np
import deepchem as dc
```

다음 단계는 머신러닝을 위한 독성 데이터셋을 불러오는 것이다. DeepChem에는 사용자 의 편의를 위해 자주 사용되는 데이터셋을 dc.molnet(MoleculeNet의 줄임말) 모듈에 포함하고 있다. 여기서는 dc.molnet.load_tox21() 명령을 사용해 Tox21 독성 데이터[2]를 불러온다. 이 명령을 실행하면, DeepChem이 자동으로 로컬 디스크에 데이터를 다운로드하는 다음과 같 은 출력을 확인할 수 있다.

---

2   Tox21 데이터 챌린지 대회에 사용된 데이터로 약물의 독성 예측과 관련된 표적의 실험 데이터를 포함한다. 자세한 것은 https://
    tripod.nih.gov/tox21/challenge/에서 확인할 수 있다. – 옮긴이

```
In : tox21_tasks, tox21_datasets, transformers = dc.molnet.load_tox21()
Out: Loading raw samples now.
  shard_size: 8192
  About to start loading CSV from /tmp/tox21.CSV.gz
  Loading shard 1 of size 8192.
  Featurizing sample 0
  Featurizing sample 1000
  Featurizing sample 2000
  Featurizing sample 3000
  Featurizing sample 4000
  Featurizing sample 5000
  Featurizing sample 6000
  Featurizing sample 7000
  TIMING: featurizing shard 0 took 15.671 s
  TIMING: dataset construction took 16.277 s
  Loading dataset from disk.
  TIMING: dataset construction took 1.344 s
  Loading dataset from disk.
  TIMING: dataset construction took 1.165 s
  Loading dataset from disk.
  TIMING: dataset construction took 0.779 s
  Loading dataset from disk.
  TIMING: dataset construction took 0.726 s
  Loading dataset from disk.
```

피처화^{featurization}는 분자 정보가 포함된 데이터셋을 머신러닝에 사용되는 행렬 및 벡터로 변환하는 것이다. 4장에서 피처화를 더 자세히 설명하기로 하고, 여기서는 피처화된 데이터를 간단히 살펴보고 넘어간다.

dc.molnet.load_tox21() 함수는 tox21_tasks, tox21_datasets, transformers 등의 다양한 값을 반환한다. 먼저 tox21_tasks의 값을 살펴보자.

```
In : tox21_tasks
Out:
```

```
['NR-AR',
 'NR-AR-LBD',
 'NR-AhR',
 'NR-Aromatase',
 'NR-ER',
 'NR-ER-LBD',
 'NR-PPAR-gamma',
 'SR-ARE',
 'SR-ATAD5',
 'SR-HSE',
 'SR-MMP',
 'SR-P53']

In : len(tox21_tasks)
Out: 12
```

출력 결과를 통해 tox21_tasks에는 총 12개의 값이 들어있는 것을 확인할 수 있다. NR-AR 등으로 표현된 각각의 이름은 생물학적 표적target을 나타낸다. 이들 표적은 잠재적인 신약에 대한 독성 반응과 관련돼 있다고 여겨지는 단백질들이다. 생물학적 표적 각각에는 실험을 통해 얻은 수치가 포함돼 있다. 좀 더 구체적으로 설명하면 Tox21 데이터셋에 있는 각각의 분자와 해당 단백질의 결합력을 나타낸다.

얼마나 많은 생물학적 지식이 필요한가?

생명정보학을 연구하는 컴퓨터과학자들에게 복잡한 생물학 용어는 골치 아픈 존재다. 그러나 생명정보학 연구에서는 생물학에 관한 심도 있는 지식이 그다지 필요치 않다. 그러므로 미리 겁먹지 말자. 생명과학과 컴퓨터과학의 유사점을 찾아봄으로써 독자의 이해를 도울 수 있다. 예를 들어 세포나 동물이 복잡하고 수정이 불가능한 레거시(lagacy)[3] 코드라고 상상하자. 그렇다면 생명과학은 엔지니어로서 이런 레거시 코드의 기본 체계를 이해하기 위해 다양한 탐색 실험을 하는 중이라고 말할 수 있다. 머신러닝은 자동으로 유용한 상관관계를 탐색해주기 때문에 생물학적 시스템을 이해하는 데 매우 강력한 도구다. 그래서 생물학적 지식이 부족하더라도 머신러닝을 사용하면 생물학적 통찰을 발견할 수 있게 도와준다.

이 책에서 모든 장의 도입부는 기초적인 생물학 지식을 제공한다. 이 내용은 위키피디아(Wikipedia)와 같은 유용한 참고 자료를 통해 더 자세한 생물학적 지식을 스스로 찾아볼 수 있게 도와줄 것이다.

다음으로 tox21_datasets 객체를 살펴보자. 이름이 복수형plural이라는 것은 이 객체가 실제로는 여러 개의 dc.data.Dataset 객체를 포함한 튜플이라는 점을 암시한다.

```
In : tox21_datasets
Out:
  (<deepchem.data.datasets.DiskDataset at 0x7f9804d6c390>,
   <deepchem.data.datasets.DiskDataset at 0x7f9804d6c780>,
   <deepchem.data.datasets.DiskDataset at 0x7f9804c5a518>)
```

출력 결과를 보면 dc.molnet 모듈이 로컬 디스크에서 해당 데이터셋을 불러와 DiskDataset 객체로 만들었다는 것을 알 수 있다. 해당 객체에는 이전 장에서 배운 학습, 테스트, 검증 데이터셋이 들어있다. 이렇게 구성하면 데이터셋을 반복해서 불러올 필요가 없다는 장점이 있다. 이제 사용하기 위해 데이터셋을 분리한다.

```
train_dataset, valid_dataset, test_dataset = tox21_datasets
```

---

3   과거로부터 전해져 내려와서 유지 보수가 어려운 것을 의미한다. – 옮긴이

데이터셋을 다룰 때는 가장 먼저 모양을 살펴봐야 한다. 다음과 같이 .shape 특성을 출력하면 간단하게 할 수 있다.

```
In : train_dataset.X.shape
Out: (6264, 1024)

In : valid_dataset.X.shape
Out: (783, 1024)

In : test_dataset.X.shape
Out: (784, 1024)
```

출력 결과를 통해 train_dataset의 X 벡터에는 총 6,264개의 샘플이 있고 각각의 샘플은 1,024개의 피처 값이 있다는 것을 알 수 있다. 마찬가지로 valid_dataset, test_dataset에는 각각 1,024개의 피처를 가진 783개의 샘플이 있다. 이제 데이터셋의 y 벡터 모양을 살펴보는데, 이번에는 넘파이의 np.shape() 기능을 사용한다.

```
In : np.shape(train_dataset.y)
Out: (6264, 12)

In : np.shape(valid_dataset.y)
Out: (783, 12)

In : np.shape(test_dataset.y)
Out: (784, 12)
```

각 샘플에 대해 12개의 데이터 포인트(레이블이라고도 함)가 있다. 이것들은 앞에서 설명한 12가지 표적에 해당한다. 이 데이터셋에서 샘플은 각각의 분자에 해당하고, 각 데이터 포인트의 값은 특정 분자에 대한 생화학적 분석 실험의 결괏값이다.

그런데 머신러닝을 바로 시작하기에는 다소 문제가 있다. Tox21 데이터셋의 몇몇 분자들은 모든 생화학적 분석 실험이 돼 있지 않기 때문이다. 다시 말해, 데이터셋에 결측치가 존재하며 의미 없는 문자로 값이 채워져 있는 상태이기 때문에 모델을 만들고 학습을 시킬 때 결측치에 대한 전처리가 필요하다.

그렇다면 어떻게 실제 측정된 값인지 판단할 수 있을까? 가중치를 기록하는 데이터셋의 w 행렬을 사용하면 된다. 가중치는 모델에 대한 손실 함수를 계산할 때마다 작업과 샘플을 합산하기 전에 곱하는 값이다. 이것은 몇 가지 목적으로 사용되는데, 그중 하나가 누락된 데이터를 나타낼 때 사용된다. 만약 가중치가 0이면 해당 레이블은 손실에 영향을 주지 않으며 학습 중에 무시된다. 데이터셋에서 얼마나 많은 레이블이 실제로 측정됐는지 확인하기 위해 출력을 해보자.

```
In : train_dataset.w.shape
Out: (6264, 12)

In : np.count_nonzero(train_dataset.w)
Out: 62166

In : np.count_nonzero(train_dataset.w == 0)
Out: 13002
```

w 행렬에 있는 6,264 × 12 = 75,168개의 요소 중 62,166개만 실제로 측정됐다. 나머지 13,002개의 요소는 누락된 측정값에 해당하므로 무시한다.

데이터셋을 다루는 것은 원래 어렵다

먼저 생명과학 데이터를 정리하는 일은 매우 어려운 일이라는 것을 알아야 한다. 대부분의 원본 (raw) 생명과학 데이터에는 다양한 오류가 포함돼 있다. 더욱이 데이터셋이 외부 조직(계약 연구 조직 또는 CRO)이 수행한 실험으로 작성된 것이라면 데이터셋에 근본적인 잘못이 있을 가능성이 있다. 이런 이유로 많은 생명과학 연구 기관들은 데이터셋을 확인하고 정리하는 일에 많은 비용을 쓰고 있다.

머신러닝 알고리즘이 생명과학 데이터에 작동하지 않는 경우, 보통 학습 알고리즘보다는 사용한 데이터에 근본적인 오류가 있을 가능성이 크다.

이제 load_tox21()에 의해 반환된 transformers 변수를 살펴보자. transformers 변수는 원본 데이터셋을 수정한 객체다. DeepChem은 원본 데이터를 변환하는 유용한 도구를 제공한다. 이 경우에 어떤 도구가 사용됐는지 살펴보자.

```
In : transformers
Out: [<deepchem.trans.transformers.BalancingTransformer at 0x7f99dd73c6d8>]
```

위 출력 결과를 통해 BalancingTransformer 도구가 사용된 것을 알 수 있다. 이 도구는 불균형한 데이터셋을 보완하는 데 사용된다. Tox21 데이터셋의 분자 대부분이 표적에 결합하지 않는 데이터이며, 실제 90%가 넘는 데이터의 레이블이 0이다. 즉, 항상 0을 예측하는 모델을 만들면 정확도가 90%로 나온다는 의미다. 이렇게 값이 한쪽으로 쏠린 데이터셋은 분류 문제에서 흔하게 접하는 형태이다.

다행히 불균형한 데이터셋을 보완하는 해결책으로 가중치 행렬을 조정하는 것이 있다. BalancingTransformer는 각 클래스에 할당된 총 가중치가 동일하도록 개별 데이터 요소의 가중치를 조정한다. 이렇게 하면 손실 함수는 어느 한 분류에 대한 선입견을 갖지 않고 학습을 통해 손실 함수의 값을 줄일 수 있다.

지금까지 Tox21 데이터셋을 간단하게 살펴봤다. 이제 머신러닝을 하는 방법을 알아보자. DeepChem의 dc.models 하위 모듈에는 다양한 생명과학 관련 모델이 포함돼 있다. 이러한 다양한 모델은 모두 부모 클래스 dc.models.Model에서 상속받는다. 이 상위 클래스는 일반적인 파이썬^{Python} 규칙을 따르는 공통 API를 제공하도록 설계됐다. 다른 파이썬 머신러닝 라이브러리를 사용해봤다면 dc.models.Model 메서드가 아마 꽤 익숙할 것이다.

3장에서는 이 메서드의 구성을 자세히 설명하지 않는다. 대신 표준 DeepChem 모델 dc.models.MultitaskClassifier를 사용하는 예를 배운다. 이 모델은 입력 데이터를 통해 여러 가지 예측값을 출력하는 다층 퍼셉트론을 구축하는 것으로, 모든 샘플에 대해 여러 레이블이 있는 다중 분류 문제를 해결하는 데 사용된다. 이제 DeepChem으로 MultitaskClassifier 객체를 생성하는 방법을 살펴본다.

```
model = dc.models.MultitaskClassifier(
  n_tasks=12, n_features=1024, layer_sizes=[1000])
```

MultitaskClassifier 모델에는 다양한 옵션이 있다. 간단히 살펴보면 n_tasks는 작업 수이고 n_features는 각 샘플의 피처 개수다. 앞서 살펴봤듯이 Tox21 데이터셋에는 각 샘플에 대해 12개의 작업과 1,024개의 피처가 있다. layer_sizes는 신경망에 숨겨진 레이어의 개수와 너비를 설정하는 변수다. 이 경우에는 너비가 1,000인 하나의 숨겨진 레이어를 사용한다.

이제 모델 객체를 만들었으므로 Tox21 데이터셋을 학습시켜야 한다. DeepChem의 모든 모델 객체는 모델을 데이터셋에 맞춰주는 fit() 메서드가 들어있다. 그래서 다음 코드처럼 MultitaskClassifier 모델 객체를 간단하게 데이터와 맞출 수 있다.

```
model.fit(train_dataset, nb_epoch=10)
```

옵션 nb_epoch = 10은 한 번에 에포치epoch의 경사 하강법 학습을 열 번 수행한다는 뜻이다. 에포치는 데이터셋의 모든 샘플이 학습 알고리즘을 한 번 통과하는 것을 의미한다. 모델을 훈련시키려면 학습 데이터셋을 일괄 처리로 나누고 각 일괄 처리에 대한 경사 하강법을 한 단계 수행한다. 이상적인 환경에서는 데이터가 적어지며 최적화된 모델에 도달하게 된다. 그러나 실제로는 모델이 학습을 완료하기 전에 학습 데이터가 부족해진다. 그래서 에포치 값을 높여 학습 데이터를 재사용하게 되는데, 이 방식은 적은 양의 데이터로 모델을 학습시킬 수는 있지만 과적합될 가능성이 높다는 단점이 따른다.

학습을 마친 모델은 성능을 평가하는 과정을 거친다. 모델의 성능을 평가하기에 앞서 가장 먼저 평가 지표metric를 정해야 한다. DeepChem의 클래스 dc.metrics.Metric은 일반적으로 사용되는 평가 지표들이 들어있다. Tox21 데이터셋의 경우 ROC AUCReceiver Operating Characteristics Area Under Curve 점수[4]를 사용해 모델의 성능을 평가한다. 그러나 여기에는 한 가지

---

4 수신자 조작 특성 곡선의 아래 영역을 의미한다. 점수의 범위는 0~1이며, 예측이 100% 잘못된 모델의 점수는 0이고 예측이 100% 정확한 모델의 점수는 1이다. - 옮긴이

생각해볼 점이 있다. Tox21 데이터셋에는 총 12개의 분류 작업이 존재하는데, 이런 경우 ROC AUC는 어떻게 계산해야 할까? 가장 쉬운 방법은 모든 분류 작업의 평균 ROC AUC를 계산하는 것이다. DeepChem은 평균 ROC AUC를 다음 명령어로 쉽게 계산할 수 있다.

```
metric = dc.metrics.Metric(dc.metrics.roc_auc_score, np.mean)
```

넘파이의 np.mean 기능을 사용해 모든 ROC AUC 점수의 평균을 계산하는 평가 지표 객체(metric)를 만든다. 위 객체를 갖고 주어진 데이터셋에서 모델 성능을 평가하는 model. evaluate() 함수를 사용한다.

ROC AUC

특정 분자가 독성인지 무독성인지를 이분법으로 분류하는 것을 원하지만, 위의 모델은 연속적인 숫자로 예측값을 출력한다. 따라서 임계값을 설정해 모델의 출력값이 임계값보다 크면 독성 물질로 예측하고, 낮으면 무독성이라고 판단한다. 따라서 임계값이 낮으면 많은 위양성(false positive)[5]이 발생하고, 임계값이 높으면 위양성은 줄어들지만 반대로 위음성(false negative)[6]은 더 많이 발생한다.

이러한 절충안을 시각화하는 방법으로 수신자 조작 특성(Receiver Operating Characteristics) (ROC) 곡선이 있다. ROC 곡선은 다양한 임계값에 따라 양성율(TPR, True Positive Rate)과 위양성율(FPR, False Positive Rate)을 곡선으로 그린 것이다. 그림 3-1에서 예시를 확인할 수 있다.

ROC AUC는 ROC 곡선 아래의 총면적이다. 곡선 아래 영역(AUC)은 머신러닝 모델의 성능을 나타낸다. 모델에 모든 샘플을 정확하게 분류하는 임계값이 있다면 AUC 값은 1이 되고, 샘플을 무작위로 구분한다면 AUC 값은 0.5가 된다. 다시 말해, 모델의 성능을 0.5와 1 사이의 숫자로 나타낼 수 있다. AUC 값은 모델의 성능을 직관적으로 나타내서 유용하게 사용되는 평가 지표다.

```
train_scores = model.evaluate(train_dataset, [metric], transformers)
test_scores = model.evaluate(test_dataset, [metric], transformers)
```

---

5   독성이 없는 물질을 독성이 있다고 잘못 예측하는 것이다. – 옮긴이
6   독성이 있는 물질을 안전하다고 잘못 예측하는 것이다. – 옮긴이

이제 모델의 ROC AUC 점수를 출력한다.

```
In : print(train_scores)
...: print(test_scores)
Out:
  {'mean-roc_auc_score': 0.9659541853946179}
  {'mean-roc_auc_score': 0.7915464001982299}
```

학습 데이터셋에 대한 ROC AUC 값은 0.96으로 테스트 데이터셋에 대한 값인 0.79보다 훨씬 높다. 이것은 우리의 딥러닝 모델이 과적합됐다는 뜻이다. 중요한 것은 테스트 데이터셋에 대한 AUC 값이다. 참고로 현재 Tox21 데이터셋에 대한 가장 높은 ROC AUC 값은 0.9에 약간 못 미치는 정도다. 12가지 생물학적 표적 중 하나에 대한 ROC 곡선은 그림 3-1에서 확인할 수 있다.

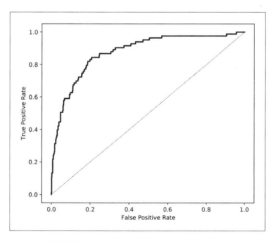

그림 3-1 12가지 생물학적 표적 중 하나에 대한 ROC 곡선. 점선으로 표시된 대각선은 무작위 모델(AUC 값이 0.5)을 나타낸다. 실제 곡선은 점선보다 일관되게 높으며, 이것은 우리 모델이 무작위적인 추측보다는 잘 작동하고 있다는 뜻이다.

MNIST 데이터셋으로 필기 인식 모델 만들기

앞 절에서는 DeepChem에 사전 정의된 모델인 dc.models.MultitaskClassifier를 사용해 머신러닝을 했다. 그러나 실제 상황에서는 사전 정의된 모델보다 사용자가 직접 모델을 정의하는 일이 더 많다. 이번 절에서는 직접 합성곱 신경망 모델을 만들어 MNIST 필기 인식 데이터셋에 적용시키는 방법을 배운다. 이를 위해 DeepChem에서 딥러닝 모델을 구현하는 프레임워크인 dc.models.TensorGraph 클래스를 사용한다.

사전 정의된 모델

앞의 Tox21 예제에서는 사전 정의된 모델을 사용했다. 하지만 필기 인식 모델 예제에서는 MNIST 데이터셋에 알맞은 모델을 직접 정의해 사용할 것이다. 모델을 직접 정의하는 것은 어떤 이점이 있을까? 해결하려는 문제에 잘 맞는 모델이 이미 있다면 좋겠지만, 일반적으로 그런 경우는 흔치 않다. 따라서 문제에 적합한 맞춤형 모델을 정의하는 것이 필요하다.

3장에서는 사전 정의된 모델과 맞춤형 모델을 모두 사용할 줄 아는 것이 중요하므로 각각에 대한 예제를 제공한다.

MNIST 필기 인식 데이터셋

MNIST 필기 인식 데이터셋(그림 3-2 참조)은 필기된 숫자를 올바르게 분류하는 머신러닝에 많이 사용된다. MNIST 데이터셋에는 0에서 9까지의 숫자에 해당하는 28×28픽셀의 흑백 이미지가 학습 데이터에 60,000개, 테스트 데이터에 10,000개씩 들어있다.

그림 3-2 MNIST 데이터셋에 포함돼 있는 숫자들
(출처: 깃허브(https://github.com/mnielsen/rmnist/blob/master/data/rmnist_10.png))

MNIST 데이터셋은 비교적 간단한 문제로, 지난 수십년 간 머신러닝이 발전함에 따라 이제 100%에 가까운 예측 정확도를 달성했다.

DeepChem은 생명과학 분야에만 사용할 수 있는가?

3장의 앞부분에서 언급했듯이 다른 머신러닝 라이브러리를 사용해 생명과학의 문제를 해결할 수 도 있다. 마찬가지로 DeepChem을 사용해 일반적인 머신러닝 시스템을 구축할 수도 있다. 그러나 영화 추천 시스템을 만들 때는 DeepChem을 사용하는 것보다 다른 라이브러리를 사용하는 편이 더 타당할 뿐이다. 머신러닝 라이브러리는 다양한 정보를 융합해 새로운 정보를 만들어내고 자 매우 유연하게 설계돼 있다. 실제로 분자 결합력을 예측하는 모델은 사실 영화 추천 알고리즘 을 사용해 개발됐다.

합성곱 신경망으로 필기 인식하기

DeepChem은 TensorGraph 클래스를 사용해 맞춤형 딥러닝 모델을 구축할 수 있다. 이 절에 서는 그림 3-3에 표시된 합성곱 신경망을 작성하는 데 필요한 코드를 배운다. 먼저 이미지 의 일부 피처를 식별하기 위한 두 개의 합성곱 레이어로 시작한다. 그다음 두 개의 완전 연결 레이어[full connection layer]를 통해 이미지에 적힌 숫자를 예측한다.

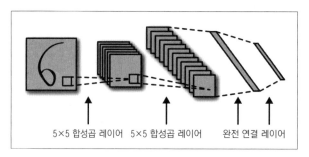

5×5 합성곱 레이어 5×5 합성곱 레이어 완전 연결 레이어

그림 3-3 MNIST 데이터셋을 처리하기 위한 합성곱 신경망의 구조. 두 개의 합성곱 레이어와 두 개의 완전 연결 레이어가 있다.

시작하기에 앞서 터미널[terminal]에 다음 명령어를 입력해 MNIST 데이터를 다운로드한다.

```
mkdir MNIST_data
cd MNIST_data
wget http://yann.lecun.com/exdb/mnist/train-images-idx3-ubyte.gz
wget http://yann.lecun.com/exdb/mnist/train-labels-idx1-ubyte.gz
wget http://yann.lecun.com/exdb/mnist/t10k-images-idx3-ubyte.gz
wget http://yann.lecun.com/exdb/mnist/t10k-labels-idx1-ubyte.gz
cd ..
```

파이썬으로 MNIST 데이터셋을 불러온다.

```
from tensorflow.examples.tutorials.mnist import input_data
mnist = input_data.read_data_sets("MNIST_data/", one_hot=True)
```

필요한 라이브러리들을 불러온다.

```
import deepchem as dc
import tensorflow as tf
import deepchem.models.tensorgraph.layers as layers
```

deepchem.models.tensorgraph.layers에는 각종 레이어가 포함돼 있다. 레이어는 딥러닝 모델을 구성하는 필수 요소이며, 앞으로 레이어 객체를 사용하는 방법을 간단히 알아볼 것이다. 먼저 불러온 데이터셋을 분석에 적합한 형식으로 만들어야 한다. NumpyDataset 객체를 사용해 MNIST 데이터셋을 학습 데이터와 테스트 데이터로 변환한다.

```
train_dataset = dc.data.NumpyDataset(mnist.train.images, mnist.train.labels)
test_dataset = dc.data.NumpyDataset(mnist.test.images, mnist.test.labels)
```

MNIST 데이터셋에는 테스트 데이터셋이 미리 분리돼 있지 않지만, 텐서플로의 input_data() 기능을 사용하면 알아서 분리해준다. 학습 데이터와 테스트 데이터를 준비했으니 이제 사용할 합성곱 신경망 모델을 정의한다.

이 예제에서 가장 중요한 개념은 각각의 레이어 객체를 구성해 딥러닝 모델을 만드는 것이다. 2장에서 설명한 것처럼 신경망의 각 레이어는 이전 레이어의 입력을 받아 이후 레이어로 전달하는 출력을 계산한다. 신경망의 가장 앞에는 데이터셋의 피처 및 레이블 값을 받는 입력 레이어가 있고, 가장 끝에는 수행한 계산의 결과를 반환하는 출력 레이어가 있다. 우리는 이미지 처리용 합성곱 신경망을 만들어볼 것이다. 먼저 새로운 TensorGraph 객체를 정의하는 것으로 시작한다.

```
model = dc.models.TensorGraph(model_dir='mnist')
```

위의 코드에서 model_dir 옵션은 모델의 매개변수를 저장하는 폴더를 지정하기 위한 것이다. 해당 옵션을 생략하면 모델이 저장되지 않기 때문에 파이썬 인터프리터가 종료되면 모든 작업 내용이 사라진다. 그러나 저장 폴더를 지정하면 이후 필요할 때 해당 모델을 다시 불러올 수 있다.

TensorGraph는 Model 클래스를 상속하므로 dc.models.Model의 인스턴스[instance][7]다. 따라서 앞

---

7 클래스를 통해 만들어진 객체를 의미한다. - 옮긴이

에서 사용했던 fit() 및 evaluate() 기능을 그대로 쓸 수 있다.

```
In : isinstance(model, dc.models.Model)
Out: True
```

아직 아무것도 추가하지 않은 모델에 Feature 및 Label 클래스를 추가해 피처와 레이블에 대한 입력을 받을 수 있게 한다.

```
feature = layers.Feature(shape=(None, 784))
label = layers.Label(shape=(None, 10))
```

MNIST 데이터셋은 28×28 픽셀의 이미지 파일로 구성돼 있다. 각각의 이미지는 피처가 784 개인 벡터로 변환해 입력 데이터로 사용되고, 이미지의 레이블은 0부터 9까지 총 열 개가 있다. 텐서플로에서 기본적으로 None을 옵션 값으로 사용하면 모든 크기를 허용한다는 의미가 된다. 위의 코드에서 shape 옵션의 첫 번째 요소는 배치의 크기를 의미하기 때문에 우리가 만든 모델은 배치 크기와 무관하게 작동한다.

원–핫 인코딩

MNIST 데이터셋은 범주형(categorical) 데이터로 만들어져 있다. 즉, 각각의 데이터(이미지)는 0부터 9까지의 범주(category)에 속한다. 그렇다면 어떻게 이런 범주를 머신러닝 시스템에 입력할 수 있을까? 이럴 때 일반적으로 사용하는 방법이 원–핫 인코딩(one–hot encoding)이다. MNIST 데이터셋에 원–핫 인코딩을 적용하면 하나의 요소가 1로 표현된 길이가 10인 벡터로 변환된다. 즉, 레이블이 1인 데이터는 첫 번째 색인의 값이 1이고 나머지는 0의 값을 가지며, 레이블이 9인 데이터는 아홉 번째 색인의 값이 1이며 나머지 색인은 0의 값을 가진다.[8]

합성곱 레이어를 적용하려면 현재 28×28 형태의 피처 값을 Reshape() 레이어를 써서 평평한[flat] 1차원 데이터로 만들어준다.

---

8   원–핫 인코딩은 레이블의 크기를 벡터의 차원으로 하며, 표현하고 싶은 레이블의 색인에 1의 값을 부여하고 다른 색인에는 0을 부여하는 벡터 표현 방식이다. – 옮긴이

```
make_image = layers.Reshape(shape=(None, 28, 28), in_layers=feature)
```

위에서 옵션에 사용한 None 값은 임의의 배치 크기를 처리할 수 있다는 의미다. 키워드 인수 in_layers = feature는 Reshape 레이어가 이전 Feature 레이어의 피처를 입력으로 사용한다는 것을 나타낸다. 그런 다음 합성곱 레이어(Conv2D)를 만들어 값을 전달한다.

```
conv2d_1 = layers.Conv2D(
  num_outputs=32, activation_fn=tf.nn.relu, in_layers=make_image)
conv2d_2 = layers.Conv2D(
  num_outputs=64, activation_fn=tf.nn.relu, in_layers=conv2d_1)
```

여기서 Conv2D 클래스는 입력된 각 샘플에 2차원 합성곱[2D convolution]을 적용한 다음 ReLU 활성화 함수를 거쳐 다음 레이어로 값을 전달한다. in_layers 옵션을 사용해 레이어들을 연결한다는 점에 유의하라. 또한 Conv2D 레이어의 출력값은 3차원 벡터이므로 다음 레이어로 값을 전달하려면 2차원 벡터로 변환해야 한다는 것을 유의해야 한다. 좀 더 구체적으로 Conv2D 레이어는 각 샘플에 대해 2차원 출력값을 생성하므로 출력값에는 샘플에 대한 정보도 포함돼 3차원 벡터가 된다. Flatten 레이어는 이것을 샘플당 하나의 차원으로 총 2차원 벡터로 축소한다.

```
flatten = layers.Flatten(in_layers=conv2d_2)
dense1 = layers.Dense(
  out_channels=1024, activation_fn=tf.nn.relu,in_layers=flatten)
dense2 = layers.Dense(
  out_channels=10, activation_fn=None, in_layers=dense1)
```

Dense 레이어의 out_channels 인수는 레이어의 폭을 지정한다. 첫 번째 레이어는 샘플당 1,024개의 값을 출력하지만, 두 번째 레이어는 열 개(0부터 9까지에 해당하는 숫자 분류의 수)의 값을 출력한다. 정확하게 예측하는 머신러닝을 수행하고자 두 번째 레이어를 손실 함수로 연결해야 한다. 손실 함수는 SoftMaxCrossEntropy를 사용한다.

```
smce = layers.SoftMaxCrossEntropy(in_layers=[label, dense2])
loss = layers.ReduceMean(in_layers=smce)
model.set_loss(loss)
```

SoftMaxCrossEntropy 레이어는 데이터의 레이블과 마지막 Dense 레이어의 출력값을 입력으로 받는다. 모든 샘플에 대한 손실 함수의 값을 계산하기 위해 최종 손실 값은 모든 샘플에 대한 평균으로 구한다. 이것은 ReduceMean 레이어에 model.set_loss() 기능을 호출해서 구할 수 있다.

소프트맥스와 소프트맥스 교차 엔트로피

머신러닝 모델의 예측값은 확률분포로 얻길 원한다. 다시 말해 MNIST 데이터셋에서 주어진 샘플이 어떤 숫자인지를 각각 확률로 나타내려 한다. 따라서 모든 출력값은 양수여야 하고, 총합계는 1이 돼야 한다. 가장 쉬운 방법은 모델이 임의의 숫자를 계산하도록 한 다음 소프트맥스^{SoftMax} 함수로 전달하는 것이다. 소프트맥스 함수는 다음과 같이 수식으로 표현된다.

$$\sigma_i(x) = \frac{e^{x_i}}{\Sigma_j e^{x_j}}$$

위 수식의 경우 분자의 지수는 모든 값이 양수임을 보장하며, 분모의 합은 1을 더한 값이 되도록 한다. x의 한 요소가 다른 요소보다 훨씬 큰 경우, 해당 요소의 출력은 1에 가까운 반면 다른 출력값들은 0에 매우 가깝게 된다.

소프트맥스 교차 엔트로피(SoftMaxCrossEntropy)는 먼저 소프트맥스 함수를 사용해 출력값을 확률로 변환한 다음, 레이블로 해당 확률의 교차 엔트로피를 계산한다. 레이블은 원-핫 인코딩된 것이다. 즉, 올바르게 분류한 경우에는 1, 다른 잘못된 분류인 경우에는 0이다. 정확한 분류로 예측된 확률이 1에 가까울수록 손실은 최소화된다. 이 두 가지 연산(소프트맥스와 교차 엔트로피가 뒤섞인다.)은 종종 함께 나타나며, 이를 단일 단계로 계산하면 개별적으로 수행하는 것보다 안정적인 수치를 얻을 수 있다.

더 안정적인 수치를 얻기 위해 소프트맥스 교차 엔트로피(SoftMaxCrossEntropy) 레이어는 확률의 로그^{log} 값을 계산한다. 또한 각각의 분류에 따른 확률을 얻기 위해 소프트맥스(SoftMax) 레이어로 출력을 변환한다. 이어서 model.add_output()을 사용해 출력을 모델에 추가한다.

```
output = layers.SoftMax(in_layers=dense2)
model.add_output(output)
```

이전처럼 fit() 함수를 사용해 모델을 학습시킨다.

```
model.fit(train_dataset, nb_epoch=10)
```

일반 노트북 환경에서 위의 명령어를 실행시키면 오랜 시간이 걸린다. 시간을 단축시키려면 nb_epoch=1 옵션을 사용하자. 예측 성능은 나빠지지만 학습을 빠르게 완료시킬 수 있을 것이다.

이번에는 정확하게 예측된 라벨의 비율인 정확도^{accuracy}를 계산해본다.

```
metric = dc.metrics.Metric(dc.metrics.accuracy_score)
```

이전과 같은 코드를 사용해 정확도를 계산한다.

```
train_scores = model.evaluate(train_dataset, [metric])
test_scores = model.evaluate(test_dataset, [metric])
```

정확도는 학습 데이터에서 0.999이고 테스트 데이터셋에서는 0.991이다. 다시 말해 우리 모델은 테스트 데이터셋 샘플의 99% 이상을 정확하게 예측하므로, 매우 우수한 성능을 보여준다고 할 수 있다.

GPU **사용하기**

딥러닝은 계산량이 많아 학습하는 데 오랜 시간이 걸린다. 만약 노트북에서 합성곱 신경망(CNN)을 학습시키려면 한 번에 한 시간은 걸릴 것이다. 딥러닝은 대규모의 선형 대수 계산이 필요하고 컴퓨터의 CPU(Central Processing Unit)는 이런 유형의 계산에 적합하지 않다.

GPU(Graphics Processing Unit)는 원래 게임 그래픽 처리를 위해 개발됐고 사람들은 게임 그래픽 처리가 벡터 계산이라는 점에서 착안해 딥러닝에 사용하기 시작했다. 따라서 가능하다면 GPU를 계산에 사용하는 것이 좋다. 실제로 GPU를 사용하면 훨씬 더 빠르게 학습이 완료된다.

그러나 GPU가 꼭 필요한 것은 아니다. 단지 학습에 걸리는 시간이 좀 더 오래 걸리는 정도의 차이만 있을 뿐이다. 따라서 학습이 완료되길 기다리는 동안 커피를 마시거나 책을 읽으며 이후 예제들을 천천히 공부하는 것을 권한다.

결론

3장에서는 DeepChem 라이브러리를 사용해 간단한 머신러닝 시스템을 구현하는 방법을 배웠다. 아직 DeepChem 라이브러리의 사용법을 파악하지 못했더라도 걱정할 필요는 없다. 앞으로 DeepChem 라이브러리를 사용한 더 많은 예제를 배울 것이다.

다음 4장에서는 생명과학 데이터셋으로 효과적인 머신러닝을 수행하는 데 필요한 기본 개념을 설명하고, 구체적인 예제로 분자 데이터에 머신러닝을 적용하는 방법을 배운다.

4장
분자 수준 데이터 다루기

4장에서는 머신러닝을 분자 수준의 데이터에 적용하는 방법을 배운다. 분자 수준의 데이터에 머신러닝을 사용하는 것은 재료과학과 화학 분야에서 특히 유용하다. 현대의 재료과학과 화학은 새로운 분자를 찾기 위해 노동 집약적인 실험을 반복하기 때문이다. 따라서 머신러닝을 통해 새로운 분자 구조를 예측할 수 있다면 전체 실험의 양을 크게 줄일 수 있다. 다시 말해 과학자들이 무작위로 실험하는 대신에 머신러닝 모델로부터 제안된 분자를 사용해 실험함으로써 성공 가능성을 높일 수 있다.

그렇다면 어떻게 분자 수준 데이터에 머신러닝을 적용할 수 있을까? 첫 번째 단계로는 분자 구조 데이터를 벡터로 변환하는 분자 피처화molecular featurization가 필요하다. 분자는 복잡한 구조를 갖기 때문에 이를 표현하기 위해 다양한 기술이 개발됐다. 예를 들면 화학 표현자 벡터chemical descriptor vector, 2차원 그래프, 3차원 정전기적 그리드electrostatic grid, 오비탈 궤도 기반 함수orbital basis function 등의 표현 방법이 있다. 4장에서는 간단한 분자 피처화 방법을 배우고, 5장에서는 좀 더 심화된 내용을 다룬다.

분자 피처화가 끝나면 두 번째 단계로 머신러닝을 진행한다. 4장에서는 단순한 신경망과 그래프 합성곱graph convolution 같은 복잡한 알고리즘을 모두 사용해보고 각각의 장단점을 설명할 것이다.

분자란 무엇인가?

분자 데이터에 머신러닝을 적용하기에 앞서 분자가 정확히 무엇인지 생각해보자. 아마 독자들은 H_2O와 CO_2 같은 것을 분자라고 부른다는 것은 이미 알고 있을 것이다. 그러나 외계인들에게 분자의 개념을 설명한다고 가정해보자. 그렇다면 분자가 실존한다는 것을 증명하기 위해 질량 분석기$^{mass\ spectroscopy}$가 필요할 것이다.

질량 분석기

질량 분석기는 샘플에 어떤 분자들이 들어있는지 확인하는 데 사용한다. 분자를 다루는 것은 어려운 일이므로 질량 분석기의 구조는 매우 복잡하다. 기본 원리는 샘플에 전자(electron)를 충돌시켜 분자 단위로 분해하는 것이다. 그러면 분자들이 이온화(charged)되고 이온화된 분자들은 전기장(electric field)에 의해 전하 비율(mass-to-charge ratio)에 따라 구별된다. 이 과정이 그림 4-1에 나와 있다. 질량 분석기를 통해 얻은 그래프를 통해 실험자는 샘플에 존재하는 분자들을 유추할 수 있다. 그래프 데이터를 갖고 분자를 유추하는 과정은 어렵고 데이터의 손실이 발생한다. 그래서 최근에는 더 나은 분석을 위해 딥러닝을 분석에 응용하기도 한다.

먼저 분자를 물리적으로 결합된 원자 그룹으로 생각하자. 분자 내의 원자는 화학 결합으로 연결돼 서로 붙잡고 서로의 움직임을 제한한다. 그러므로 분자는 화학 반응이 일어나는 화합물의 가장 작은 기본 단위가 된다. 또한 분자는 적게는 몇 개의 원자, 많게는 수천 개의 원자로 구성돼 있다. 그림 4-2는 카페인 분자를 간단하게 보여준다.

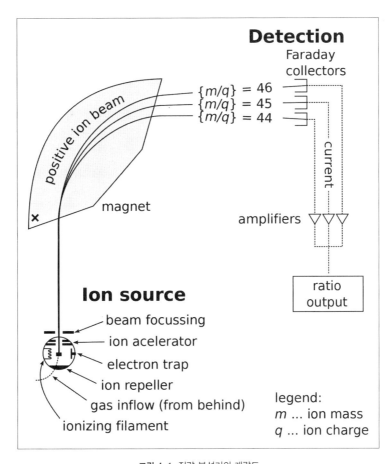

그림 4-1 질량 분석기의 개략도
(출처: 위키미디어(https://commons.wikimedia.org/wiki/File：Mass_Spectrometer_Schematic.svg))

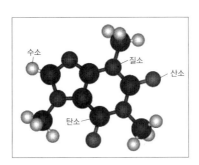

그림 4-2 공과 막대(ball-and-stick) 그림으로 표현한 카페인 분자. 각각의 구는 하나의 원자를 나타낸다. 검은색은 탄소,
빨간색은 산소, 파란색은 질소, 흰색은 수소 원자를 의미하며 구를 연결한 막대는 원자 간의 화학 결합을 나타낸다.

다음의 몇 개 절에서는 분자의 다양한 측면을 설명할 것이다. 설명한 내용은 4장의 내용을 이해하는 데 필요한 기초적인 화학 지식이므로 잘 이해해두자.

분자의 역동성

앞에서는 원자와 결합의 관점에서 분자에 대한 단순한 설명을 제공했다. 그러나 모든 분자 내에서는 더 많은 일이 계속 일어나고 있다. 그중 하나는 분자가 역동적(dynamic)이라는 사실이다. 분자 내의 모든 원자는 서로에 대해 빠르게 움직이고 있다. 원자 간 결합은 3차원 공간으로 뻗어 있고 그 길이는 급격하게 변동된다. 따라서 분자들이 빠르게 분해됐다가 다시 재결합하는 것은 매우 일반적인 현상이다. 이런 분자 역동성은 이후 분자 구조를 더 자세히 살펴볼 때 추가적으로 설명할 것이다.

더 이상한 사실은 분자는 양자(quantum) 영역에 있다는 것이다. 분자의 실재(entity)가 양자라는 말은 간단하게 이야기하면 원자의 화학 결합이 단순히 공-막대 그림에서 표현된 것과는 전혀 다르다는 것이다. 이 책을 학습하는 데 중요한 내용은 아니지만, 양자의 근본적인 모호성에 의해 분자에서 이런 특성이 발생한다는 것을 기억할 필요가 있다.

분자 간 결합

대다수의 독자는 이미 오래전에 일반 화학을 배웠을 것이므로, 여기서는 몇 가지 기초적인 내용만 설명하고 넘어갈 것이다. 먼저 분자들이 형성하는 화학 결합부터 알아보자.

모든 물질을 구성하는 분자는 원자로 만들어진다. 그리고 이 원자들은 화학 결합으로 결합된다. 보통 화학 결합은 공유된 전자에 의해 원자들이 붙었다고 표현한다. 그러나 화학 결합에는 공유 결합과 몇 가지 유형의 비공유 결합을 포함하는 다양한 형태가 있다.

공유 결합

공유 결합covalent bond은 두 원자가 전자를 공유하는 것으로 동일한 전자가 두 원자 주위에 존재한다(그림 4-3). 공유 결합은 화학 반응으로 형성되고 일반적으로 가장 강력한 화학 결합으로 여긴다. 공유 결합은 매우 안정하기 때문에 결합을 깨기 위해서는 많은 에너지가 필요하다. 그렇기 때문에 공유 결합을 형성한 원자는 오랫동안 안정한 상태를 유지한다. 사실 분자는 공유 결합에 의해 결합된 원자 집합이라고 할 수 있다.

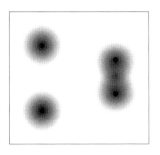

그림 4-3 왼쪽: 두 개의 원자핵이며, 각각은 전자 구름(cloud)으로 둘러싸여 있다. 오른쪽: 원자들이 서로 밀접하게 가까워지면서 전자들은 핵(nuclei) 사이의 공간에 존재하게 되고, 핵을 서로 끌어당겨 공유 결합을 형성한다.

비공유 결합

비공유 결합$^{noncovalent\ bond}$은 원자들이 직접적으로 전자를 공유하지 않고 약한 전자기^{electromagnetic} 상호작용을 하는 것이다. 비공유 결합은 공유 결합보다 약한 결합으로 일시적인 결합이 계속해서 생겨나고 깨어진다. 비공유 결합은 공유 결합처럼 분자를 정의하지는 않지만, 분자의 모양을 결정하고 서로 다른 분자의 상호작용을 결정하는 데 큰 영향을 준다.

비공유 결합에는 다양한 유형의 상호작용이 있다. 예를 들어 수소 결합$^{hydrogen\ bond}$(그림 4-4), 이온 결합$^{ionic\ bond}$, 파이 겹침$^{pi\text{-}stacking}$[1] 등이 있다. 대부분의 약물은 비공유 결합으로 생물학적 분자와 상호작용하기 때문에 이 결합은 신약 개발에서 중요한 역할을 한다.

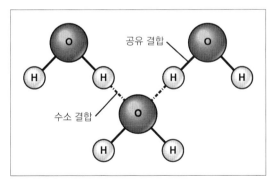

그림 4-4 물 분자는 수소 원자와 산소 원자의 공유 결합으로 만들어진다.
그리고 서로 다른 물 분자 사이에는 비공유 결합인 수소 결합이 만들어진다.
(출처: 위키미디어(https://commons.wikimedia.org/wiki/File:SimpleBayesNet.svg))

---

1   방향족 고리 구조의 분자가 서로 평평하게 쌓여서 형성된 결합 – 옮긴이

4장에서는 주로 공유 결합을 다루지만 생물학적 연구에서는 비공유 결합이 훨씬 중요하다. 그렇기 때문에 나머지 부분에서는 비공유 결합을 다룰 것이다.

분자 그래프

분자 그래프는 수학적으로 분자 구조를 나타내는 방법이며, 각각의 노드^{node}(그림에서 원으로 표현)를 연결한 에지^{edge}(그림에서 선으로 표현)로 나타낸다(그림 4–5). 이미 그래프로 표현된 데이터를 분석하는 수학적 이론은 정립돼 있다. 따라서 분자를 그래프로 나타내는 분자 그래프 $^{molecular\ graph}$는 수학적으로 분자 구조를 표현하는 유용한 방법이다.

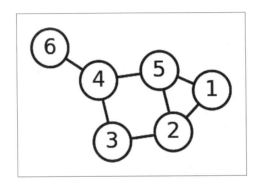

그림 4-5 여섯 개의 노드를 일곱 개의 에지로 연결한 그래프
(출처: 위키미디어(https://commons.wikimedia.org/wiki/File:6n−graf.svg))

중요한 것은 분자도 그래프로 표현할 수 있다는 것이다(그림 4–6). 위 그림에서 원자는 그래프의 노드이고, 화학 결합은 에지로 표현된다. 이렇게 분자의 구조는 분자 그래프로 간단하게 변환할 수 있다.

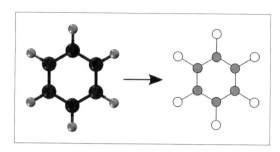

그림 4-6 벤젠 분자를 분자 그래프로 변환한 예. 원자는 노드로, 화학 결합은 에지로 표현된다.

4장의 나머지 부분에서는 분자 구조를 그래프로 변환해 머신러닝에 사용하고 새로운 분자를 예측하는 법을 배운다.

분자 구조

분자 그래프는 분자 내 원자들이 어떤 화학 결합을 갖는지 표현할 수 있다. 그러나 이것 말고 더 중요한 것이 있는데, 바로 3차원 공간에서 원자의 배치다. 이것을 분자 구조molecular conformation라 부른다.

원자와 화학 결합, 분자 구조는 모두 관련돼 있다. 예를 들어 두 개의 원자가 공유 결합을 형성하면 이들 사이의 거리가 고정돼 가능한 분자 구조가 제한된다. 만약 세 개 또는 네 개의 공유 결합이 존재한다면 원자들의 구조가 더 제한적이게 된다. 그러나 공유 결합이 형성돼도 결합을 형성하는 축으로 자유롭게 회전할 수 있어 이성질체isotype가 형성된다. 또한 공유 결합을 형성하지 않는 원자들은 매우 유연하게 움직이기 때문에 분자는 다양한 구조를 형성할 수 있다.

그림 4-7에 설탕sucrose의 구조가 표현돼 있다(2차원 화학 구조와 3차원 입체 구조). 설탕은 두 개의 글루코스glucose로 구성된다. 글루코스는 단단한 고리ring 구조를 갖고 모양이 일정하지만, 두 개의 글루코스를 연결하는 부분linker은 유연하고 불규칙적이다.

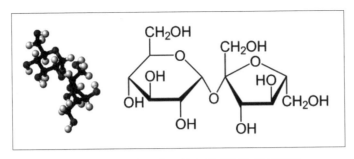

그림 4-7 설탕을 3차원 입체 구조와 2차원 화학 구조로 표현한다.
(출처: 위키미디어(https://commons.wikimedia.org/wiki/File:Sucrose-3D-balls.png),
위키피디아(https://en.wikipedia.org/wiki/File:Saccharose2.svg))

분자의 크기가 클수록 가능한 분자의 형태는 엄청나게 증가한다. 단백질과 같은 거대 분자 macromolecule의 경우 가능한 구조를 모두 계산하려면 엄청난 양의 시뮬레이션이 필요하다(그림 4-8 참조).

그림 4-8 3차원으로 표현한 박테리오로돕신(bacteriorhodopsin)[2]의 구조.
복잡한 단백질 구조는 다양한 분자 구조의 존재를 상기시켜준다.
(출처: 위키미디어(https://upload.wikimedia.org/wikipedia/commons/thumb/d/dd/1M0K.png/480px-1M0K.png))

분자 카이랄성

몇몇 분자는 서로의 거울에 비친 형태의 구조를 나타내곤 한다. 이것을 카이랄성chirality[3]이

---

2   박테리아가 광합성을 하기 위해 만드는 단백질 - 옮긴이

3   카이랄성은 손대칭성이라고도 부르며 서로 겹칠 수 없는 대칭적 분자 구조를 의미한다. - 옮긴이

라 부른다. 카이랄성을 가진 거울상 이성질체는 오른손, 왼손에 비유해 오른손잡이성[right-handed](R^4 형태라고도 함) 내지는 왼손잡이성[left-handed](S^5 형태라고도 함)으로 구분한다.

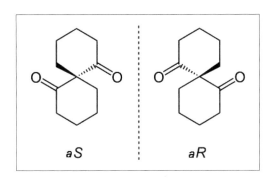

그림 4-9 축(axis) 방향 카이랄성을 가진 스피로 화합물(Spiro compound. 둘 이상의 고리가 결합된 화합물).
거울상 이성질체를 각각 R과 S로 표시했다.

카이랄성은 과학자들에게 좌절감을 안겨주는 중요한 요소다. 화학 반응을 통해 합성된 분자는 두 형태의 거울상 이성질체가 섞여 있기 때문이다. 이러한 혼합물을 라세미 혼합물[racemic mixture]이라 한다. 라세미 혼합물에서 하나의 거울상 이성질체만 분리하는 것은 매우 복잡한 작업이다. 또한 두 거울상의 많은 물리적 특성이 동일하므로 실험으로 분자의 거울상을 구별하기 어렵다. 컴퓨터 계산 모델에서도 두 거울상 이성질체가 동일한 분자 그래프를 갖고 있기 때문에 분자 그래프에만 사용한다면 구별할 수 없다.

무엇보다 분자의 거울상 이성질체가 생체 내에서 동일하게 작동하지 않는다는 점이 가장 큰 문제다. 대부분의 경우 하나의 이성질체는 약물로서 치료 효능을 갖지만, 다른 이성질체는 원치 않는 다른 단백질에 결합해 부작용을 일으키는 경우가 많다.

거울상 이성질체가 가져온 부작용의 유명한 사례로는 1957년에 진정제와 수면제로 처방된 약물인 탈리도마이드[thalidomide]가 있다. 이 약은 특히 입덧을 완화하는 데 효과가 있어 당시 많은 임산부에게 사용됐다. 그러나 탈리도마이드는 실제 효과가 있던 R형과 태아의 기형을

---

4   오른쪽을 뜻하는 라틴어 Rectus – 옮긴이
5   왼쪽을 뜻하는 라틴어 Sinister – 옮긴이

유발하는 S형이 섞여 있던 라세미 혼합물이었고, 결국 수많은 기형아가 태어난 뒤에야 판매가 금지됐다. 게다가 탈리도마이드는 한쪽 이성질체만 복용해도 체내에서 다른 이성질체로 전환된다는 사실이 추후에 밝혀지기도 했다.

분자 데이터 피처화

지금까지 기초적인 일반 화학 관련 내용을 살펴봤고, 이제는 실제로 분자 데이터를 피처화하는 법을 설명한다. 머신러닝 모델에 분자 데이터를 입력하려면 해당 분자의 데이터를 피처 백터로 변환하는 과정이 필요하다. 따라서 DeepChem 라이브러리의 `dc.feat` 함수를 사용해 피처 백터로 변환하는 다양한 방법을 배워보자.

SMILES 문자열과 RDKit

SMILES^{Simplified Molecular-Input Line-Entry System}는 분자의 화학식을 문자열로 나타내는 데 널리 사용되는 방법이다. SMILES 문자열은 보통 사람에게는 의미 없는 무작위 문자열처럼 보이지만, 과학자에게는 간결하고 합리적인 방식으로 원자들의 화학 결합을 표현하는 방법이다. 예를 들어 'OCCc1c(C)[n+](cs1)Cc2cnc(C)nc2N'은 비타민 B1으로도 알려진 중요한 영양소인 티아민^{thiamine}을 표현한 것이다.

DeepChem 라이브러리는 데이터셋 내의 분자를 표현하는 형식으로 SMILES 문자열을 사용한다. 몇몇 딥러닝 모델은 입력값을 SMILES 문자열로 바로 받아 의미 있는 피처를 알아서 식별하기도 한다. 하지만 대체로 문제를 해결할 때 사용자가 직접 SMILES 문자열을 피처화한다.

DeepChem은 분자 데이터를 다루기 위해 다른 오픈소스 라이브러리인 RDKit을 사용한다. RDKit은 SMILES 문자열에 관한 많은 기능을 갖고 있으므로 SMILES 문자열을 분자 그래프 및 아래에 설명된 다른 표현으로 변환하는 데 중요한 역할을 한다.

확장 연결 지문

화학 지문chemical fingerprint은 분자의 특성 유무를 1과 0으로 나타낸 벡터다. 확장 연결 지문 Extended-Connectivity FingerPrint(ECFP)은 화학 지문의 몇 가지 유용한 특성을 결합한 피처화 방법으로 임의의 크기의 분자를 고정 길이의 벡터로 변환한다. 대부분의 머신러닝 모델은 입력값으로 동일한 크기의 벡터를 사용해야 하므로 확장 연결 지문은 서로 다른 크기의 분자를 갖고 동일한 학습 모델을 사용할 수 있게 해준다. 게다가 확장 연결 지문으로 변환하면 서로 비교하기도 쉽다. 두 개의 분자에 대해 일치하는 벡터 값들이 많을수록 분자가 유사하다고 간주할 수 있기 때문이다. 또한 확장 연결 지문은 계산이 빠르다는 장점도 갖고 있다.

화학 지문의 각 요소는 특정 원자의 특성 유무를 나타낸다. 확장 연결 지문 피처화는 모든 원자를 독립적으로 고려해 원자의 특성, 공유 결합의 수 등을 조사한다. 이렇게 조사된 고유한 조합을 특성이라 하며, 해당 요소가 존재하면 벡터의 해당 요소가 1의 값을 가진다. 그런 다음 피처화 알고리즘은 주변을 살펴 해당 원자와 결합된 원자를 찾고 더 큰 새로운 특성 집합을 만들어 벡터의 해당 요소로 사용한다. 피처화 알고리즘 중 가장 일반적으로 사용되는 것은 ECFP4 알고리즘이다.

RDKit 라이브러리는 손쉽게 사용할 수 있는 ECFP4 알고리즘 도구를 제공한다. DeepChem에서 이 기능을 사용하기 위해 dc.feat.CircularFingerprint 클래스의 featurize()를 상속받아 분자를 구현한다.

```
smiles = ['C1CCCCC1', 'O1CCOCC1'] # cyclohexane과 dioxane
mols = [Chem.MolFromSmiles(smile) for smile in smiles]
feat = dc.feat.CircularFingerprint(size=1024)
arr = feat.featurize(mols)
```

그러나 확장 연결 지문에는 한 가지 중요한 단점이 있다. 화학 지문은 분자에 대한 많은 정보를 담고 있지만 일부 정보는 손실된다는 것이다. 예를 들어, 두 개의 다른 분자가 똑같은 화학 지문을 가질 수 있기 때문에 화학 지문만 주어지면 어떤 분자에서 왔는지를 알아내는 것은 불가능해진다.

분자 표현자

또 다른 피처화 방법은 분자 표현자^{molecular descriptor}를 만드는 것이다. 분자 데이터 기록 molecular descriptor은 대개 분자의 구조를 설명하는 다양한 계산 값을 포함한다. 분배 계수^{log partition coefficient} 또는 극성 표면적^{polar surface area}과 같은 계산 값들은 고전 물리학 또는 화학에서 나온 것이다. RDKit 라이브러리는 분자에서 이런 값을 손쉽게 계산해준다. DeepChem에서는 dc.feat.RDKitDescriptors()로 사용할 수 있다.

```
feat = dc.feat.RDKitDescriptors()
arr = feat.featurize(mols)
```

분자 표현자 피처화는 상대적으로 분자의 일반적인 특성에 의존하는 것을 예측할 때 가장 잘 작동한다. 그러나 원자의 상세한 배열에 의존하는 특성을 예측하는 데는 효과가 좋지 않다.

그래프 합성곱

이전 절에서 설명한 피처화 방법은 사람이 직접 설계한 것이다. 그래서 머신러닝 모델에 입력 데이터로 사용하려면 여러 가지를 고려해 분자 데이터를 변환하는 코드를 작성해야 하는 번거로움이 따른다. 그렇다면 이 방법 대신 머신러닝 모델이 스스로 분자 데이터를 피처화하는 방법은 없을까?

사용자가 수작업으로 데이터를 피처화하는 대신 컴퓨터가 데이터에서 스스로 답을 찾아내는 것이 머신러닝이 지향하는 목표이며 실제로도 그렇게 돼야 한다.

먼저 이미지 인식을 위한 신경망에 비유해 생각해보자. 신경망의 입력값은 원본 이미지다. 원본 이미지는 각 픽셀에 대한 숫자 벡터로 구성된다. 가장 단순하고 일반적인 예를 들면 RGB(Red, Green, Blue)의 세 가지 색상에 대한 벡터 값을 가질 것이다. 첫 번째 합성곱 레이어는 수직선이나 수평선과 같은 간단한 패턴을 인식하는 것을 배운다. 출력은 다시 각 픽셀에 대한 숫자 벡터이지만 더 추상적인 방식으로 표현한다. 각 숫자는 일부의 기하학적 특성을 나타낸다.

신경망은 일련의 레이어를 통해 계속된다. 각각의 레이어는 이전 레이어 표현보다 더 추상적이며 원시 색상 구성 요소에 덜 밀접한 새로운 표현을 출력한다. 이러한 표현은 사람이 설계하지 않은 데이터로부터 자동으로 학습된다. 사용자는 이미지에서 어떤 패턴을 찾아야 하는지를 학습 모델에 알려주지 않고, 학습 모델은 훈련을 통해 스스로 패턴을 찾아낸다.

그래프 합성곱은 신경망과 동일한 아이디어를 분자 데이터에 적용한다. 일반 합성곱 신경망(CNN)이 이미지의 각 픽셀을 벡터로 변환하는 것처럼, 그래프 합성곱은 분자 그래프의 각 노드와 에지를 벡터로 변환한다. 그래프로 분자를 표현할 때 벡터의 요소는 원소element, 전하charge, 혼성화hybridization 등의 화학적 성질을 나타낸다. 일반 합성곱 신경망의 레이어가 입력 데이터의 부분적인 영역을 기반으로 각 픽셀에 대해 새로운 벡터를 계산하는 것처럼 그래프 합성곱 레이어도 각 노드와 에지에 대한 새로운 벡터를 출력한다. 출력값은 그래프의 각 부분에 학습된 합성곱 커널kernel을 적용해 계산된다. 여기서 부분local은 노드 사이의 에지로 정의한다.

그래프 합성곱 모델은 일반적으로 위의 설명과 동일하지만 세부적인 부분에서 다양한 변형architecture이 존재한다. 다행히 DeepChem 라이브러리에는 주로 사용되는 그래프 합성곱 모델들이 이미 구현돼 간단하게 사용할 수 있다. 주로 사용되는 그래프 합성곱 모델에는 그래프 합성곱(GraphConvModel), 위브 모델(WeaveModel), 메시지 전달 신경망(MPNNModel), 딥 텐서 신경망(DTNNModel) 등이 있다.

그래프 합성곱 모델은 분자 데이터를 분석하는 강력한 도구이지만 분명한 한계도 있다. 분자 그래프로만 계산을 수행하다 보니 분자 구조에 대한 정보가 사라져 분자 구조와 연관된 특성은 알 수 없게 된다. 따라서 그래프 합성곱 모델은 작은 분자량의 데이터를 다룰 때는 괜찮지만 단백질과 같은 거대 분자에는 적합하지 않다.

용해도 예측 모델

이제 분자의 중요한 특성인 용해도[solubility][6]를 예측하기 위해 실제 데이터셋으로 머신러닝을 해본다. 가장 먼저 학습에 사용할 데이터셋을 불러온다.

```
tasks, datasets, transformers = dc.molnet.load_delaney(featurizer='GraphConv')
train_dataset, valid_dataset, test_dataset = datasets
```

Delaney solubility 데이터셋[7]은 해당 분자가 물에 얼마나 쉽게 용해되는지 측정하는 용해도에 대한 정보를 포함한다. 용해도는 약물에 매우 중요한 특성으로, 만약 약이 물에 쉽게 용해되지 않으면 충분한 치료 효과를 얻지 못한다. 그래서 신약 후보 물질의 용해도를 높이기 위해 수많은 과학자가 분자 구조를 수정하는 노력을 기울인다.

위 코드에서는 featurizer = 'GraphConv' 옵션을 통해 그래프 합성곱 모델을 사용한다. 해당 옵션은 각 분자에 대한 SMILES 문자열을 모델에 필요한 형식으로 변환한다.

이제 모델을 만들고 학습을 시작하자.

```
model = GraphConvModel(n_tasks=1, mode='regression', dropout=0.2)
model.fit(train_dataset, nb_epoch=100)
```

각 샘플에 대해 단 하나의 작업(n_tasks=1), 다시 말해 하나의 출력값(용해도)을 지정한다. 그리고 회귀[regression] 모델로 만든다. 회귀 모델은 레이블이 연속적인 숫자이고 학습 모델이 가장 유사한 값을 예측한다는 것을 의미한다. 이는 각 샘플이 속한 분류[class] 중 어느 것이 예측되는지를 판별하는 분류 모델[classification model]과는 다른 개념이다. 이어서 모델의 과적합을 줄이기 위해 드롭아웃 비율을 0.2로 정한다. 즉, 합성곱 계층 출력값 중 20%가 임의로 제거된다.

---

6   용질이 용매에 포화 상태까지 녹을 수 있는 한도를 말한다. – 옮긴이
7   존 델라니(John Delaney)가 2004년에 발표한 논문에 포함된 자료다. – 옮긴이

이제 모델의 성능을 평가하고 모델이 얼마나 잘 작동하는지 확인해보자. 여기서는 피어슨 상관계수[Pearson correlation coefficient][8]를 평가 지표로 사용한다.

```
metric = dc.metrics.Metric(dc.metrics.pearson_r2_score)
print(model.evaluate(train_dataset, [metric], transformers))
print(model.evaluate(test_dataset, [metric], transformers))
```

위 코드의 결과는 학습 데이터셋에 대해 0.95, 테스트 데이터셋에 대해 0.83의 피어슨 상관계수 값이 출력된다. 약간 과적합된 것처럼 보이지만 그리 심하지는 않다. 피어슨 상관계수가 0.83이라는 것은 상당히 좋은 수치이기 때문이다. 즉, 머신러닝의 분자 구조에 기반한 용해도 예측이 성공적이라는 뜻이다.

이제 완전히 새로운 분자의 용해도를 예측해보자. SMILES 문자열로 표현된 다음 다섯 개의 무작위 분자를 사용한다.

```
smiles = [
  'COC(C)(C)CCCC(C)CC=CC(C)=CC(=O)OC(C)C',
  'CCOC(=O)CC',
  'CSc1nc(NC(C)C)nc(NC(C)C)n1',
  'CC(C#C)N(C)C(=O)Nc1ccc(Cl)cc1',
  'Cc1cc2ccccc2cc1C']
```

위의 무작위 분자들을 학습 모델의 입력 데이터로 사용하려면 먼저 RDKit을 사용해 SMILES 문자열을 분석[parsing]한 다음 DeepChem으로 그래프 합성곱의 입력 형식으로 변환한다.

```
from rdkit import Chem
mols = [Chem.MolFromSmiles(s) for s in smiles]
featurizer = dc.feat.ConvMolFeaturizer()
x = featurizer.featurize(mols)
```

---

8   두 변수 간의 관련성을 나타내는 정도. 완전히 동일하면 +1, 전혀 다르면 0, 반대 방향으로 완전히 동일하면 −1을 가진다. − 옮긴이

이제 머신러닝 모델에 입력해 용해도를 예측할 수 있다.

```
predicted_solubility = model.predict_on_batch(x)
```

MoleculeNet

이제까지 molnet 모듈을 통해 불러온 두 개(Tox21, Delaney solubility)의 데이터셋을 각각 살펴봤다. MoleculeNet(molnet)은 학습용 분자 데이터셋의 모음으로 이 책을 학습하는 데 유용하게 사용되며, 그림 4-10에 나와 있듯이 다양한 종류의 분자 특성에 대한 데이터가 들어있다. 예를 들면 양자 역학quantum mechanics을 계산할 수 있는 물리적 특성부터 독성과 부작용 같은 생물학적 상호작용 정보까지 다양하다.

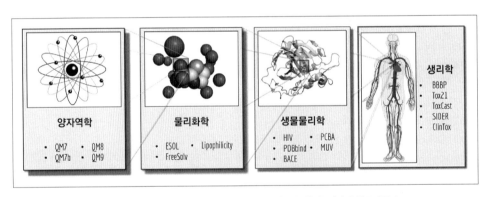

그림 4-10 MoleculeNet은 다양한 분자 데이터셋을 제공한다. 따라서 연구자들이
분자의 양자 물리학, 화학, 생물물리학, 생리학적 특성을 예측하는 데 유용하다.

만약 새로운 머신러닝 모델을 만들었다면 먼저 MoleculeNet 데이터셋을 사용해 성능을 측정할 수 있다. 홈페이지(http://moleculenet.ai/)에 접속하면 다양한 머신러닝 모델의 성능을 비교한 표를 볼 수 있다. 이 표를 통해 자신의 방법과 다른 방법을 비교할 수 있다.

SMARTS 문자열

일반적인 문서 작성 프로그램[9]에서 특정 문자를 검색하는 것처럼 생명정보학에서도 분자 내 원자들의 특정 패턴을 찾고자 하는 상황이 발생한다. 그런 상황이 발생하는 다양한 사례를 나열하면 다음과 같다.

- 분자 데이터베이스에서 특정 구조를 포함하는 분자를 검색
- 공통된 구조를 가진 분자들의 집합을 정렬해 시각화
- 그림에서 하위 구조를 강조
- 특정 구조를 제외한 계산 값이 필요할 때

SMARTS 문자열은 앞서 설명한 SMILES 문자열의 확장extension 표현으로 검색어query를 만드는 데 사용한다. SMARTS 문자열은 문자열 검색에 사용되는 정규 표현식regular expression[10]과 유사하다. 예를 들어 foo.bar, foo3.bar, foolish.bar 파일을 찾아주는 검색어 foo*.bar와 비슷한 것이다. 모든 SMILES 문자열은 SMARTS 문자열이 될 수 있다. SMILES 문자열 'CCC'는 유효한 SMARTS 문자열이며 인접한 세 개의 탄소 원자를 의미한다. 이제 자세한 예제를 통해 SMARTS 문자열을 사용하는 방법을 배워보자.

먼저 필요한 라이브러리를 불러오고 SMILES 문자열로 분자들의 목록을 만든다. 그림 4-11에서 그 결과를 확인할 수 있다.

```
from rdkit import Chem
from rdkit.Chem.Draw import MolsToGridImage

smiles_list = ["CCCCC","CCOCC","CCNCC","CCSCC"]
mol_list = [Chem.MolFromSmiles(x) for x in smiles_list]
```

---

9   MS 워드, 한컴오피스 한글 등이 있다. - 옮긴이
10   특정한 규칙을 가진 문자열의 집합을 표현하는 데 사용되는 형식이다. - 옮긴이

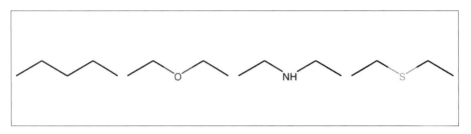

그림 4-11 SMILES 문자열로 생성한 분자의 구조

이제 어떤 SMILES 문자열이 SMARTS 패턴 'CCC'와 일치하는지 확인할 수 있다(그림 4-12).

```
query = Chem.MolFromSmarts("CCC")
match_list = [mol.GetSubstructMatch(query) for mol in mol_list]
MolsToGridImage(
  mols=mol_list, molsPerRow=4, highlightAtomLists=match_list)
```

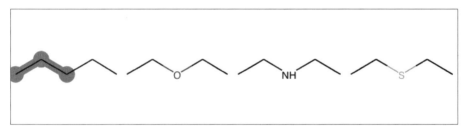

그림 4-12 SMARTS 문자열 'CCC'와 일치하는 분자

위 그림에서 주목할 것은 첫 번째 분자만 SMARTS 문자열 'CCC'와 일치한다는 것이다. 다른 분자들은 세 번 연속되는 탄소 원자가 없기 때문이다. 또한 다양한 방법으로 해당 분자를 선택할 수 있다. 예를 들어 첫 번째, 두 번째 혹은 세 번째 탄소 원자에서 시작하는 SMART 문자열을 생각해볼 수 있다. RDKit에는 추가적으로 SMARTS 문자열과 일치하는 모든 결괏값을 반환하는 기능이 있지만, 여기서는 다루지 않는다.

와일드카드^{wildcard} 문자인 * 기호를 사용하면 모든 원자가 가능하다. 예를 들어, SMART 문자열 'C*C'는 두 탄소 원자 사이에 임의의 원자 하나가 있다는 의미다(그림 4-13 참조).

```
query = Chem.MolFromSmarts("C*C")
match_list = [mol.GetSubstructMatch(query) for mol in mol_list]
MolsToGridImage(
    mols=mol_list, molsPerRow=4, highlightAtomLists=match_list)
```

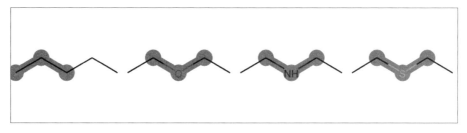

그림 4-13 SMARTS 문자열 'C*C'와 일치하는 분자

SMARTS 문자열은 특정 원자 집합만 허용하도록 확장될 수 있다. 예를 들어, 문자열 'C[C,O,N]C'는 두 개의 탄소 원자 사이에 탄소, 산소 혹은 질소 원자 하나가 결합해 있다는 의미다(그림 4-14).

```
query = Chem.MolFromSmarts("C[C,N,O]C")
match_list = [mol.GetSubstructMatch(query) for mol in mol_list]
MolsToGridImage(mols=mol_list, molsPerRow=4, highlightAtomLists=match_list)
```

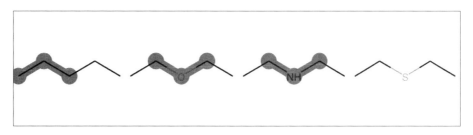

그림 4-14 SMARTS 표현('C[C,N,O]C')으로 나타낸 분자

여기서 살펴본 것 외에도 SMARTS 문자열에는 다양한 기능이 있다. SMILES와 SMARTS 문

자열을 더 자세히 알아보고 싶다면 'Daylight Theory Manual'을 읽어보자.[11] 이후 11장에서는 다시 SMARTS 문자열로 생물학적 분석에서 문제가 되는 분자를 찾아내는 쿼리의 작성 방법을 살펴본다.

결론

4장에서는 머신러닝으로 분자 데이터를 다루는 방법의 기초를 배웠다. 일반 화학에서 배우는 내용을 복습하고 분자 데이터를 머신러닝에 표현하는 방법도 살펴봤다. 또한 딥러닝으로 분자 데이터를 피처화하는 접근법인 그래프 합성곱을 설명했고, 머신러닝을 통해 분자의 물리적 특성을 예측하는 예제를 다뤘다. 4장의 내용은 이 책의 나머지 내용을 학습하는 데 중요한 밑거름이 될 것이다.

11   Daylight Chemical Information Systems, Inc. "Daylight Theory Manual." http://www.daylight.com/dayhtml/doc/theory/. 2011

생물물리학과 머신러닝

5장에서는 생물물리학^{biophysics}[1]에 딥러닝을 활용하는 방법을 살펴본다. 특히 약물^{drug}이 체내에 들어가서 생체 내 단백질과 어떤 결합을 하는지를 예측하는 문제에 집중한다.

약물과 단백질의 상호작용은 신약 개발에서 중요한 관심사다. 단백질의 기능을 조절하면 치료 효과를 낼 수 있기 때문이다. 예를 들어, 기적의 항암제라 불리는 이마티닙^{Imatinib}[2]은 BCR-ABL 유전자[3] 전좌^{translocation}로 과발현된 타이로신 인산화 효소$^{tyrosine\ kinase}$에 결합해 효소의 활성을 저해함으로써 놀라운 치료 효과를 낸다. 물론 질병의 원인은 매우 다양하지만 이런 접근법은 부작용이 적은 치료법을 찾는 데 필수적이다.

---

1   물리학의 여러 이론과 방법을 이용해 복잡한 생물학의 문제를 설명하는 학문이다. – 옮긴이
2   스위스의 노바티스(Novartis)사가 개발한 만성 골수성 백혈병 치료제로 글리벡이라는 상표명으로 유명하다. – 옮긴이
3   필라델피아 염색체라고도 부른다. – 옮긴이

다양한 단백질에 작용하는 약물

앞서 이야기한 것처럼 신약 개발은 목적 단백질에만 작용하는 약물을 찾는 것이 매우 중요하다. 그러나 실제 생체에 주입된 약물은 다양한 단백질에 영향을 주고 종종 부작용을 일으킨다. 이런 약물의 다각적 상호작용을 연구하는 학문을 다중 약리학(polypharmacology)이라 한다. 다중 약리학은 분자 구조를 더 깊이 이해할 수 있게 해주고 분자 기능적인 측면에서 제약산업과 생명과학의 통찰력을 제공한다.

하지만 아직까지 컴퓨터로 다중 약리학적 반응을 예측하려는 시도는 성공하지 못했다. 현재의 다중 약리학은 동물 실험과 임상실험 결과에 매우 의존하고 있다. 그러나 몇 년 뒤에는 컴퓨터로 다중 약리학적 효과를 예측하는 방법이 개발될 수도 있다.

5장의 목표는 특정 분자가 목적 단백질과 형성하는 상호작용을 예측하는 머신러닝 모델을 만드는 것이다. 그러면 어떻게 해야 할까? 먼저 4장에서 배웠던 내용을 그대로 응용한 모델을 생각해볼 수 있다. 예를 들어, 목적 단백질에 결합하거나 결합하지 않는 분자 데이터로 머신러닝을 하고 새로운 분자의 결합력을 예측하는 것이다. 이것은 나쁜 생각은 아니지만, 좋은 성능을 얻기 위해 아주 많은 양의 데이터가 필요하고 데이터 수집 비용이 매우 비싸다는 문제가 있다. 따라서 더 적은 양의 데이터로도 잘 작동하는 모델이 중요하다.

해결책은 바로 단백질 물리학^{protein physics}을 이용하는 것이다. 다음 절에서 자세히 살펴보겠지만 단백질이 가진 물리학 구조의 특성은 잘 알려져 있다. 특히 실험으로 밝혀낸 단백질의 3차원 구조를 학습 알고리즘에 제공하면 약물의 결합력을 예측하는 데 유용하게 사용할 수 있다. 게다가 실험적인 방법을 사용해 실제 단백질과 약물이 결합한 3차원 구조를 알아낼 수도 있다. 아직까지는 많이 추상적으로 느껴지겠지만, 실제 예시를 살펴보면서 더 자세히 알아보자.

5장에서는 단백질과 관련된 생물학적 지식을 먼저 배우고, 이후에 컴퓨터과학 측면에서 생물물리학 시스템을 머신러닝 입력 데이터로 변환하는 몇 가지 알고리즘을 소개한다. 그리고 마지막 절에서는 단백질–리간드^{protein-ligand}[4] 결합을 예측하는 모델을 만드는 구체적인 예제를 배운다. 예제로 단백질–리간드 3차원 구조의 집합인 PDBBind 데이터셋을 사용하며,

---

4   리간드는 단백질에 특이적으로 결합하는 물질을 뜻한다. – 옮긴이

DeepChem 라이브러리로 피처화하는 방법을 배우고 다양한 머신러닝 모델을 만들어 성능을 비교한다.

왜 생물물리학인가?

언뜻 보면 생물학과 물리학은 서로 무관해 보인다. 그러나 생물학은 화학에 기반하고 화학은 물리학에 근거하기 때문에 사실 물리 법칙은 모든 생물학적 활성의 핵심이다. 또한 단백질 구조 연구의 대부분은 물리학에서 만들어진 실험 기법에 크게 의존하고 있다. 단백질과 같은 나노(nano) 수준의 작은 물질을 다루는 것은 이론과 실용적인 측면에서 물리적 정교함을 필요로 하기 때문이다.

그러므로 5장에서 배우는 딥러닝 모델은 입자(particle) 물리학 또는 물리학 시뮬레이션에서 사용하는 알고리즘과 유사하다. 알고리즘에 대한 더 자세한 내용은 이 책의 범위를 벗어나기 때문에 관심 있는 독자는 관련 내용을 스스로 찾아보길 권한다.

단백질의 구조

단백질은 세포의 대부분을 구성하는 물질로 작지만 아주 다양한 기능을 하며, 일반적으로 수천 개의 원자가 정밀하게 배열된 복잡한 구조를 가진다.

기계의 작동 원리를 이해하려면 그것이 어떤 부분으로 구성돼 있는지, 어떻게 조합돼 있는지를 알아야 한다. 예를 들어 자동차의 작동 원리를 이해하려면, 바퀴가 바닥에 달려 있고 중간에 사람이 탈 수 있는 공간이 있으며 출입할 수 있는 문이 있다는 사실을 알아야 한다. 이와 마찬가지로 단백질의 작동 원리를 이해하려면 단백질이 어떻게 결합돼 있는지 정확히 알아야 한다.

또한 다른 분자들과 어떤 상호작용을 하는지도 알아야 한다. 자동차도 운전자와 도로, 그리고 에너지원인 기름의 상호작용으로 작동한다. 마찬가지로 대부분의 단백질은 분자들과 상호작용해 화학 반응을 촉매하거나 다른 단백질의 활성을 조절한다. 이런 모든 상호작용은 두 분자 내에 있는 원자의 위치에 달려 있다. 따라서 이것을 이해하려면 원자들이 3차원 공간에서 어떻게 배치돼 있는지 알아야 한다.

단백질은 너무 작아 광학현미경으로 볼 수 없다. 그래서 과학자들은 단백질의 구조를 살펴보고자 복잡하지만 독창적인 세 가지 기술을 개발했다. X선 결정학crystallography, 핵자기 공명(NMR), 저온 전자현미경(Cryo-EM)은 현재까지 단백질 구조를 밝히는 데 많이 사용된다.

X선 결정학은 가장 오래된 방법이지만 여전히 가장 보편적인 방법이다. 지금까지 알려진 단백질 3차원 구조의 약 90%가 X선 결정학으로 밝혀졌고, '결정학'이라는 이름에서 알 수 있듯이 이 방법은 원하는 단백질 결정[5]을 만드는 것이 매우 중요하다. 단백질 결정이 생성되면 X선을 쪼여 산란된 패턴 데이터를 얻을 수 있고 단백질의 3차원 구조를 밝힐 수 있다. 그러나 X선 결정학에는 큰 단점이 있다. 시간과 비용이 많이 들고 무엇보다도 많은 단백질이 결정화되지 않는다는 것이다. 또한 결정화된 단백질이 실제 자연계에 존재하는 구조와 다를 수 있다는 의구심을 갖게 한다. 실제로 단백질은 유연하고 다양한 구조를 가질 수 있지만, X선 결정학은 움직이지 않는 단 하나의 구조를 밝혀내는 것이기 때문이다. 이런 한계점에도 불구하고, X선 결정학은 아직까지 단백질 구조를 밝히는 데 주로 사용되는 방법이다.

두 번째로 보편화된 방법은 핵자기 공명(NMR)이다. 핵자기 공명은 단백질 결정화 과정 없이 용액 속에 녹아있는 단백질 샘플을 사용한다. 그래서 결정화되지 않는 단백질의 구조를 밝히는 데 주로 사용한다. 하나의 고정된 구조를 생성하는 X선 결정학과는 달리, 핵자기 공명은 단백질이 용액 내에서 취할 수 있는 다양한 구조의 집합을 생성한다. 이것은 단백질이 어떻게 움직일 수 있는지에 대한 정보를 제공한다. 핵자기 공명에도 단점이 있는데, 분석을 위해 고농도의 단백질 샘플이 필요하고 크기가 작은 단백질만 가능하다는 것이다.

저온 전자현미경은 단백질 구조를 밝히는 세 번째 방법으로 최근 급부상하고 있다. 저온 전자현미경은 단백질을 급속히 동결시킨 다음 전자현미경으로 영상화하는 방법이다. 각각의 이미지는 원자의 위치를 알아내기에는 너무 낮은 해상도이지만 다수의 이미지를 모아 분석함으로써 훨씬 높은 해상도의 데이터를 얻을 수 있다. 그동안 꾸준하게 발전해온 저온 전자현미경은 근래에는 원자 수준의 해상도까지 볼 수 있게 됐다. 그래서 저온 전자현미경은 결정화되지 않는 단백질의 구조를 밝히는 데 사용되고 있다.

단백질 정보 은행Protein Data Bank(PDB)(https://www.rcsb.org)은 단백질 3차원 구조 데이터를 보

---

5   단일한 단백질들이 규칙적인 패턴으로 단단히 뭉쳐져 있는 상태 - 옮긴이

관하고 있는 저장소다. 그림 5-1에서 보듯이 현재 약 142,000개의 단백질 구조 데이터가 보관돼 있다. 이 숫자가 많다고 느껴질 수도 있지만, 실제 자연계에 존재하는 단백질의 수는 훨씬 더 많을 것으로 예상된다. 게다가 하나의 단백질은 여러 형태(예: 활성 및 비활성 상태)로 존재할 수 있다. 단백질 정보 은행은 환상적인 데이터베이스이지만 여전히 데이터가 충분하지 않다. 따라서 우리의 목표는 있는 데이터를 최대한 활용하는 방법을 찾는 것이다.

그림 5-1 탄저균 CapD[6] 단백질의 3차원 구조. 병원성 박테리아 단백질의 구조를 밝혀내는 것은 약물을 설계하는 강력한 도구가 된다. 따라서 신약 개발의 핵심 단계 중 하나가 단백질 구조를 밝혀내는 일이다.

단백질 서열

지금까지 단백질의 3차원 구조를 이야기했지만, 단백질의 기본 단위인 아미노산은 아직 언급하지 않았다. 단백질은 20가지의 아미노산amino acid으로 만들어진다. 각각의 아미노산은 공통된 부분과 서로 다른 사슬residue로 구성된다(그림 5-2).

---

6   탄저균이 사람의 면역계를 회피하는 데 관여한다. - 옮긴이

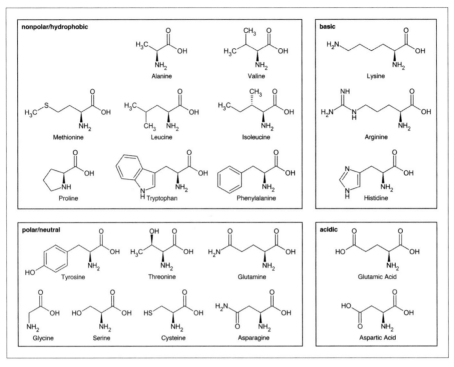

그림 5-2 아미노산은 단백질을 형성하는 단위다. 위 그림은 아미노산의 화학 구조를 나타낸다.
(출처: 위키미디어(https://commons.wikimedia.org/wiki/File:Overview_proteinogenic_amino_acids-DE.svg))

단백질 서열protein sequence은 여러 아미노산이 사슬처럼 연결돼 있는 형태다(그림 5-3). 단백질 서열의 시작점을 N-말단N-terminus이라 부르고, 서열의 끝은 C-말단C-terminus이라 부른다. 100개 이하의 아미노산으로 구성된 짧은 서열은 펩타이드peptide라 부르고, 이보다 긴 서열을 단백질protein이라 한다.

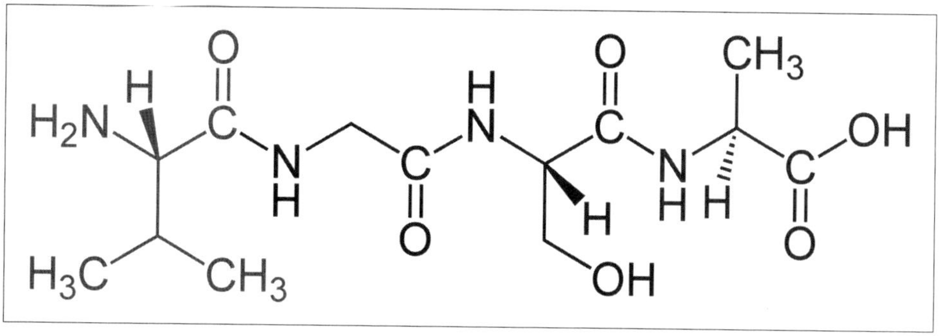

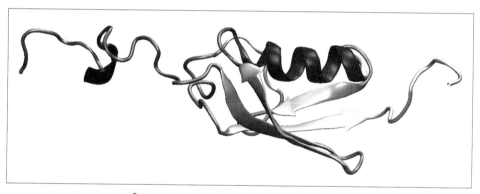

그림 5-3 왼쪽에는 N-말단, 오른쪽에는 C-말단이 있는 펩타이드
(출처: 위키피디아(https://en.wikipedia.org/wiki/N-terminus#/media/File:Tetrapeptide_structural_formulae_v.1.png))

대부분의 단백질은 일정한 형태를 취하고 있지만, 간혹 무질서한 형태의 단백질도 있다(그림 5-4).

그림 5-4 SUMO-1[7] 단백질의 3차원 구조. 중심부는 일정한 구조가 있지만 N-말단과 C-말단은 무질서한 구조 형태를 나타낸다. 따라서 SUMO-1과 같은 단백질은 컴퓨터로 예측하기 어렵다.

일정한 형태가 없는 단백질의 구조를 다루는 것은 현재의 기술로는 어렵다. 그렇기 때문에 여기서는 일정한 3차원 구조를 가진 단백질을 예시로 사용한다.

7　Small Ubiquitin-like Modifier의 약자로 세포 내에서 다양한 기능을 하는 단백질이다. - 옮긴이

단백질 3차원 구조를 예측할 수 있을까?

아마 과학자들이 단백질의 3차원 구조를 예측하는 알고리즘을 사용하지 않고 복잡한 실험을 통해 구조를 밝히는 이유가 궁금할 것이다. 실제로 과학자들은 단백질 구조를 예측하는 알고리즘을 만들기 위해 수십 년 동안 노력해왔다.

단백질 구조를 예측하는 데 주로 두 가지 접근법이 사용된다. 그중 하나는 상동성 모델링 homology modeling이다. 단백질 서열과 구조는 수십억 년에 걸친 진화의 산물이며, 두 단백질이 가까운 친척(다른 말로 상동체homologs라 부른다.)인 경우 서로 비슷한 구조를 가진다. 따라서 상동성 모델링을 통해 단백질의 구조를 예측하는 방법은 먼저 구조가 알려진 상동체를 찾고, 두 단백질의 서열 간 차이점을 기준으로 미세한 조정을 거친다. 상동성 모델링은 단백질의 전체 모양을 결정하는 데는 큰 무리가 없지만 세부적인 구조가 다른 경우가 종종 있다. 그리고 무엇보다도 상동체 단백질 구조가 이미 밝혀져 있어야 한다는 전제 조건이 있다.

다른 한 가지 접근법은 물리적 모델링physical modeling이다. 물리 법칙에 대한 지식을 사용해 해당 단백질이 가질 수 있는 여러 가지 형태를 만들고 어느 것이 가장 안정적인지 예측하는 것이다. 그래서 물리적 모델링은 엄청난 양의 계산이 필요하다. 10년 전만 해도 이런 모델링은 불가능했다. 그러나 컴퓨터의 발달로 인해 오늘날에는 작은 단백질의 경우 물리적 모델링이 가능해졌다. 물리적 모델링은 종종 올바른 구조를 예측하지만 항상 그렇지는 못하다는 문제가 있다.

단백질-리간드 결합

지금까지 단백질 3차원 구조를 이야기했지만 단백질이 다른 분자와 어떻게 상호작용하는지는 언급하지 않았다(그림 5-5 참조). 단백질은 다른 분자(리간드ligand)와 결합하는 것이 기능의 핵심이다. 다시 말해 특정 단백질의 주된 기능은 특정 분자에 결합하는 것이다. 즉, 세포 내의 신호 전달은 다른 분자에 결합하는 단백질을 통해 이뤄지며, 외부에서 넣어준 분자는 단백질의 기능을 조절해 치료 효과를 내기도 하고 거꾸로 독이 될 수도 있다.

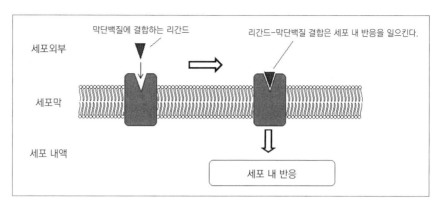

그림 5-5 세포막(cell membrane)에 박혀 있는 막단백질(membrane receptor)을 통한 신호 전달 과정. 세포외부(excellular fluid)의 리간드가 막단백질에 붙어 세포 내 반응(Intracellular response)을 일으킨다. (출처: 위키미디어(https://simple.wikipedia.org/wiki/Signal_transduction#/media/File:The_External_Reactions_and_the_Internal_Reactions.jpg))

특정 분자가 단백질에 어떻게 결합하는지 아는 것은 신약을 개발하는 데 매우 중요하다. 세포의 신호 전달 메커니즘을 이해할 수 있다면 원하는 약효만 유도하고 부작용을 줄일 수 있기 때문이다.

그러나 단백질과 리간드 간의 결합은 매우 특이적이기 때문에 컴퓨터로 예측하는 것은 어렵다. 결합에 관여하는 원자의 위치가 조금만 바뀌어도 결합이 형성되지 않기 때문이다. 게다가 단백질은 유연하고 동적이기 때문에 특정 형태에서는 결합하지만 다른 형태에서는 결합하지 않는다. 하지만 그렇기 때문에 동시에 리간드를 결합시킴으로써 단백질의 기능을 조절할 수 있다.

이제 5장의 나머지 부분에서는 단백질과 리간드의 상호작용을 이해하기 위해 딥러닝으로 결합을 예측하는 데 초점을 맞출 것이다.

생물물리학적 피처화

머신러닝을 사용할 때 중요한 것은 입력 데이터를 학습 알고리즘에 적합한 형식으로 변환하는 것이다. 이미 4장에서 분자 데이터를 피처화하는 방법들을 배웠다. 그렇다면 생물물리학 시스템에도 이런 방법을 사용할 수 있을까?

불행히도 생물물리학 시스템은 3차원 구조에 의해 결정되므로 앞에서 배운 분자 데이터(2차원) 피처화 방법을 쓰면 중요한 차원 정보 하나를 잃게 된다. 따라서 새로운 피처화 방법으로 두 가지 기법을 사용한다. 첫 번째 방법은 그리드 피처화grid featurization다. 그리드 피처화는 단백질 구조를 결정하는 데 중요한 역할을 하는 수소 결합과 이온 결합ion interaction 같은 상호작용을 3차원 구조에 명시적으로 나타낸다. 이 기법의 장점은 신뢰할 수 있는 물리학적인 정보를 얻는다는 것이다. 반면에 이미 알려진 물리학 지식에 묶여 학습 알고리즘이 새로운 물리학적 정보는 찾지 못한다는 것이 단점이다.

두 번째 방법은 원자 피처화atomic featurization다. 이름에서 알 수 있듯이 모든 원자를 식별자와 3차원 좌표로 표현한 데이터로 변환한다. 이것은 학습 모델이 물리적 상호작용을 식별하는 방법을 스스로 배워야 하기 때문에 계산량이 많다는 단점이 있지만, 기존에 알려지지 않은 상호작용을 학습 모델이 찾아낼 수 있는 장점이 있다.

PDB 파일 형식

단백질의 3차원 구조는 주로 PDB 파일 형식으로 저장된다. PDB 파일 형식은 좌표 공간에서 원자의 상대적인 위치를 표현한 텍스트 파일이다.

일반적으로 단백질의 3차원 구조는 실험을 통해 얻어지는데, 특정 서열에서는 구조적인 정보를 얻지 못하는 경우가 있다. 그런 경우 PDB 파일에 해당 3차원 정보가 빠져 있으므로 주의해야 한다.

DeepChem 라이브러리는 이런 PDB 파일의 누락된 영역을 계산된 값으로 채워준다. 그러나 이는 근사치에 해당하는 것으로 단백질 구조를 정확하게 예측해주는 소프트웨어는 아직 없다. 그나마 다행인 것은 이런 오류를 처리하는 소프트웨어들이 점점 많아지고 있다는 점이다.

그리드 피처화

생물물리학 데이터를 벡터로 변환해야 머신러닝 알고리즘으로 새로운 데이터를 예측하는 데 사용할 수 있다. 이론적으로는 피처화를 통해 생물물리학 시스템에서 유용한 화학적 특성만 추출할 수 있다. 그래서 단백질-리간드 결합에 대한 데이터를 피처화를 통해 벡터로 변환하는 것이 중요하다.

유용한 화학적 특성에는 수소 결합 또는 이온 결합과 같은 단백질과 리간드 사이의 비공유 결합들이 포함된다. 대부분의 단백질-리간드 간 결합에는 공유 결합이 존재하지 않는다.

DeepChem에 포함된 피처화자^{featurizer} RdkitGridFeaturizer를 사용하면 간단하게 그리드 피처화 기능을 사용할 수 있다. 이 기능을 사용하기 위한 과학 이론을 깊이 이해할 필요는 없지만, 그래도 기초 물리학에 대한 이해가 있다면 유용할 것이다. 그러므로 그리드 피처화 작동 원리를 설명하기 전에 먼저 거대 분자의 생체 물리학을 설명한다.

앞으로 공유 결합, 비공유 결합과 같은 용어가 많이 나오기 때문에 다음 절을 읽기 전에 4장에서 배운 기본적인 화학 결합에 대한 내용을 복습하면 도움이 될 것이다.

그리드 피처화는 주어진 생물물리학 데이터에서 화학적 상호작용의 존재를 탐색하고 상호작용의 수를 포함한 피처 벡터를 만든다. 5장의 뒷부분에서 이 작업을 수행하는 방법을 더 자세히 알아본다.

수소 결합

수소가 음전하^{electronegative}를 띠는 산소 또는 질소와 공유 결합을 형성하면, 공유된 전자는 대체로 음전하를 띤 원자 쪽으로 끌린다. 그래서 맞은편의 수소는 양전하를 띠게 된다. 그리고 양전하를 띤 수소 원자가 다른 분자에 있는 음전하를 띤 산소 원자를 끌어당기는 것이 수소 결합이다(그림 5-6).

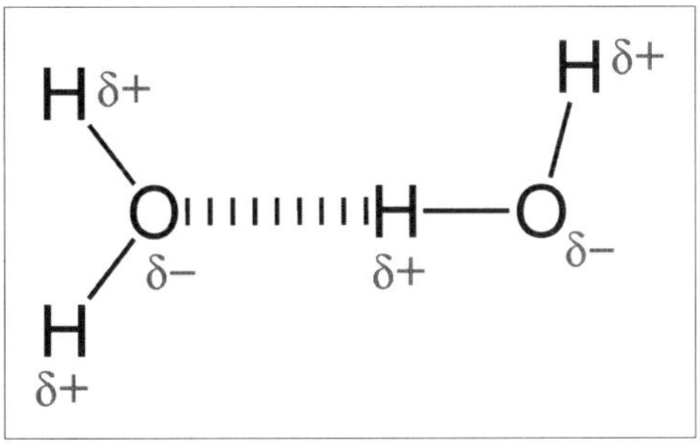

그림 5-6 수소 결합의 예로 음전하를 띤 산소와 양전하를 띤 수소의 상호작용을 표현했다.
(출처: 위키미디어 (https://commons.wikimedia.org/wiki/File:Hydrogen-bonding-in-water-2D.png))

수소 원자는 매우 작기 때문에 다수의 수소 원자와 하나의 산소 원자가 수소 결합을 형성할 수도 있다. 개별 수소 결합은 약하지만 다수로 존재할 수 있기 때문에 전체적으로는 상당히 강한 결합력을 갖는다. 따라서 수소 결합은 분자 시스템을 안정화하는 중요한 역할을 한다. 예를 들면, 물의 독특한 성질인 높은 끓는점은 물 분자 사이에 형성되는 수소 결합 때문이다.

RdkitGridFeaturizer는 단백질-리간드 결합에 관여하는 원자들 중에서 충분히 가까운 거리에 있는 수소 결합의 숫자를 파악한다. 이 작업을 위해 거리에 대한 컷오프cutoff[8] 값이 필요하다. 실제 수소 결합을 형성한 원자와 결합되지 않은 원자를 구별하는 거리의 명확한 기준이 없음에도 불구하고 컷오프는 경험적으로 잘 작동하는 값으로 정한다.

이온 결합

이온 결합salt bridge은 두 아미노산 사이의 비공유 결합이다. 양전하를 띤 아미노산 잔기와 음전하를 띤 다른 아미노산 잔기 사이에 형성된다(그림 5-7 참조). 이온 결합은 상대적으로 약하긴 하지만, 단백질 서열의 아미노산 간 상호작용을 만들어 전체 단백질 구조를 안정화한다.

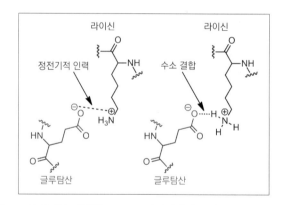

그림 5-7 아미노산 글루탐산(glutamic acid)과 라이신(lysine) 사이의 비공유 결합.
이온 결합은 양이온과 음이온 사이의 정전기적 인력에 의해 만들어진다.
수소 분자와 산소 분자 사이에는 수소 결합이 형성된다. 이런 비공유 결합은 단백질 전체 구조를 안정화하는 역할을 한다.
(출처: 위키미디어(https://commons.wikimedia.org/wiki/File:Revisited_Glutamic_Acid_Lysine_salt_bridge.png))

---

8   거리에 대한 최댓값을 의미한다. – 옮긴이

그리드 피처화는 단백질 3차원 구조에서 물리적으로 근접한 모든 아미노산의 쌍(예: 글루탐산과 라이신)을 검사해 이온 결합 여부를 확인한다.

파이 겹침 결합

파이 겹침 결합[pi-stacking interaction][9]은 방향족 고리 간 비공유 결합의 한 형태다(그림 5-8). 방향족 고리는 DNA와 RNA를 포함하는 많은 생물학적 분자에서 나타나는 고리 모양의 구조로 아미노산 페닐알라닌[phenylalanine], 티로신[tyrosine], 트립토판[tryptophan]의 잔기에 존재한다.

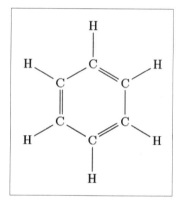

그림 5-8 벤젠 분자의 방향족 고리. 이런 고리 구조는 안정성이 매우 높다.

간단히 설명하면 파이 겹침 결합은 두 개의 방향족 고리가 서로 겹쳐 쌓일 때 발생한다. 그림 5-9는 두 개의 벤젠 분자가 결합할 수 있는 몇 가지 방법을 나타낸다. 파이 겹침 결합은 이온 결합과 함께 생체 내 거대 분자의 구조를 안정화하는 역할을 한다. 파이 겹침 결합은 종종 단백질-리간드 상호작용에서도 발견되고, 그리드 피처화 방법은 이런 방향족 고리를 감지해 두 고리 간의 거리와 각도를 통해 결합의 강도를 계산한다.

---

9 '파이-파이 상호 인력'이라고도 부른다. – 옮긴이

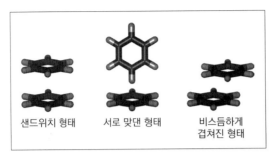

샌드위치 형태   서로 맞댄 형태   비스듬하게
겹쳐진 형태

그림 5-9 다양한 방향족 고리의 결합. 샌드위치(sandwich) 형태는 두 개의 고리가 바로 겹쳐 있는 형태로 동일한 전하를 띤 영역이 서로 밀어내기 때문에 에너지적으로 가장 약한 결합이다. 서로 맞댄(edge-to-face) 형태는 방향족 고리의 가장자리가 다른 고리의 면을 향한다. 비스듬하게 겹쳐진(displaced) 형태는 두 개 고리의 중심이 서로 약간 떨어져 있다.

왜 이런 결합이 '파이 겹침'이라 불리는지 궁금할 것이다. 파이 겹침은 두 개 전자의 궤도가 겹쳐지는 화학 결합인 파이 결합$^{pi-bond}$에서 비롯됐다. 방향족 고리의 모든 탄소 원자는 파이 결합을 형성한다. 그래서 방향족 고리는 매우 안정된 구조를 가진다.

DeepChem 라이브러리는 이런 세부 사항을 알아서 처리하기 때문에 사용자들은 화학 결합에 대한 세부적인 것들을 신경 쓰지 않아도 된다. 그러므로 다양한 화학 결합 중에서 단백질 구조를 형성하는 데는 비공유 결합이 중요하다는 것만 알아두면 충분하다.

화학 결합의 역동성

이 절에서는 정적으로 표현되는 화학 결합에 관련된 여러 상호작용을 소개한다. 화학 결합은 정적으로 표현되지만, 실제로는 동적이다. 물리적 관점에서 화학 결합은 빠르게 생성되고 끊기는 것을 반복한다. 다시 말해 특정 위치에 이온 결합이 있다는 말은 실제로는 이온 결합이 그 위치에 자주 존재한다는 뜻과 같다.

화학 지문

4장에서 배운 화학 지문의 사용법을 다시 떠올려보자. 화학 지문은 분자에서 주어진 유형의 조각 수를 계산한 다음, 해시 함수를 사용해 이러한 조각 수를 고정된 길이의 벡터에 맞춘다. 이 방법은 분자의 3차원 구조 데이터에도 사용할 수 있다. 분자 데이터의 일부분을 계산하는 것만으로는 전체 분자의 특성을 계산하기에 부족하지만, 머신러닝 시스템에는 유용하게 사용할 수 있다. 이는 특정 부분의 존재가 전체 분자의 현상을 대변할 수 있기 때문이다.

화학 지문 구현에 대한 세부 정보

수소 결합과 같은 화학 결합을 효율적으로 계산하기 위해 dc.feat.RdkitGridFeaturizer 객체를 사용한다. DeepChem은 RDKit 라이브러리를 사용해 각 분자, 단백질, 리간드를 메모리로 불러와 모든 원자의 위치를 포함하는 넘파이 배열로 변환한다. 예를 들어, N개의 원자를 가진 분자는 넘파이 배열 (N, 3)으로 나타낸다. 즉, 각 행은 3차원 공간의 원자 위치를 나타낸다.

그런 다음 화학 결합을 찾기 위해 충분히 근접한 원자 쌍들을 추려내야 한다. 예를 들어 파이 겹침 결합을 찾으려면 먼저 분자 구조의 방향족 고리들을 찾고 고리 간의 중심을 계산해 충분히 근접한 원자 쌍을 찾는다.

원자 피처화

이전 절의 마지막 부분에서 RdkitGridFeaturizer로 수소 결합과 같은 기능을 계산하는 방법을 간략히 설명했다. 원자 피처화는 N개의 원자를 가진 분자를 넘파이 모양의 배열 (N, 3)으로 변환하고 다양한 추가 계산을 수행하는 것이다.

원자 피처화는 학습 모델이 스스로 중요한 피처를 선택하기 때문에 사람의 개입이 적다는 장점이 있다.

그러나 원자 피처화에는 몇 가지 추가적인 단계가 필요하다. 첫 번째는 (N, 3) 배열은 원자 유형을 구별하지 않으므로 각 원자의 원자 번호를 나열하는 또 다른 배열을 만들어야 한다. 두 번째는 원자 사이의 거리 계산량을 줄이기 위해 사전에 이웃한 원자 목록을 만드는 것이다. 이웃한 원자 목록은 해당 원자와 가까운 원자들을 목록화한 것이다.

DeepChem은 이런 부분을 처리하는 dc.feat.ComplexNeighborListFragmentAtomicCoordinates 기능을 제공한다. 여기서 자세한 내용은 살펴보지 않지만 이런 기능이 존재한다는 것만 알아도 유용할 것이다.

생물물리학 데이터 사례 연구

생물물리학 데이터셋을 다루기 위한 몇 가지 예제 코드를 배워보자. 먼저 PDBBind 데이터셋으로 결합의 자유 에너지free energy를 예측하는 문제를 소개한다. 그런 다음 PDBBind 데이터셋을 구현하는 방법에 대한 예제 코드를 제공하고 이를 위한 머신러닝 모델을 작성한다. 마지막으로 모델의 성능을 평가하며 마무리한다.

PDBBind 데이터셋

PDBBind 데이터셋은 많은 수의 생체 분자의 3차원 구조와 이들의 결합 친화력binding affinity을 포함하고 있다. 전문 용어가 포함돼 있기 때문에 먼저 용어부터 설명해보자. 생체 분자는 생물학적으로 중요한 모든 분자를 말한다. 여기에는 단백질뿐만 아니라 DNA와 RNA 같은 핵산nucleic acid, 지질lipid 등이 포함된다. 결합 친화력은 실험적으로 측정된 두 분자의 친화력이며, 클수록 두 분자가 복합체 형태로 더 많이 존재한다는 뜻이다.

PDBBind 데이터셋에는 다수의 생체 분자 복합체의 구조가 들어있다. 대부분은 단백질-리간드 복합체이지만 단백질-단백질, 단백질-DNA, DNA-리간드 복합체들도 포함돼 있다. 하지만 단백질-리간드 복합체에만 초점을 맞춰 학습을 진행할 것이다. 전체 데이터셋에는 약 15,000개의 복합체가 있고, 그중 정돈된 일부 핵심core 데이터셋을 사용할 것이다. 각 복합체에는 결합 친화력에 대한 실험값이 주석으로 처리돼 있다. 이제 PDBBind 데이터셋을 갖고 주어진 단백질-리간드 구조의 결합 친화력을 예측하는 것을 살펴본다.

PDBBind의 데이터들은 단백질 정보 은행Protein Data Bank(PDB)에서 수집됐다. 단백질 정보 은행의 데이터는 실험에 대한 설정과 측정값에 실험적인 차이가 있기 때문에 결과적으로 PDBBind의 데이터 품질이 일정하지 못하다. 그렇기 때문에 정돈된 핵심 데이터셋만 사용해야 한다.

생체 분자의 결합은 동적이다

PDBBind 데이터셋 예제에서는 단백질과 리간드가 움직이지 않는 상태라고 간주한다. 그러나 실제로는 단백질과 리간드의 결합은 매우 유동적이며, 리간드는 종종 단백질의 결합 부위 안팎으로 빠르게 움직이고 있다. 또한 리간드가 단백질에 결합하는 부위가 여러 곳인 경우도 있다.

이런 복잡성이 단백질 결합에 대한 머신러닝 모델이 낮은 성능을 보여주는 원인이다. 그리고 지금의 제한된 데이터셋으로는 이런 복잡성을 모델이 학습하기에는 부족하다.

더불어 딥러닝으로 열역학적(thermodynamic) 움직임을 정확히 표현하는 모델을 만드는 것은 여전히 너무 어려운 문제다.

만약 단백질 구조 데이터가 없다면?

결합 친화력은 주어진 생체 분자 복합체에 대한 단일한 숫자 값을 제공하지만, 3차원 구조는 훨씬 풍부한 정보를 준다. 그러므로 실험을 통해 결합 친화력을 측정하는 것보다 단백질 구조를 밝히는 일이 훨씬 어려운 일이다. 따라서 3차원 구조를 통해 결합 친화력을 예측하는 것은 앞뒤가 맞지 않는 이야기처럼 들린다.

이런 비판에 대해 답을 하자면 다음과 같다. 첫째, 생체 분자의 결합력을 예측하는 것은 물리학적으로 흥미로운 문제라는 사실이다. 이런 결합력을 정확하게 예측할 수 있는지 확인하는 것은 머신러닝 모델을 벤치마킹(benchmark)하는 데 중요하고 더 정교한 생물물리학 시스템에 사용할 수 있는 딥러닝 모델을 설계하는 디딤돌 역할을 한다.

둘째, 도킹(docking)[10] 소프트웨어와 같은 기존의 도구를 사용해 단백질-리간드 복합체의 대략적인 구조를 예측할 수 있다는 것이다. 단백질 복합체 구조를 바로 예측하는 것은 매우 어려운 일이지만, 이미 있는 단백질 구조를 갖고 단백질-리간드 복합체의 구조를 예측하는 것은 상대적으로 쉬운 편이다.

머신러닝을 시작하기에 앞서 데이터 내의 개별 요소나 전체 파일을 살펴보는 것이 좋다. 이 책의 깃허브에 2D3U.pdb라는 단백질-리간드 복합체에 대한 PDB 파일이 포함돼 있으니 참고하길 바란다. PDB 파일에는 아미노산 서열에 대한 정보와 각 원자들의 3차원 좌표가 들어있다. 좌표들의 단위는 옹스트롬^{angstrom}(1옹스트롬은 10나노미터다.)이며 좌표계의 원점은 편의를 위해 단백질의 중심에 설정돼 있다.

---

10 단백질-리간드 복합체의 결합 부위를 예측하는 것이다. - 옮긴이

왜 아미노산 잔기라고 부를까?

생물물리학 데이터로 작업하다 보면 아미노산 잔기라는 용어를 많이 보게 된다. 여기서 잔기는 단백질이 형성되는 화학 반응에서 나온 말이다. 두 개의 아미노산이 연결돼 펩타이드 결합을 형성하면 산소 하나와 두 개의 수소가 사라지는데, 이후 남아있는 분자들을 잔기라고 부른다.

단순히 PDB 파일을 텍스트 에디터로 열어보면 내용을 이해하기 어려우므로 시각화를 통해 살펴보자. 주피터 노트북^Jupyter notebook^에 PDB 파일을 시각화할 수 있는 라이브러리인 NGLview(https://github.com/arose/nglview)를 사용했다. 깃허브 저장소에서 해당 주피터 노트북을 찾을 수 있다. 그림 5-10은 주피터 노트북에서 생성된 단백질-리간드 복합체(2D3U)의 시각화를 보여준다.

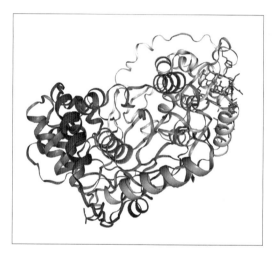

그림 5-10 PDBBind 데이터셋에서 2D3U 단백질-리간드 복합체의 시각화. 이 단백질은 시각화를 쉽게 하기 위해 만화(cartoon) 형식으로 오른쪽 상단의 리간드를 공-막대 형식으로 표시했다.

리간드가 단백질의 결합 부위에 어떻게 붙어있는지 3차원 구조를 회전시키면서 살펴보라.

단백질 시각화 도구

단백질의 3차원 구조를 직관적으로 이해하려면 시각화가 중요하다. 그래서 이미 여러 시각화 도구가 개발돼 있다. NGLview는 주피터 노트북에 훌륭하게 통합된 환경을 제공하지만, 일반적으로 사용되는 도구는 아니다. 연구자들은 주로 VMD(https://www.ks.uiuc.edu/Research/vmd/), PyMOL(https://pymol.org) 또는 Chimera(https://www.cgl.ucsf.edu/chimera/)와 같은 독립 소프트웨어를 주로 사용한다. 이런 도구는 완전한 자유 소프트웨어가 아니며, 개발자를 위한 API도 제공하지 않는다. 그럼에도 불구하고, 전문적인 기능을 많이 포함하기 때문에 단백질 구조를 살펴보는 데 많은 시간을 들일 예정이라면 이런 도구를 사용하는 것을 권장한다.

PDBBind 데이터셋 피처화

먼저 분석의 편의를 위해 다음과 같이 RdkitGridFeaturizer 객체를 만든다.

```
import deepchem as dc

grid = dc.feat.RdkitGridFeaturizer(
  voxel_width=2.0,
  feature_types=['hbond', 'salt_bridge', 'pi_stack','cation_pi', 'ecfp', 'splif'],
  sanitize=True, flatten=True)
```

위 코드에는 여러 가지 옵션이 사용됐다. 이전에 설명한 것처럼 단백질 3차원 구조는 종종 잘못된 형식이 포함돼 있기 때문에 sanitize = True는 DeepChem이 탐지한 명백한 오류를 수정하는 옵션이다. flatten = True는 각각의 입력 구조에 대해 1차원 피처 벡터를 출력하도록 요청한다.

feature_types 옵션은 RdkitGridFeaturizer 함수가 입력 데이터에서 감지하려는 생물물리학적 특성과 화학 결합의 유형을 설정한다. 여기서는 앞서 설명했던 수소 결합, 이온 결합 등의 화학 결합들을 추가했다. 마지막으로 voxel_width = 2.0 옵션은 그리드를 구성하는 복셀voxel의 크기를 2옹스트롬으로 정한다. RdkitGridFeaturizer는 유용한 기능을 추출하는 데 사용하고자 단백질을 복셀화 표현으로 변환한다. 그런 다음 각 복셀에 대해 생물물리학적 특성을 계산하고 부분 벡터도 계산한다. RdkitGridFeaturizer는 ECFP(확장 연결 지문)와

SPLIF^{Structural Protein–Ligand Interaction Fingerprint}라는 두 가지 유형의 화학 지문을 계산한다.

복셀화

복셀화(voxelization)는 무엇인가? 복셀은 픽셀의 3차원 아날로그(analogue)[11]라고 할 수 있다 (그림 5-11 참조). 이미지 데이터의 픽셀이 분석 처리에 매우 중요한 것처럼 3차원 데이터로 작업할 때는 복셀이 중요하다.

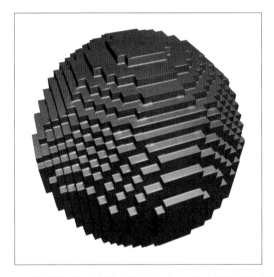

그림 5-11 구의 복셀화 표현. 각 복셀이 입력의 공간 큐브를 나타내는 방법에 주의하자.

데이터셋을 불러올 때 featurizer="grid" 옵션을 사용하면 MoleculeNet이 자동으로 피처화를 수행한다. 이제 PDBBind 데이터셋을 불러올 모든 준비를 마쳤다.

```
tasks, datasets, transformers = dc.molnet.load_pdbbind(
  featurizer="grid", split="random", subset="core")
train_dataset, valid_dataset, test_dataset = datasets
```

---

11 어떤 수치를 '길이', '각도' 또는 '전류'와 같이 외부적인 원인에 의해 연속적으로 변하는 물리량으로 나타내는 일 – 옮긴이

위 코드를 통해 PDBBind 핵심 데이터셋을 불러온다. 빠른 컴퓨터에서는 불러오는 데 약 10분 정도 걸릴 것이다.

이제 데이터가 준비됐으므로 단백질−리간드 결합을 예측하는 머신러닝 모델을 만든다. 가장 먼저 랜덤 포레스트 random forest 모델을 사용할 것이다.

```python
from sklearn.ensemble import RandomForestRegressor

sklearn_model = RandomForestRegressor(n_estimators=100)
model = dc.models.SklearnModel(sklearn_model)
model.fit(train_dataset)
```

또 다른 머신러닝 모델로 dc.models.MultitaskRegressor 클래스를 사용해 두 개의 숨겨진 레이어가 있는 다층 퍼셉트론을 만든다. 숨겨진 레이어의 너비를 각각 2,000과 1,000으로 설정하고 과적합을 피하기 위해 50% 드롭아웃을 설정한다.

```python
n_features = train_dataset.X.shape[1]
model = dc.models.MultitaskRegressor(
  n_tasks=len(pdbbind_tasks),
  n_features=n_features,
  layer_sizes=[2000, 1000],
  dropouts=0.5,
  learning_rate=0.0003)
model.fit(train_dataset, nb_epoch=50)
```

기준 모델

딥러닝 학습 모델은 올바르게 최적화하기가 까다로운 편이므로 경험이 많은 연구자도 최적화 과정 중에 흔히 오류를 만들어내곤 한다. 따라서 성능은 낮지만 견고한(robust) 기준 모델(baseline model)을 만드는 것이 중요하다.

랜덤 포레스트 분류 모델은 모든 특성 중 무작위로 일부 특성을 선택해 사용하는 의사 결정 나무(decision tree)를 여럿 만들어 머신러닝을 하고 다수결 투표로 최종 결과를 출력한다. 비교적 적은 최적화로 강력한 성능을 보여주기 때문에 랜덤 포레스트는 기준 모델로 사용하기에 좋다.

사이킷런(scikit-learn)은 파이썬에서 머신러닝을 하는 데 기본이 되는 라이브러리다. 여기서는 사이킷런의 랜덤 포레스트 모델을 기준 모델로 삼고 RdkitGridFeaturizer를 사용해 입력 데이터의 피처화를 수행한다.

이제 훈련된 모델의 성능을 정확도로 평가한다. 모델의 정확성을 평가하려면 먼저 적절한 평가 지표를 사용해야 한다. 여기서는 피어슨 상관계수(피어슨 R^2)를 사용할 것이다. 피어슨 상관계수는 −1에서 1 사이의 숫자로 표현된다. 값이 0이라면 레이블의 실제값과 예측값 사이에 상관관계가 없는 것이며, 1이면 완벽한 양의 상관관계, −1이면 완벽한 음의 상관관계를 나타낸다.

```
metric = dc.metrics.Metric(dc.metrics.pearson_r2_score)
```

학습 데이터셋과 테스트 데이터셋 각각에 대한 모델의 피어슨 상관계수를 구한다.

```
print("Evaluating model")
train_scores = model.evaluate(train_dataset, [metric], transformers)
test_scores = model.evaluate(test_dataset, [metric], transformers)

print("Train scores")
print(train_scores)

print("Test scores")
print(test_scores)
```

많은 머신러닝 모델은 비슷한 성능을 보인다

앞에서 DeepChem을 사용해 단백질-리간드의 3차원 구조를 전처리하는 그리드 피처화와 다층 퍼셉트론 모델을 사용한 머신러닝 예제를 배웠다. 머신러닝에는 이 방법 외에도 비슷한 성능을 보여주는 다양한 방법이 있다. 예를 들면, 복셀 기반 피처화를 사용해 단백질-리간드 결합 상호작용을 예측하고자 3차원 합성곱 신경망을 사용하는 방법이 있다.

여러 머신러닝 방법 간에 차이가 있을까? 지금까지 살펴본 바에 따르면 대부분 비슷한 성능을 보여준다. 그래도 성능 향상을 위해 여러 방법을 시도해볼 필요가 있다. 우리는 DeepChem에서 미리 구현된 그리드 기능을 사용했지만, 필요에 따라 사용자가 다른 그리드 기능을 추가할 수도 있다.

랜덤 포레스트 모델에서 피어슨 상관계수는 학습 데이터셋에서 0.979를 나타내지만, 테스트 데이터셋에서는 0.133에 불과하다. 이것은 분명한 과적합의 징후다.

다층 퍼셉트론 모델을 사용한 경우 피어슨 상관계수가 학습 데이터셋에서 0.990, 테스트 데이터셋에서 0.359로 과적합의 징후를 보이기는 하지만 랜덤 포레스트 모델보다 훨씬 개선됐다.

이렇게 상관계수 값을 계산하는 것은 우리가 만든 모델을 이해하는 데 중요한 첫걸음이 된다. 예측값이 실제 실험값과 어떻게 연관되는지 직접 시각화를 통해 확인하자. 그림 5-12는 테스트 데이터셋에서 실행될 때 각 모델에 대한 레이블의 실제값과 예측값을 보여준다. 이를 통해 다층 퍼셉트론 모델이 랜덤 포레스트보다 훨씬 나은 성능을 보여주고 있음을 직관적으로 알 수 있다.

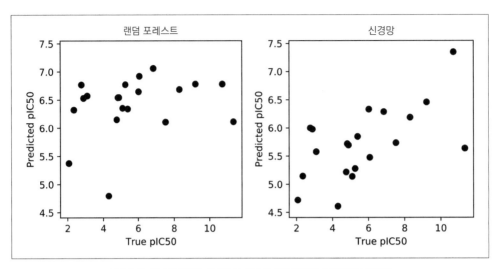

그림 5-12 테스트셋에서 실행한 두 모델에 대한 레이블의 실제값과 예측값

결론

5장에서는 생물물리학 시스템에 대한 딥러닝 학습, 특히 단백질-리간드 복합체의 결합 친화력 예측 문제를 배웠다. 여기서 학습한 기술이 얼마나 범용적인지 궁금할 수 있다. 다른 생물물리학 데이터셋에도 동일한 모델과 기술을 적용할 수 있을까? 배운 내용을 다시 떠올려보자.

단백질-단백질 결합과 단백질-DNA 결합은 기본적으로 단백질-리간드 결합과 동일하게 수소 결합, 이온 결합, 파이 겹침 결합 등이 중요한 역할을 한다. 그렇다면 그런 결합을 분석하기 위해 5장의 코드를 재사용할 수 있을까? 그 대답은 조금 복잡해진다. 단백질-리간드 결합은 많은 화학 결합 중에서 이온 결합이 가장 중요하다고 알려져 있는 반면, 단백질-단백질 결합의 경우에는 소수성 결합이 더 중요하다고 알려져 있다. 이런 차이 때문에 화학 결합에 대한 하드코딩hardcoding이 필요하다. 즉, 원자 합성곱atomic convolutional 모델을 사용해 작업하는 것이 좋다.

그러나 중요한 문제가 남았다. 바로 규모의 문제다. 원자 합성곱 모델은 훈련이 매우 느리고 많은 양의 메모리가 필요하다. 따라서 단백질–단백질 결합을 분석하려면 하드웨어적인 측면과 공학적인 측면에서 많은 노력이 필요하다. DeepChem 개발 팀은 이를 해결하기 위해 노력하고 있지만, 노력이 결실을 맺기까지는 더 많은 시간이 필요할 것 같다.

항체–항원 결합[antibody-antigen interaction]은 중요한 생물물리학적 상호작용 중 하나다. 항체[antibody]는 항원[antigen]과 특이적으로 결합하는 Y 모양 단백질이다(그림 5–13 참조). 항원은 주로 병원균에서 발견되는 분자다. 따라서 항체가 항원에 결합하는 반응은 인체의 면역 시스템 일부다. 세포 배양을 통해 특정 항원을 표적으로 하는 항체를 대량 생산할 수 있고, 이것을 단일 클론 항체[monoclonal antibody]라고 한다. 근래에 와서 단일 클론 항체는 다양한 질병에 적합한 치료용 약물로 각광받고 있다.

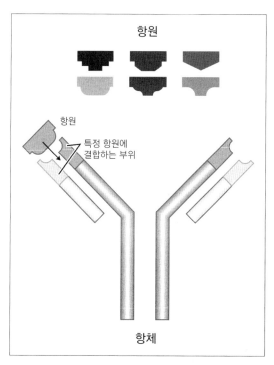

그림 5-13 항체–항원의 상호작용을 나타낸 그림.
항체에는 특정 항원에 결합하는 부위(antigen–binding site)가 두 개 존재한다.
(출처: 위키미디어(https://en.wikipedia.org/wiki/Antibody#/media/File:Antibody.svg))

새로운 치료용 항체를 찾기 위해 이제까지는 주로 반복된 실험을 실시했다. 복잡한 항체-항원 결합 부위를 컴퓨터로 모델링하는 것이 쉽지 않았기 때문이다. 그러나 기술이 발전함에 따라 향후 몇 년 안에 항체-항원 결합을 예측하는 기술이 더 정밀해질 것으로 보인다.

앞서 단백질 역동성의 중요성을 여러 번 이야기했다. 그렇다면 단백질 구조 시뮬레이션에 딥러닝을 적용해 단백질-리간드 결합을 예측하는 것은 어떨까? 아직까지는 기술적인 난관이 많아 어렵다는 의견이 지배적이지만 곧 가까운 미래에는 충분히 가능할 것이다.

## 6장

유전학과 딥러닝

모든 생물은 유전체genome를 갖고 있다. 유전체를 구성하는 DNA에는 생물이 살아가는 데 필요한 모든 정보가 들어있다. 즉, 세포가 컴퓨터라면 유전체는 실행되는 소프트웨어다. 그리고 유전체를 소프트웨어로 간주한다면 DNA는 세포에 의해 처리된 정보라고 할 수 있다. 그래서 거꾸로 DNA 서열을 분석한다면 세포가 어떻게 작동하는지 이해할 수 있을 것이다.

물론 DNA는 추상적인 저장 매체가 아니라 더 복잡한 방식으로 움직이는 물리적인 분자다. 또한 수천 개의 다른 분자와 상호작용하며 DNA에 포함된 정보를 유지, 복사, 수행하는 역할을 한다. 즉, DNA로 구성된 유전체는 수천 개의 부품으로 구성된 거대하고 복잡한 기계다. 그래서 여전히 과학자들은 유전체가 어떻게 작동하는지 잘 이해하지 못하고 있다.

유전학과 유전체학은 그 이름만큼 서로 유사한 학문이다. 유전학은 DNA를 추상적인 정보로 취급해 유전의 패턴pattern을 보거나 DNA 서열과 신체적 특징 사이의 연관성을 발견하기 위해 집단 간 상관관계를 찾는 것이다. 반면에 유전체학은 유전체를 물리적 기계로 간주해 유전체를 구성하는 조각과 유전체들이 작동하는 방식을 이해하려고 노력한다. 즉, 유전학과 유전체학의 접근법은 서로 상호 보완적인 관계다.

DNA, RNA, 단백질

생물학자는 아니더라도 이미 유전체의 개념을 고등학교에서 배웠을 것이다. 그러므로 먼저 유전체의 기본적인 내용을 복습하고 딥러닝을 적용할 때 필요한 내용을 추가로 배울 것이다.

DNA는 기본 단위가 반복적으로 연결돼 있는 긴 사슬^{chain}의 중합체^{polymer}다. DNA의 기본 단위는 아데닌^{Adenine}(A), 시토신^{Cytosine}(C), 구아닌^{Guanine}(G), 티민^{Thymine}(T) 이렇게 총 네 가지의 염기다(그림 6-1 참조). 살아있는 생명에 필요한 모든 정보는 이 네 가지 기본 단위가 구성하는 DNA 서열로 표현된다.

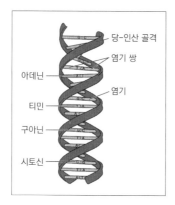

그림 6-1 두 개의 사슬로 구성된 DNA의 구조. 각 사슬에는 다수의 A, C, G, T 염기가 있다. 두 사슬은 서로 상보적 (complementary)이다. 쉽게 말해 한 사슬의 C는 다른 사슬의 G와 쌍을 이루며, 한 사슬의 A는 다른 사슬의 T와 쌍을 이룬다. (출처: 위키미디어(https://en.wikipedia.org/wiki/Molecular_Structure_of_Nucleic_Acids: _A_Structure_for_Deoxyribose_Nucleic_Acid#/media/File:DNA-structure-and-bases.png))

DNA 서열 정보가 소프트웨어라면 단백질은 중요한 하드웨어다. 단백질은 세포 내의 거의 모든 일을 처리하는 작은 기계다. 단백질은 고분자 물질이며 아미노산이라고 하는 단위로 구성돼 있다. 아미노산은 20가지 종류가 있으며 크기, 전하, 친수성 등의 성질이 모두 다르다.

DNA의 주요 기능 중 하나는 단백질에 대한 아미노산 서열 정보를 갖고 있는 것이다. 이것은 간단한 규칙으로 기록된다. 세 개의 DNA 염기('코돈^{codon}'이라고 부름)가 한 개의 아미노산을 암호화한다. 예를 들어 DNA 서열 AAA는 아미노산 라이신^{lysine}을 뜻하고, GCC는 아미노산 알라닌^{alanine}을 나타낸다.

DNA 서열에서 단백질을 만드는 중간 과정에는 정보를 전달하는 역할을 하는 또 다른 거대 분자인 RNA가 있다. RNA는 화학적으로 DNA와 매우 유사하지만 다른 중합체다. RNA는 티민(T) 대신 유라실Uracil(U)을 포함한 네 개의 염기로 구성돼 있다. 정보를 담고 있는 RNA 분자는 메신저 RNAmessenger RNA(또는 간단히 mRNA)라 한다. 따라서 DNA 서열에서 단백질을 만들려면 두 단계를 거쳐야 한다. 먼저 DNA 서열이 동등한 mRNA로 전사transcription된 다음 mRNA가 단백질 분자로 번역translation된다.

센트럴 도그마central dogma[1]라 불리는 위의 과정을 통해 단백질이 어떻게 만들어지는지를 알 수 있지만 언제 만들어지는지는 알 수 없다. 세포에는 수많은 단백질이 있고 분명 모든 단백질이 동시에 만들어지지는 않는다. 그래서 세포에는 특정 단백질의 생성을 조절하는 과정mechanism이 있다. 종래의 설명으로 이것은 전사인자Transcription Factor(TF)라고 불리는 단백질에 의해 이뤄진다. 전사인자가 특정 DNA 서열에 결합하는 위치에 따라 DNA가 전사되는 속도가 조절된다는 것이다.

전사인자를 통한 조절 과정은 비교적 이해하기 쉬운 개념이다. DNA는 단백질의 정보를 암호화하고 전사인자는 정보 전달체로만 사용되는 mRNA의 전사를 조절한다. mRNA는 단백질로 번역돼 세포에 필요한 기능을 수행한다. 이 모든 과정은 수십 년 동안 정확하다고 믿어졌다. 그러나 실제 세포 내에서 벌어지는 일은 훨씬 더 복잡하다.

실제 세포 내에서 일어나는 일

이제 유전체가 실제로 어떻게 조절되는지 이야기할 차례다. 이전 절에서 설명한 세포 내 유전체 조절 과정은 심하게 단순화시킨 것이다. 진짜 세포 내에서 일어나는 과정은 너무 복잡하기 때문에 이해하기 어렵다. 또한 새로운 것들이 계속 밝혀지고 있어 지금 사실이라고 생각하는 것도 나중에는 그렇지 않을 때도 많다. 그러니 부담 갖지 말고 다음 내용을 읽자.

유전체 크기가 작은 세균과 같은 원핵생물은 DNA가 세포 내에서 자유롭게 떠다니고 있다.

---

1   프랜시스 크릭이 1958년에 제안한 가설로 DNA의 유전 정보는 RNA를 거쳐 단백질로 전달된다. – 옮긴이

그러나 사람과 같은 고등한 진핵생물들은 훨씬 큰 유전체를 갖고 있어 DNA가 세포 내에서 히스톤histone 단백질에 의해 작은 공간에 포장돼 있다. DNA가 단단히 포장돼 있다면 어떻게 전사가 일어날 수 있을까? 전사가 시작되기 전에 히스톤에 화학적 변형이 일어나 감겨 있는 DNA를 풀어준다. 여기에 분명한 조절 과정이 있을 것이라 추측하지만 아직까지 세부적인 내용은 이해하지 못하고 있다. 유전자가 전사되기 전에 먼저 히스톤에 감겨 있는 DNA를 풀어야 하는데, 세포는 풀어낼 DNA를 어떻게 알 수 있을까? 그것은 아마도 히스톤의 다양한 화학적 변형과 관련된 것으로 예상하고 있다. 그러나 확실한 조절 과정은 아직 알려지지 않았다.

DNA 자체도 메틸화methylation라는 화학적 변형 과정을 겪는다. DNA가 메틸화되면 전사가 일어날 가능성이 줄어들게 되므로, 메틸화는 세포가 단백질 생성을 조절하는 데 사용하는 조절 과정 중 하나다. 그러나 DNA의 어느 부분에 메틸화가 일어나는 것을 조절하는 기작 역시 여전히 잘 알지 못한다.

이전 절에서는 DNA의 서열이 특정 단백질을 암호화하고 있다고 설명했다. 그것은 원핵생물의 경우에는 맞지만 진핵생물에서는 상황이 좀 더 복잡해진다. 진핵생물의 경우 DNA가 mRNA로 전사된 후 RNA 이어 맞추기RNA splicing라 불리는 과정이 추가된다. RNA 이어 맞추기는 mRNA에서 인트론Intron을 제거하고 엑손Exon만 연결하는 것을 뜻한다. 따라서 최종적으로 단백질로 번역되는 mRNA 서열은 원래의 DNA 서열과 다를 수 있다. 또한 많은 DNA는 대체 이어 맞추기alternative splicing라는 과정을 통해 엑손들을 선택적으로 이어 맞추는 것으로써 하나의 유전자로 다양한 단백질을 발현할 수 있다. 이는 하나의 DNA 서열이 실제로는 여러 단백질을 암호화할 수 있다는 것을 의미한다.

이 모든 것이 매우 복잡하게 들릴 것이다. 생물의 진화evolution는 간단하거나 이해하기 쉬운 것과는 무관하게 일어나기 때문이다. 생물의 진화는 필연적으로 매우 복잡한 시스템을 만들었고, 이를 이해하려면 그 복잡성에 직면해야 한다.

앞서 RNA를 DNA 정보를 단백질로 변환하는 단순한 정보 운반체로 설명했지만, 사실 생물학자들은 오래전부터 RNA에 다양한 기능이 있다는 것을 알고 있었다. mRNA를 단백질로 번역하는 작업에 리보솜 RNAribosomal RNA(rRNA)와 전달 RNAtransfer RNA(tRNA)가 사용되기 때문이다. tRNA는 DNA의 코돈을 인지하고 올바른 아미노산을 추가하는 역할을 하며, rRNA는 아미노산의 펩타이드 결합을 만드는 데 필요하다.

놀랍게도 새로운 종류의 RNA는 계속 발견되고 있다. 다음은 새롭게 발견된 RNA들의 목록이다.

- 마이크로 RNA(miRNA)는 짧은 RNA 단편으로 mRNA에 결합해 단백질로 번역되는 것을 막는다. 이것은 특히 포유류에서 매우 중요한 조절 과정이다.
- 짧은 간섭 RNA(siRNA)는 mRNA에 결합해 번역되지 못하게 하는 또 다른 유형의 RNA다. miRNA와 유사하지만, siRNA는 이중 가닥(miRNA는 단일 가닥)이며 작용 기작의 세부 사항이 다르다. 6장의 뒷부분에서 siRNA를 더 자세히 설명한다.
- 리보자임^{Ribozyme}은 화학 반응을 촉매하는 효소로 작용하는 RNA다. 화학 반응은 살아있는 세포에서 일어나는 모든 것의 기초이므로 촉매 효소는 매우 중요하다. 촉매 효소는 일반적으로 단백질에 의해 이뤄지지만 때로는 RNA에 의해 일어난다.
- 리보스위치^{Riboswitch}는 두 부분으로 구성된 RNA 분자다. 한 부분은 mRNA로 작용하지만, 다른 부분은 특정 대사산물과 결합할 수 있다. 특정 대사산물과의 결합이 mRNA 부분의 번역을 조절한다. 이것은 세포에서 특정 대사산물의 농도에 따라 단백질 생산을 조절할 수 있는 또 다른 조절 과정이다.

모든 RNA는 모두 DNA로부터 만들어진다. 따라서 DNA는 암호화된 단백질 서열 이상의 의미가 있다. RNA 서열과 전사인자 및 기타 조절 분자의 결합 부위, mRNA 이어 맞추기 등에 영향을 미치는 다양한 화학적 변형이 DNA에 존재한다.

리보솜이 mRNA를 단백질로 번역한 뒤에도 다양한 일부 단백질은 스스로 3차원 구조를 형성하지만, 많은 단백질은 샤페로닌^{chaperone}이라 불리는 단백질의 도움을 받아 3차원 구조를 만든다. 단백질이 번역된 후에는 일반적으로 PTM^{Post-Translational Modification}이라 불리는 추가적인 화학적 변형이 일어나 올바른 위치로 단백질이 옮겨지게 된다. 그리고 더 이상 필요하지 않게 되면 다시 아미노산으로 분해된다.

이 모든 내용들이 너무 복잡하다고 느껴질 것이다. 하지만 생물은 인간이 만든 어떤 기계보다도 복잡하기 때문에 이것은 당연하다.

그러나 이것은 머신러닝이 유전체학에서 그토록 강력한 도구가 되는 이유이기도 하다. 우리에게는 이미 엄청난 양의 데이터가 있고 과정은 놀라울 정도로 복잡하며 잘 이해되지도 않는다. 이런 상황에서 미묘한 패턴을 발견하는 것이 바로 딥러닝이 잘하는 것이다.

기존에 사용했던 통계학적 유전체 분석은 복잡성을 극복하기 위해 변수들의 관계를 간소화했다. 그러나 진정한 유전체학 분석을 위해서는 딥러닝을 사용해 수백 가지 변수들 사이의 비선형 관계를 찾는 작업이 필요하다.

전사인자의 결합

딥러닝을 유전학에 사용할 예시로서 전사인자의 결합을 예측하는 문제를 생각해보자. 전사인자는 DNA에 결합하는 단백질이고 결합을 통해 가까운 유전자가 mRNA로 전사될 확률에 영향을 미친다. 그러면 전사인자는 어떻게 알고 DNA에 붙을까?

전사인자는 DNA 서열상에 존재하는 결합 부위 모티프에 붙는다. 결합 부위 모티프는 열 개 이하의 염기서열로 구성돼 있으며 전사인자에 따라 다양한 서열로 존재한다.

그러나 결합 부위 모티프는 완벽한 특이성을 갖지 않는다. 다시 말해 전사인자는 결합 부위 모티프와 동일하지는 않지만 유사한 서열에도 결합할 수 있다. 따라서 결합 부위 모티프 내의 일부 서열만이 결합에 중요한 역할을 한다. 이것은 전사인자가 결합 부위 모티프 내의 각 위치에서 가능한 결합에 대한 선호도를 위치에 따른 가중치 행렬로 모델링할 수 있게 한다. 모델링은 실제와는 달리 모티프 내의 모든 위치가 독립적이라고 가정한다. 또한 결합은 주로 모티프 내의 서열에 의해 결정되지만 주위의 DNA 서열에 의한 영향도 고려해야 한다.

위의 설명은 단지 DNA 서열만을 생각한 것이다. DNA의 다른 측면 또한 중요하다. 많은 전사인자는 DNA의 이중 나선이 얼마나 꼬여 있는지와 같은 물리적 형태에 영향을 받는다. DNA 메틸화 또한 전사인자의 결합을 방해한다. 또한 진핵 세포의 DNA 대부분은 단단히 포장돼 히스톤 주위에 감겨 있다는 것을 기억해야 한다. 전사인자는 오직 풀려 있는 DNA에만 결합할 수 있다.

추가적으로 다른 분자들이 중요한 역할을 하기도 한다. 예를 들어, 전사인자가 다른 분자와 결합해 형태 변화가 생기면 전혀 다른 DNA 서열에 결합된다.

생물학자들은 수십 년 동안 이런 세부 사항을 고려하지 않고 전사인자 결합 모델을 설계해 왔다. 이제 딥러닝을 사용해 데이터에서 직접 모델을 학습할 수 있는지 알아보자.

전사인자의 결합을 예측하는 합성곱 모델

전사인자 JunD[2]를 예시로 알아보자. JunD가 인간 유전체에 결합하는 모든 위치는 실험을 통해 밝혀져 있다. 여기서는 인간의 가장 작은 염색체인 22번 염색체의 데이터를 사용해 학습을 진행한다. 22번 염색체에는 5,000만 개의 DNA 서열이 포함돼 있어 머신러닝을 수행하기에도 충분하다. 머신러닝에 사용할 데이터는 101개의 염기로 구성된 DNA 조각들이며 JunD의 결합 여부가 레이블로 포함돼 있다.

우리는 각 분절에 포함된 서열에 기초해 JunD의 결합 여부를 예측하는 머신러닝 모델을 만들 것이다.

DNA 염기는 원–핫 인코딩을 통해 표현한다. 따라서 하나의 서열에 대해 네 개의 숫자로 어떤 염기인지 표현된다. 즉, 네 개의 숫자 중 어느 것이 1인지에 따라 해당 염기가 어떤 것인지 알 수 있다.

손글씨를 인식하기 위해 3장에서 배웠던 합성곱 신경망 모델을 다시 사용해 DNA 서열 데이터를 처리한다. 그러나 이번에는 2차원 데이터(이미지) 대신 1차원 데이터(DNA 서열)를 다루기 때문에 1차원 합성곱을 사용하지만, 모델의 기본 구성 요소는 이전과 동일하다.

먼저 TensorGraph 객체를 만들고 입력 데이터를 정의하는 것으로 시작하자.

```
model = dc.models.TensorGraph(batch_size=1000)
features = layers.Feature(shape=(None, 101, 4))
```

---

2   사람의 JUND 유전자에서 발현되는 전사인자로, p53에 의한 세포 사멸로부터 세포를 보호하는 것으로 알려져 있다. – 옮긴이

```
labels = layers.Label(shape=(None, 1))
weights = layers.Weights(shape=(None, 1))
```

위의 코드에서 입력값의 크기에 주의해야 한다. 각 샘플에 대한 벡터는 염기의 수(101)와 각 염기에 대한 원-핫 인코딩의 수(4)를 곱한 404개의 요소로 구성된다. 또한 결합 여부를 나타내는 레이블과 가중치에 대해서는 한 자리 숫자로 표현한다. 이 예제에서 사용된 데이터셋은 1% 미만의 데이터만 결합 위치 모티프를 포함하고 있어 매우 불균형하다. 다시 말해 머신러닝 모델이 무조건 결합하지 않는다고 예측해도 99%의 정확도를 얻을 수 있다. 이런 데이터의 불균형 현상을 방지하기 위해 데이터셋에 가중치를 추가한다.

가중치를 추가하기 위해 동일한 매개변수를 가진 세 개의 합성곱 레이어를 만든다.

```
prev = features
for i in range(3):
  prev = layers.Conv1D(
    filters=15, kernel_size=10, activation=tf.nn.relu,
    padding='same', in_layers=prev)
  prev = layers.Dropout(dropout_prob=0.5, in_layers=prev)
```

합성곱 커널의 너비를 10으로 지정하고 각 레이어에 15개의 필터를 사용한다. 첫 번째 레이어는 염기당 네 개의 숫자를 입력값으로 사용해 열 개의 연속적인 서열을 받아 총 40개의 입력값을 받는다. 그리고 40개의 입력값에 합성곱 커널을 적용해 15개의 출력값을 만든다. 두 번째 레이어는 다시 열 개의 염기를 입력으로 받아 첫 번째 레이어에서 계산된 15개의 값에 추가한다. 결과적으로 각 염기에 대해 15개의 값으로 이뤄진 새로운 집합들이 만들어진다.

추가적으로 과적합을 방지하는 드롭아웃 레이어를 추가한다. 드롭아웃 확률은 0.5(모든 출력값의 절반이 임의로 제거된다.)로 설정한다.

다음으로 전결합dense 레이어를 사용해 출력값을 계산한다.

```
logits = layers.Dense(out_channels=1, in_layers=layers.Flatten(prev))
```

```
output = layers.Sigmoid(logits)
model.add_output(output)
```

특정 샘플에 결합 부위가 포함될 확률로서 결과를 0과 1 사이로 나타낸다. Dense 레이어는 특정 범위에 제한되지 않고 임의의 값을 생성할 수 있다. 따라서 로그 시그모이드 함수를 통해 원하는 범위로 줄인다. 이 함수에 대한 입력은 시그모이드 함수의 역함수[3]인 로짓logit 값을 사용한다.

마지막으로 각 샘플에 대한 교차 엔트로피를 계산하고 가중치를 곱해 손실 함수의 값을 구한다.

```
loss = layers.SigmoidCrossEntropy(in_layers=[labels, logits])
weighted_loss = layers.WeightedError(in_layers=[loss, weights])
model.set_loss(weighted_loss)
```

수치 안정성numerical stability을 위해 교차 엔트로피 레이어는 전결합 레이어 logits의 출력값을 입력값으로 사용한다.

이제 모델을 학습하고 평가할 준비를 모두 마쳤다. 이번에는 ROC AUC를 평가 척도로 열 번의 학습을 수행한 뒤 학습 및 검증 데이터셋에 대한 성능을 평가한다.

```
train = dc.data.DiskDataset('train_dataset')
valid = dc.data.DiskDataset('valid_dataset')
metric = dc.metrics.Metric(dc.metrics.roc_auc_score)
for i in range(20):
  model.fit(train, nb_epoch=10)
  print(model.evaluate(train, [metric]))
  print(model.evaluate(valid, [metric]))
```

---

3   역함수는 변수와 함숫값을 서로 뒤바꿔서 얻는 함수다. 즉, 역함수의 대응 규칙에서 원래의 출력값은 원래의 입력값이다. – 옮긴이

결과는 그림 6-2에 나와 있다. 검증 데이터셋 성능은 50 에포치 후에 약 0.75로 최곳값이 되고 이후 약간 감소한다. 학습 데이터셋 성능은 계속 증가하다가 약 0.87에서 평준화된다. 이것을 통해 50 에포치를 넘어서는 학습은 과적합으로 이어지기 때문에 그 시점에서 학습을 멈춰야 한다는 것을 알 수 있다.

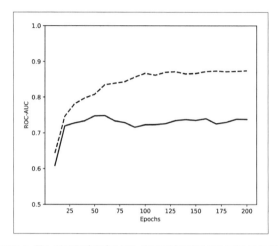

그림 6-2 학습 데이터셋(점선)과 검증 데이터셋(실선)에 대한 ROC AUC 점수

ROC AUC 점수가 0.75라는 것은 그다지 나쁜 결과는 아니지만, 그렇다고 훌륭한 결과라고 도 할 수 없다. 따라서 점수를 더욱 높이기 위해 하이퍼파라미터 변경을 통한 모델 튜닝이 필 요하다. 사용자가 변경할 수 있는 하이퍼파라미터는 매우 다양하다. 예를 들면 합성곱 레이 어의 수, 각 레이어의 커널 너비, 각 레이어의 필터 수, 드롭아웃 비율 등이 있다.

그러나 이 모델에는 근본적인 성능상의 한계가 있다. 전사인자 결합에는 결합 부위의 접근 성, DNA 메틸화, 다른 분자의 존재 등과 같은 많은 요소가 관여하는데, 오직 DNA 서열만 입력 데이터로 사용했다는 점에서 그렇다. 다른 요소를 입력 데이터에 추가해 모델의 성능이 개선되는지 확인해보자.

염색질 접근성

염색질^{chromatin}은 염색체를 구성하는 단위로 DNA, 히스톤, RNA로 구성된 거대 분자 복합체를 말한다. 염색질 접근성$^{chromatin\ accessibility}$은 염색체의 각 부분이 외부 분자에 얼마나 쉽게 접근할 수 있는지를 나타낸다. DNA가 히스톤 주변에 단단히 감겨 있으면 전사인자와 다른 분자가 접근할 수 없다. 그래서 이때의 DNA를 비활성 상태라고 말할 수 있다. DNA가 히스톤으로부터 풀리면 전사인자가 결합해 세포에 필요한 단백질을 번역하는 일이 재개된다.

염색질 접근성은 세포가 유전자의 발현을 조절하는 데 사용하는 도구로 균일하지도 않고 정적이지 않다. 그것은 세포의 유형과 세포 주기에 따라 매우 달라지며 환경적인 영향을 받기도 한다.

염색질 접근성은 세포 주기에 의해 DNA가 풀리고 다시 꼬임에 따라 끊임없이 변한다. 따라서 염색질 접근성은 이진 선택(가능 혹은 불가능)으로 생각하는 대신 연속 변수(각 부분에 접근할 수 있는 시간)라고 생각한다.

앞서 분석한 JunD 전사인자 결합 데이터셋은 HepG2[4] 세포주를 사용한 실험을 통해 얻은 것이다. 그래서 HepG2 세포주의 염색질 접근성에 의해 실제 전사인자 결합 부위가 달라졌을 수 있다. 이제 이전 머신러닝 모델에 염색질 접근성 정보를 추가하는 작업을 해본다.

먼저 염색질 접근성에 대한 데이터를 불러온다. 염색질 접근성 데이터는 각각의 염색체 부위에 대한 식별자와 염색질 접근성 수치가 열로 구분돼 있다. 따라서 파이썬 기본 사전형 데이터로 변환해준다.

```
span_accessibility = {}
for line in open('accessibility.txt'):
  fields = line.split()
  span_accessibility[fields[0]] = float(fields[1])
```

---

4   간세포암종 세포주로 실험실에서 보편적으로 사용된다. – 옮긴이

이제 다시 모델을 만든다. 이전 절에서 사용했던 모델과 거의 동일하지만 두 가지 변경 사항이 있다. 첫째, 염색질 접근성 값을 입력 데이터의 피처로 추가한다.

```
accessibility = layers.Feature(shape=(None, 1))
```

둘째, 염색질 접근성 값을 계산식에 통합해야 한다. 이전 절에서는 다음과 같이 마지막 합성곱 레이어의 출력을 평탄화flatten해서 전결합 레이어의 입력으로 사용했다.

```
logits = layers.Dense(out_channels=1, in_layers=layers.Flatten(prev))
```

이번에도 비슷한 작업을 하지만, 합성곱 레이어의 출력에 염색질 접근성 값을 추가한다.

```
prev = layers.Concat([layers.Flatten(prev), accessibility])
logits = layers.Dense(out_channels=1, in_layers=prev)
```

이것으로 학습 모델이 완성됐다.

그러나 우리 모델에는 문제가 있다. 바로 피처 레이어가 두 개 있다는 것이다. 지금까지 사용한 학습 모델에는 하나의 피처 레이어만 있고 fit() 함수를 호출해 학습을 자동으로 처리할 수 있었다. 그러나 모델에 두 가지 피처 레이어가 있는 경우에는 fit() 함수를 사용할 수 없다.

이럴 때는 데이터셋 전체를 학습 모델에 전달하는 대신 DeepChem의 고급 기능을 통해 파이썬 생성자generator 함수로 배치별 반복 학습을 수행한다. 각각의 배치는 다음 코드와 같이 키key가 입력 레이어이고 값value이 넘파이 배열로 표현된다.

```
def generate_batches(dataset, epochs):
  for epoch in range(epochs):
    for X, y, w, ids in dataset.iterbatches(
      batch_size=1000, pad_batches=True):
        yield {
```

```
        features: X,
        accessibility: np.array(
          [span_accessibility[id] for id in ids]),
        labels: y,
        weights: w}
```

위의 코드에서 배치별 반복문을 처리하는 방식에 주의하자. iterbatches() 함수는 모델에 필
요한 입력 데이터를 배치별로 쉽게 처리해준다.

모델의 학습과 평가는 이전과 똑같이 진행한다. 다만 생성자(fit_generator(), evaluate_
generator())를 사용해 데이터셋을 학습하는 방식으로 처리한다.

```
for i in range(20):
  model.fit_generator(generate_batches(train, 10))
  print(model.evaluate_generator(
    generate_batches(train, 1),
    [metric], labels=[labels], weights=[weights]))
  print(model.evaluate_generator(
    generate_batches(valid, 1),
    [metric], labels=[labels], weights=[weights]))
```

결과는 그림 6-3에서 보는 바와 같다. 학습 및 검증 데이터셋 점수는 기존의 염색질 접근성
을 무시했던 모델에 비해 많이 상승했다. 이제 학습 데이터셋의 경우 ROC AUC 점수가 0.91
에 도달하고, 검증 데이터셋의 경우 0.80에 도달했다.

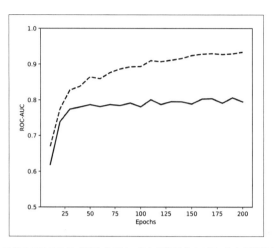

그림 6-3 입력 데이터에 염색질 접근성을 추가했을 때 학습 데이터셋(점선)과 검증 데이터셋(실선)에 대한 ROC AUC 점수

RNA 간섭

마지막 예제로 RNA 간섭에 대해 살펴본다. RNA는 염기라 불리는 네 개의 반복 단위로 구성된 중합체다. 네 개의 염기 중 세 개는 DNA와 동일하고, 나머지 한 개만 티민(T) 대신 유라실(U)이라는 염기를 갖고 있다. 따라서 DNA 서열이 RNA로 전사될 때 서열에 존재하는 모든 티민은 유라실로 교체된다.

염기 G와 C는 서로 결합하는 경향이 강해서 상보적 결합을 한다. 마찬가지로, 염기 A와 T(또는 U)도 상보적 결합을 형성한다. 두 가닥의 DNA 또는 RNA가 서로 상보적인 서열을 갖고 있는 경우 두 가닥이 서로 달라붙는 경향이 있다. 이런 특성은 세포가 분열할 때 DNA 복제뿐 아니라 전사 및 번역을 포함하는 많은 생물학적 과정에서 중요한 역할을 한다.

RNA 간섭^RNA interference^은 1998년에 발견된 것으로 작은 RNA 조각(siRNA)이 상보적인 mRNA 서열에 결합한 후 비활성^silence^화해서 단백질로의 번역을 막는 현상이다. 이 발견에 관한 공로로 앤드류 파이어^Andrew Fire^와 크레이그 멜로^Craig C. Mello^는 2006년 노벨상을 수상했다.

RNA 간섭은 복잡한 생물학적 과정이며 붙어있는 두 가닥의 RNA 작용뿐만 아니라 그보다

124

훨씬 더 많은 과정이 포함된다. 먼저 siRNA가 RISC^{RNA-Induced Silencing Complex}라고 불리는 단백질 복합체에 결합하는 것으로 시작된다. RISC는 siRNA를 주형으로 사용해 세포 내에서 일치하는 mRNA를 찾아 분해한다. 이것은 유전자 발현 조절 과정인 동시에 바이러스에 대한 방어 기작[5]으로 사용된다.

또한 RNA 간섭은 생물학과 의학을 위한 강력한 잠재력을 갖고 있다. 원하는 단백질의 발현을 조절하기 위해 해당 mRNA에 대한 siRNA 분자를 만들면 일시적으로 차단할 수 있기 때문이다. 이런 특징은 질병을 치료하거나 유전자가 비활성화될 때 일어날 일을 연구하는 데 사용된다.

물론 생각만큼 간단하지는 않다. siRNA는 서열에 따라 별개의 물리적 속성을 가진다. 일부 siRNA는 다른 것보다 안정적이고 일부는 상보적 서열에 더 강한 결합력을 가진다. 또한 어떤 서열은 RISC에 결합하기 어려운 구조를 형성하기도 한다. 쉽게 말해 일부 siRNA 서열이 다른 siRNA 서열보다 더 잘 작용한다는 것이다. 그래서 RNA 간섭 현상을 질병 치료의 도구로 사용하려면 더 좋은 siRNA 서열을 찾는 방법이 반드시 필요하다.

이미 생물학자들은 좋은 siRNA 서열을 선택하는 데 필요한 경험적 지식을 갖고 있다. 예를 들면, siRNA의 첫 번째 염기는 A 또는 G여야 하고 전체 염기 중 GC 비율^{content}은 30~50%여야 한다는 것을 경험을 통해 알아냈다. 그러나 이제 딥러닝을 통해 경험적 지식보다 더 많은 정보를 얻을 수 있는지 알아보자. 각각 21개의 염기로 구성된 총 2,431개의 siRNA 데이터셋을 사용해 머신러닝을 수행한다.[6] 데이터셋의 siRNA들은 모두 실험적으로 효과가 검증됐고 0에서 1 사이의 값으로 얼마나 효과적인지를 수치화한다(레이블 값이 1에 가까울수록 RNA 간섭이 잘 일어남을 뜻한다). 머신러닝 모델은 RNA 서열을 입력 데이터로 사용해 RNA 간섭의 효과를 예측한다.

다음은 RNA 간섭 예측 모델을 만드는 파이썬 코드다.

---

5 바이러스 DNA에 결합해서 분해한다. – 옮긴이

6 Huesken, D., J. Lange, C. Mickanin, J. Weiler, F. Asselbergs, J. Warner, B. Meloon, S. Engel, A. Rosenberg, D. Cohen, M. Labow, M. Reinhardt, F. Natt, and J. Hall, "Design of a Genome-Wide siRNA Library Using an Artificial Neural Network," Nature Biotechnology 23:995 – 1001, 2005, https://doi.org/10.1038/nbt1118

```
model = dc.models.TensorGraph()
features = layers.Feature(shape=(None, 21, 4))
labels = layers.Label(shape=(None, 1))
prev = features

for i in range(2):
  prev = layers.Conv1D(
    filters=10, kernel_size=10,
    activation=tf.nn.relu, padding='same', in_layers=prev)
  prev = layers.Dropout(dropout_prob=0.3, in_layers=prev)

output = layers.Dense(
  out_channels=1, activation_fn=tf.sigmoid,
  in_layers=layers.Flatten(prev))
model.add_output(output)
loss = layers.ReduceMean(layers.L2Loss(in_layers=[labels, output]))
model.set_loss(loss)
```

위 코드는 앞에서 배운 전사인자 결합을 예측하는 모델과 비슷하지만 몇 가지 다른 점이 있다. 입력 데이터가 더 짧은 서열이기 때문에 모델의 크기를 줄여 두 개의 합성곱 레이어와 레이어당 열 개의 필터를 사용한다. 또한 데이터셋에 샘플들이 편향돼 있지 않아 레이어에 가중치를 추가하지 않아도 된다.

전사인자 결합 예측의 경우 분류에 관한 문제였고 RNA 간섭 예측은 회귀 문제이므로 손실 함수는 L_2 거리를 사용한다. L_2 거리는 유클리드 거리라고도 하며, 여러 속성을 갖는 두 개체 사이의 유사도를 측정할 때 자주 사용한다. 이번 예제에서는 손실 함수를 L_2 거리로 사용해 모델의 예측값과 실제값 사이의 차이를 최소화하는 머신러닝 모델을 만든다.

다음은 모델을 학습시키는 코드다.

```
train = dc.data.DiskDataset('train_siRNA')
valid = dc.data.DiskDataset('valid_siRNA')
metric = dc.metrics.Metric(dc.metrics.pearsonr, mode='regression')
```

```
for i in range(20):
  model.fit(train, nb_epoch=10)
  print(model.evaluate(train, [metric]))
  print(model.evaluate(valid, [metric]))
```

앞서 배운 전사인자 결합 예측 모델의 경우 ROC AUC 점수를 모델의 평가 지표로 사용했었다. 그러나 RNA 간섭 예측은 회귀 문제이므로 ROC AUC 점수를 사용하는 것은 적절하지 않다. 따라서 RNA 간섭 예측 모델은 피어슨 상관계수를 사용해 평가할 것이다. 피어슨 상관계수는 −1에서 1 사이의 숫자로 나타나며, 0은 모델이 전혀 예측하지 못한다는 것을 의미하고, 1은 모델이 실제값과 완전히 일치하는 예측을 한다는 것을 의미한다.

모델의 학습 결과는 그림 6−4와 같다. 검증 데이터셋에서 피어슨 상관계수 값은 50 에포치 후 최고점인 0.65에 이른다. 반면 학습 데이터셋에서는 값이 계속해서 증가하지만, 이는 과적합되는 것이다. 사용한 학습 모델의 단순성과 제한된 학습 데이터의 양을 감안하면 상관계수 0.65는 상당히 좋은 값이다. 만약 더 큰 데이터셋으로 좀 더 복잡한 모델을 만든다면 더 나은 성능을 얻을 수 있을 것이다.

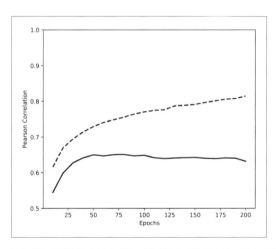

그림 6−4 학습 데이터셋(점선)과 검증 데이터셋(실선)에 대한 학습 중 피어슨 상관계수 값

결론

유전체는 단백질을 암호화하고 발현량을 조절하기 위해 수많은 조절 과정이 존재하기 때문에 엄청나게 복잡한 데이터를 갖고 있다. 딥러닝은 유전체 데이터의 미묘한 패턴을 찾아내 유전체 기능에 대한 통찰력을 제공하고 그에 대한 예측을 할 수 있으므로 유전체 분석에 적합한 도구다.

게다가 유전체학은 생명과학의 어떤 분야보다 더 많은 양의 데이터를 만들어낸다. 예를 들어, 한 사람의 유전체를 분석하면 한 번에 60억 개의 염기서열 데이터가 만들어진다. 전통적인 통계 기법으로 유전체학 데이터를 분석하는 것은 이제 한계에 달했다. 그렇기 때문에 딥러닝이 유전체학 데이터를 처리하고 살아있는 세포의 기능을 이해하는 데 적합한 방법으로 더욱 각광받고 있는 것이다.

현미경을 위한 딥러닝

7장에서는 딥러닝으로 현미경 이미지를 분석해본다. 예시로 현미경 이미지에 존재하는 세포의 수를 세는 방법과 세포의 유형을 구분하는 방법을 배운다. 이런 작업을 위해서는 먼저 딥러닝 학습 모델이 현미경 이미지의 생물학적 의미를 이해할 수 있도록 코드를 작성하는 방법을 배울 것이다. 현미경은 생물학의 가장 기본적인 도구이며, 사실상 현미경의 발전이 생물학의 발전이라고도 말할 수 있다. 직접 눈으로 보는 것은 의심 많은 과학자들조차도 설득시킬 수 있고, 세포를 눈으로 관찰함으로써 생명 활동을 직관적으로 알 수 있기 때문이다. 예시로 세포핵^{nuclei}과 세포골격^{cytoskeleton}을 나타낸 그림 7-1을 보는 것이 교과서의 따분한 설명보다 내용을 쉽게 이해하는 데 훨씬 도움이 된다.

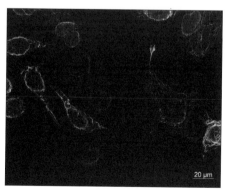

그림 7-1 인체 유래의 SK8/18-2 세포. 형광현미경을 사용해 세포핵과 세포골격을 강조했다.
(출처: 위키미디어(https://commons.wikimedia.org/wiki/File:SK8-18-2_human_derived_cells,
fluorescence_microscopy(29942101073).jpg))

그렇다면 딥러닝은 현미경 이미지를 분석하는 데 어떤 도움을 줄 수 있을까? 기존에는 현미경 이미지를 사람이 직접 분석해야 했으므로 분석 속도가 매우 느렸다. 게다가 최근에는 셀 프로파일러^{CellProfiler}(https://cellprofiler.org/)와 같은 자동화 파이프라인으로 인해 대량의 현미경 이미지가 만들어졌고, 사람을 대신해 딥러닝을 분석에 사용하기 시작했다.

 현미경 이미지 분석의 자동화

지난 수십 년간 로봇공학(robotics)과 자동 이미지 처리 알고리즘의 발전으로 많은 현미경 시스템이 자동화됐고 대량의 이미지 분석이 가능해졌다. 그래서 필연적으로 현미경 이미지에서 세포의 전경(foreground)과 후경(background)을 구분하고 세포수를 측정하는 분석을 도와주는 셀 프로파일러와 같은 도구가 개발됐다. 이런 도구들은 프로그래밍 경험이 없어도 이미지 분석을 처리할 수 있게 도와줬다.

그러나 이런 이미지 분석 도구에는 분명한 단점들이 있다. 예를 들면, 복잡한 이미지 처리는 수행하지 못하고 분석을 위한 이미지 데이터를 준비하는 과정에 사용자의 개입이 필요한 것이다. 이런 이유로 자동화된 현미경 검사는 상당한 성공에도 불구하고 아직 많은 개선이 필요하다.

그래서 딥러닝을 사용해 기존 도구의 단점을 보완하고 현미경 이미지 분석을 좀 더 자동화해본다.

딥러닝 기술은 사람이 할 수 있는 거의 모든 이미지 분석 작업을 할 수 있다. 그렇기 때문에 더 유연한 현미경 이미지 분석 파이프라인을 만들 수 있다. 또한 최근 연구에 따르면 딥러닝을 조합하면 저가의 현미경 장비에서도 고가의 장비 못지 않은 정교한 분석이 가능하다.

더 나아가 실험을 하지 않고도 결과를 예측하는 시뮬레이션에 딥러닝을 도입하는 연구도 진행 중이다. 이런 딥러닝의 강력한 잠재력은 앞으로 이미지 기반 생물학에서 새로운 돌파구가 될 것이다.

7장에서는 딥러닝으로 현미경 이미지를 처리하는 기본적인 사용법을 배운다. 먼저 실무적인 예시로 간단한 세포수 측정$^{cell\ counting}$ 및 세포 검출$^{cellular\ segmentation}$[1] 작업을 수행하는 방법을 살펴보자. 이어서 좀 더 정교한 이미지 처리를 위해 확장 가능한 파이프라인을 구축하는 법을 알아본다.

---

1   세포 검출은 이미지에서 배경과 세포를 구분하는 작업이다. – 옮긴이

현미경에 대한 간략한 소개

딥러닝 알고리즘을 배우기 전에 먼저 현미경을 알아보자. 현미경은 물리적 시스템을 사용해 작은 물체를 확대하는 도구이며, 전통적으로는 시료를 확대해서 보고자 렌즈를 사용하는 순수한 광학 장치였다. 그러나 최근에는 광학현미경의 해상도 한계를 넘어서기 위해 전자빔 electron beam 또는 물리적 탐침physical probe 기술을 사용해 해상도가 더욱 높은 이미지를 얻을 수 있다.

수백 년간 현미경은 생명학의 발전에 큰 공헌을 해왔다. 17세기에 안톤 판 레이우엔훅Anton van Leeuwenhoek은 직접 만든 광학현미경으로 미생물을 발견하고 전례 없는 세부 묘사 그림을 남겼다(그림 7-2 참조). 이런 업적은 안톤 판 레이우엔훅이 성능이 뛰어난 현미경을 발명했기에 가능했다.

그림 7-2 판 레이우엔훅 현미경의 복제품.
판 레이우엔훅은 현미경을 만드는 과정을 죽을 때까지 비밀로 했다. 그래서 300년 뒤에야 다시 그의 현미경을 재현할 수 있었다.
(출처: 위키미디어(https://en.wikipedia.org/wiki/Antonie_van_Leeuwenhoek#/media/File:Leeuwenhoek_Microscope.png))

고해상도 광학현미경의 발명으로 과학자들은 세포와 세균을 관찰하며 미생물학의 혁명을 가져왔다. 이런 미생물학의 발전은 세균성 질병의 치료와 현대 의학의 발전을 가능하게 했다. 따라서 현대 생명과학의 발전은 현미경 덕분이라 해도 과언이 아니다.

광학현미경은 세부적으로 단일 렌즈와 복합 렌즈라는 두 가지 형태로 구분된다. 이름처럼 단일 렌즈 광학현미경은 하나의 렌즈만 사용하는 현미경이고, 복합 렌즈 광학현미경은 여러 개의 렌즈를 사용해 더 높은 해상도를 얻는 현미경이다. 하지만 복합 렌즈 현미경은 구조적 복잡성으로 인해 19세기 중반에서야 보편적으로 사용됐다. 1980년대에 와서는 광학현미경으로 디지털 이미지를 얻을 수 있게 됐고, 자동화 시스템을 사용해 한 번에 많은 양의 이미지를 촬영할 수도 있다.

현대의 광학현미경

현미경은 수세기 전에 발명됐음에도 불구하고 지속적으로 개선되고 있다. 가장 최근에 이뤄진 개선은 광학적 절편 효과optical sectioning로, 시료의 한 단면만을 관찰해 원치 않는 잡광을 제거하는 것이다. 광학현미경은 초점을 맞춘 초점 평면focal plane을 갖는데, 선택된 평면상의 이미지를 모아 결합하는 알고리즘을 이용해 고해상도 이미지 또는 3차원 이미지로 재구성할 수 있다. 이것의 예시로 그림 7-3은 꽃가루 입자의 단면 이미지를 결합해 고해상도high-fidelity 이미지를 생성한 것을 보여준다.

공초점 현미경confocal microscope은 광학적 절편 효과를 얻기 위해 핀홀pinhole을 사용해 초점이 맞지 않는 곳에서 들어오는 빛을 차단한다. 그래서 시료를 더 선명하게 관찰할 수 있다. 또한 현미경의 초점을 이동하면서 해상도와 대비가 향상된 전체 시료의 이미지를 얻을 수 있다. 흥미롭게도 이런 공초점 현미경의 특허는 인공지능 분야에서 유명한 학자인 마빈 민스키Marvin Minsky가 갖고 있다(그림 7-4 참조).

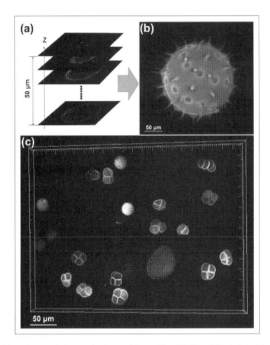

그림 7-3 꽃가루 이미지: (a) 꽃가루의 형광 이미지 단면들, (b) 단면을 결합한 3차원 이미지, (c) 여러 꽃가루의 3차원 이미지
(출처: 위키미디어(https://commons.wikimedia.org/wiki/File:Optical_sectioning_of_pollen.jpg))

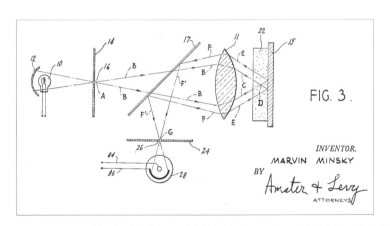

그림 7-4 인공지능 연구 분야에서 쌓은 선구적인 업적으로 잘 알려진 민스키(Minsky)는 공초점 현미경에 관한 특허를 갖고 있다.
(출처: 위키미디어(https://en.wikipedia.org/wiki/Confocal_microscopy#/media/
File:Minsky_Confocal_Reflection_Microscope.png))

공초점 현미경은 한 번에 여러 곳에 초점을 맞출 수 있기 때문에 생물학적 시스템의 3차원 이미지를 촬영하는 데 매우 유용하다. 여러 장의 단편적 이미지를 모아 하나의 3차원 이미지를 만들어낼 수 있기 때문이다.

다음 절에서는 광학현미경의 한계점과 이를 극복하고자 고안된 기술을 배울 것이다. 이런 내용은 딥러닝과 직접적으로 관련돼 있지는 않지만 광학현미경으로 얻은 이미지 데이터를 처리하는 문제에 대한 이해도를 높이고 이미지 분석 파이프라인을 구축하는 데 도움을 줄 것이다. 그러나 바로 예제 코드를 살펴보고 싶다면 다음 절은 생략해도 괜찮다.

딥러닝으로 할 수 없는것

딥러닝은 이미지 처리에 탁월한 성능을 보여주기 때문에 현미경 이미지를 분석하는 데도 도움이 될 것이라고 직관적으로 알 수 있다. 그러나 현미경 이미지 분석의 모든 부분에 딥러닝을 사용할 수는 없다.

7장의 뒷부분에서 살펴보겠지만 현미경 이미지 촬영을 위한 시료를 준비하는 것은 상당히 정교한 기술이 필요하다. 현재의 로봇공학 기술로 간단한 공초점 이미지는 촬영할 수 있지만, 복잡한 촬영이 필요한 경우에는 전문가의 손을 거쳐야 한다. 이런 부분에서는 딥러닝이 큰 도움이 되지 못한다. 물론 가까운 미래에는 로봇공학이 발전해서 상황이 바뀔 수도 있다.

머신러닝을 생명과학에 적용하면서 겪는 많은 기술적 어려움은 앞서 이야기한 시료 준비 과정과 같은 현재의 상황에서는 실현이 불가능한 일을 포함한다. 미래에는 이런 것들이 해결될 것으로 예상되지만 수년 내에는 어려울 것이다.

회절 한계

광학현미경의 물리적 한계는 무엇일까? 이 질문은 이미 물리학자들에 의해 심도 있게 연구됐다. 가장 먼저 살펴볼 것은 회절 한계diffraction limit로, 광학현미경 해상도의 이론적 한계를 말한다.

$$d = \frac{\lambda}{2n \sin \theta}$$

위의 수식에서 양quantity을 뜻하는 $n \sin \theta$는 종종 NA로 표기된다. λ는 빛의 파장을 뜻한다. 여기서는 암시적으로 샘플이 어떤 빛에 비친 상태라고 가정한다. 빛의 파장wavelength은 그림 7-5에서 확인할 수 있다.

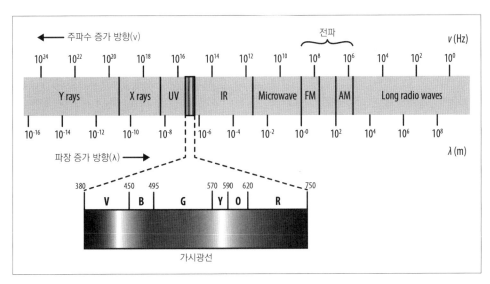

그림 7-5 빛의 파장. UV와 X선 같은 낮은 파장의 빛은 높은 에너지를 띠고 있다. 그래서 X선을 사용하면 종종 시료가 망가진다. 또한 빛의 파장 중 가시광선(visible spectrum)은 전체의 극히 일부에 불과하다.

가시광선은 빛의 파장 중 극히 일부일 뿐이고, 이론적으로 낮은 파장의 빛을 사용할수록 해상도가 더욱 높은 이미지를 얻을 수 있다. 그래서 자외선 현미경을 사용하면 광학현미경보다 더 높은 해상도를 얻을 수 있다. 자외선보다 더 낮은 파장의 X선이나 감마선을 사용하면 해상도가 더욱 높은 이미지를 얻을 수 있지만, 너무 낮은 파장의 빛은 광독성^phototoxicity 문제가 있다. 낮은 파장의 빛에서 비롯된 높은 에너지가 관찰하려는 시료를 파괴하는 것을 광독성이라 한다. 또한 X선과 감마선은 연구자에게도 유해하기 때문에 보호 장비가 필요하다.

다행히 광학현미경의 회절 한계를 우회하는 기술들이 발명되고 있다. 첫 번째는 전자^electron 를 사용해 이미지를 얻는 방법이고, 두 번째는 빛 대신 물리적인 탐침을 사용하는 것이다. 세 번째는 근거리장 전자기파^near-field electromagnetic wave를 이용하는 것이다. 다음 절에서 이런 기술을 설명한다.

전자현미경과 원자현미경

1930년대에 전자현미경electron microscopy이 발명됨에 따라 회절 한계에 대한 극적인 돌파구가 생겼다. 전자현미경은 물체의 이미지를 얻기 위해 가시광선 대신 전자빔을 사용한다. 전자의 파장은 가시광선보다 훨씬 낮기 때문에 훨씬 높은 해상도의 이미지를 얻을 수 있다. 이것이 가능한 것은 루이 드브로이Louis de Broglie가 주장한 "모든 물질에 파동성이 있지만 그것을 확인하기 힘든 이유는 파장이 매우 짧기 때문이다."는 드브로이 파de Broglie wave 원리 덕분이다.

$$\lambda = \frac{h}{p} = \frac{h}{mv}$$

위 수식에서 h는 플랑크Planck2 상수이고, m과 v는 입자의 질량과 속도다. 물리학도를 위해 첨언하자면, 이 공식은 상대론적relativistic 효과는 설명하지 않는다. 전자현미경의 원리는 전자의 물결 모양 성질을 이용해 물체의 이미지를 얻는 것이며, 전자의 파장은 에너지에 의존하고 전자총electron gun3으로 나노미터 수준의 파장을 얻는다. 앞서 이야기한 회절 한계 수식에 파장 값을 넣어보면 전자현미경이 얼마나 강력한 도구인지 알 수 있을 것이다. 최초의 전자현미경은 1930년대 초에 만들어져 현재까지 많은 성능 개선이 이뤄져왔지만 작동 원리는 여전히 동일하다(그림 7-6 참조).

매우 작은 파장의 전자를 얻으려면 전자의 에너지를 많이 증가시켜야 하므로, 전자현미경에는 여전히 광독성 문제가 생긴다. 따라서 시료의 안정성을 높이기 위해 전자현미경을 위한 시료를 준비하는 과정은 매우 복잡하다. 그럼에도 불구하고 전자현미경을 통해 얻는 고해상도의 이미지는 매우 가치가 있다(그림 7-7 참조).

---

2   입자의 에너지와 드브로이 진동수의 비율. 양자역학의 기본 상수 중 하나로 이 상수를 도입한 물리학자 막스 플랑크의 이름을 땄다. – 옮긴이

3   전자를 만들고 가속시키는 역할을 한다. – 옮긴이

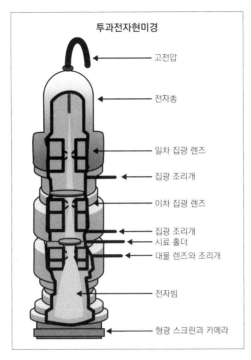

투과전자현미경

고전압

전자총

일차 집광 렌즈

집광 조리개

이차 집광 렌즈

집광 조리개
시료 홀더
대물 렌즈와 조리개

전자빔

형광 스크린과 카메라

그림 7-6 전자현미경의 모식도(출처: 위키미디어(https://commons.wikimedia.org/wiki/File：Electron_Microscope.png))

그림 7-7 전자현미경으로 500배 확대해서 촬영한 꽃가루
(출처: 위키미디어(https://commons.wikimedia.org/wiki/File：Misc_pollen.jpg))

원자현미경Atomic Force Microscopy(AFM)은 광학현미경의 회절 한계를 벗어나는 또 다른 방법이다. 원자현미경은 주어진 샘플의 표면을 물리적으로 탐사하는 외팔보cantilever4를 사용한다. 외팔보와 샘플 사이의 직접적인 물리적 접촉을 통해 나노미터 수준의 해상도 이미지를 얻을 수 있다. 최상의 경우 원자현미경으로 단일 원자의 이미지와 표면의 삼차원 이미지를 촬영할 수도 있다.

원자현미경은 나노미터 수준의 탐침을 제조할 수 있게 된 1980년대 무렵에 발명된 비교적 최신 기술이다. 그래서 아직 생명과학에 응용된 예는 많지 않다. 따라서 원자현미경의 활용은 아직 초기 단계이며 많은 잠재력을 갖고 있다.

초고해상도 현미경

지금까지는 회절 한계를 늘리기 위해 더 높은 파장의 빛이나 물리적인 탐침을 사용해 해상도를 높이는 방법을 이야기했다. 그러나 20세기 후반 과학자들은 회절 한계를 우회하는 좀 더 쉬운 방법을 찾아냈다. 그런 방법을 사용한 현미경을 초고해상도 현미경super-resolution microscopy이라 한다.

초고해상도 현미경의 종류

초고해상도 형광현미경은 시료에 붙은 형광 물질의 물리적 특성을 이용한다. 예를 들어, 생물학적 현미경에서 형광 물질(나중에 자세히 설명한다.)을 사용해 원하는 분자를 표시할 수 있다. 이런 기술을 통해 표준 광학현미경으로 단일 형광분자의 신호를 관찰한다. 초고해상도 형광현미경은 크게 확정적deterministic 기법과 확률적stochastic 기법으로 구분할 수 있다.

확정적 초고해상도 현미경

일부 발광 물질은 비선형적으로 빛을 방출한다. 이것을 통해 초점을 맞춘 특정 발광체를

---

4 한쪽 끝은 고정되고 다른 쪽 끝은 자유로운 들보다. 교량, 탑 등의 고정 구조물 외에 항공기 날개 등에도 대표적으로 사용된다. – 옮긴이

제외한 주변의 다른 발광체가 빛을 방출하지 못하게 만들 수 있다. 이 현상을 설명하는 물리학은 까다롭지만 자극 방출 억제$^{Stimulated Emission Depletion}$(STED) 원리는 이렇다. 기존의 형광현미경처럼 시료에 형광 염료를 염색해 레이저 빛을 쪼이면 형광 염료의 에너지 준위가 들떠 형광을 방출할 준비가 된다. 그리고 나서 다시 한 번 첫 번째 레이저를 쏜 부분과 완벽히 겹치되 가운데가 뚫린 도넛 모양의 레이저를 다시 쏘면 레이저를 다시 맞은 부분의 형광은 억제되고 뚫린 가운데의 형광만 관측할 수 있다. 이 도넛 구멍 같은 공간을 조금씩 옮기면서 측정한 수많은 이미지를 하나로 합치면 나노 단위의 해상도를 얻을 수 있다.

확률적 초고해상도 현미경

생물 시스템에서 발광 분자는 무작위로 움직인다. 즉, 발광 입자의 움직임을 시간에 따라 추적하면 그 측정값을 평균해 실제 위치의 오차 추정치를 낮출 수 있다. 이 아이디어를 구체화하는 많은 기술(STORM, PALM, BALM 현미경 등)[5]이 있다. 이 초고해상도 기술은 비교적 저렴한 광학 장비로 나노미터 수준의 해상도를 얻을 수 있기 때문에 현대 생물학 및 화학 분야에 큰 영향을 미쳤다. 이에 힘입어 초고해상도 현미경 기술의 선구자들은 2014년에 노벨 화학상을 수상하게 됐다.

초고해상도를 위한 딥러닝 기술

최근 들어 초고해상도 이미지를 재구성하는 데 딥러닝 기술을 이용하기 시작했다.[6] 이 기술은 촬영을 통해 얻은 이미지를 초고해상도로 빠르게 재구성해서 현미경의 촬영 속도를 크게 향상했다. 비록 아직은 초기 단계이지만, 딥러닝은 앞으로 초고해상도 현미경에 중요한 기술이 될 것이다.

근거리 현미경$^{near-field microscopy}$은 시료의 국부 전자기^{electromagnetic} 정보를 이용해 초고해상도 이미지를 얻는 기술이다. 이런 소멸파$^{evanescent wave}$는 회절 한계를 따르지 않으므로 더 높은 해상도가 가능하다. 그러나 시료와 극단적으로 가까운 곳에 빛을 모아야 한다는 단점이

---

5   STORM 현미경은 화학 물질을 사용해 형광 물질을 깜박이게 하는 방식을 이용하는 것이다. – 옮긴이

6   Ouyang, Wei, et al. "Deep Learning Massively Accelerates Super-Resolution Localization Microscopy." Nature Biotechnology 36 (April 2018): 460 – 468. https://doi.org/10.1038/nbt.4106

있다. 그렇기 때문에 실제 사용하기에는 어려웠다. 그러나 최근 음의 굴절률을 갖는 메타 물질metamaterial[7]을 만들 수 있게 됐고, 결과적으로 시료에서 멀리 떨어진 곳에서도 근거리장 소멸파가 증폭돼 이미지를 얻을 수 있게 됐다. 이 분야는 아직 초기 단계이지만 매우 흥미로운 발전이 계속되고 있다.

딥러닝과 회절 한계

현재 몇몇 학술 논문이 딥러닝을 사용하면 초고해상도 이미지를 처리하는 속도를 높이거나 상대적으로 저렴한 장치로도 초고해상도 이미지를 촬영할 수 있다는 것을 증명했다. 따라서 딥러닝이 초고해상도 현미경의 발전을 촉진시킬 것이라는 점은 명백하다.

딥러닝은 흐린 이미지를 선명하게 하는 작업에 매우 효과적이기 때문에 더 매력적이다.[8] 이런 특성으로 인해 딥러닝은 초고해상도 이미지를 분석하는 견고한 도구를 만들 수 있게 할 것이다.

현미경을 위한 시료 준비

생명과학 분야에서 현미경을 사용할 때 가장 중요한 단계는 시료를 준비하는 것이다. 이번 절에서는 시료 준비에 사용되는 여러 기술과 준비 단계에서 조심해야 할 점을 소개하고 쉽게 저지르는 실수를 알아본다.

시료 염색하기

광학현미경은 높은 배율로 시료를 확대해서 볼 수 있지만, 시료의 특정 부분을 구별하기 힘들다는 큰 단점이 있다. 그래서 과학자들은 화학적으로 시료를 염색하는 방법들을 만들었는

---

7 아직 자연에서 발견되지 않은 특성을 갖도록 설계된 물질이다. 메타 물질은 플라스틱과 금속 같은 일반적인 물질로부터 형성된 복합 요소의 집합체로 구성된다. – 옮긴이

8 Tao, Xin, et al. "Scale-Recurrent Network for Deep Image Deblurring." https://arxiv.org/pdf/1802.01770.pdf, 2018

데, 대표적으로 그람 염색법$^{Gram\ stain}$이 있다. 그람 염색법을 통해 과학자들은 세균을 그람 양성균$^{gram-positive}$ 또는 그람 음성균$^{gram-negative}$으로 분류할 수 있었고, 그에 따라 항생제[9]의 효과를 그람 염색법으로 구분해 연구할 수 있었다.

이런 정보를 개발자도 알아야 할까?

딥러닝으로 현미경 이미지 분석 파이프라인을 구축하는 개발자라면 이 절에서 설명하는 현미경 시료 준비에 대한 내용이 왜 필요한지 의문이 생길 것이다.

실제로 단지 분석 파이프라인을 구축하는 데만 관심이 있다면 다음 내용을 건너뛰는 편이 좋을 것이다. 그러나 시료 준비에 대한 기본적인 지식이 있다면, 나중에 생길 수 있는 문제를 예방하거나 동료 생물학자와의 의사소통이 더 원활해질 것이다. 예를 들어 생물학자가 시료 염색법에 대한 메타데이터를 추가하도록 요청하는 경우가 있다면, 다음 절의 내용을 통해 무엇을 요구하는 것인지 정확히 이해할 수 있다.

그람 음성균 항생제 개발

현재 신약 개발이 필요한 분야 중 하나로 그람 음성균에 효과적인 항생제를 꼽을 수 있다. 일반적인 항생제는 그람 양성균의 펩티도글리칸(peptidoglycan)[10] 세포벽에 효과적으로 작용하지만, 그람 음성균은 추가적인 리포폴리사카라이드(LPS, lipopolysaccharide) 막을 갖고 있어 항생제에 저항성을 가진다.

많은 세균이 수평적 유전자 이동(horizontal gene transfer)[11]을 통해 항생제 내성을 공유하기 시작했고, 그에 따라 세균 감염 문제가 점점 심각해지고 있다. 그로 인해 수십 년간 줄어들었던 세균 감염 사망자가 다시 증가하는 추세다.

이미 앞에서 배운 딥러닝을 활용해 새로운 분자의 구조를 설계하는 방법을 사용함으로써 이 문제를 해결할 수도 있을 것이다. 그러나 7장에서는 이미지 기반의 딥러닝을 사용해 이 문제를 해결하는 방법을 알아본다.

시료 고정

조직^{tissue}과 같은 생물학 시료는 채취하고 나면 상태가 급속히 악화되므로, 시료 속의 세포

---

9   세균 감염을 막거나 세균 질환을 치료하는 데 사용된다. – 옮긴이
10   원핵생물의 세포벽을 이루는 주성분으로서 다당류의 짧은 고리들이 결합한 화합물이다. – 옮긴이
11   생식에 의하지 않고 개체에서 개체로 유전형질이 이동되는 현상. 주로 단세포 생물에서 관찰된다. – 옮긴이

및 소기관 구조를 보존하기 위해 시료 고정[sample fixation] 과정이 필요하다. 시료 고정은 시료를 안정화해서 제대로 된 이미지를 촬영할 수 있게 해준다. 시료 고정을 하려면 고정액[fixative agent]이 필요하고, 고정액은 단백질을 변성시켜 단백질 분해 효소의 활성을 억제시킨다.

또한 시료를 손상시킬 수 있는 미생물을 죽이는 과정도 포함된다. 예를 들면 시료를 분젠 버너[Bunsen Burner][12]에 통과시켜 열로 멸균하는 방법이 있다. 하지만 이 방법은 샘플 내부의 구조를 손상시키는 부작용이 있어 더 일반적으로는 시료를 24시간 동안 포르말린[formalin][13]에 담가서 방부 처리를 하는 침지법이 사용된다.

관류[perfusion]는 생쥐와 같은 동물의 조직 시료를 고정시키는 기술로, 심장에 고정액을 주입해 생쥐가 죽을 때까지 기다린다. 이 과정은 고정액이 조직으로 자연스럽게 퍼지도록 해주며 우수한 시료 고정력을 가진다.

시료 절편 가공

생체 시료를 현미경으로 관찰하려면 시료를 얇은 절편으로 자르는 것이 중요하다. 현미경 관찰용 시료의 절편을 만들 때는 마이크로톰[microtome](그림 7-8 참조)이라는 기기를 주로 사용한다. 그러나 마이크로톰으로도 아주 작은 물체의 절편을 만드는 것은 어렵기 때문에 아주 작은 물체는 공초점 현미경과 같은 기술을 사용하는 편이 좋다.

개발자로서 뇌 영상 이미지를 처리하는 파이프라인을 구축한다고 생각해보자. 뇌 시료는 마이크로톰을 사용해 얇은 절편으로 만들어졌을 것이다. 만약 마이크로톰의 물리적 특성을 안다면 뇌 영상 이미지를 일관성 있게 구성하는 데 도움이 될 것이다. 그래서 이런 정보를 미리 아는 것이 중요하다.

---

12   자연과학 실험실에서 자주 쓰이는 가열용 실험 기구 – 옮긴이
13   포름알데히드는 자극성이 강한 냄새를 띤 화학 물질이다. – 옮긴이

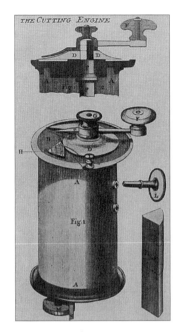

그림 7-8 초기 마이크로톰 기기를 묘사한 그림
(출처: 위키미디어(https://commons.wikimedia.org/wiki/File:Cummings_1774_Microtome.jpg))

형광현미경

형광현미경^{fluorescence microscopy}은 형광 물질이 한 파장에서 빛을 흡수하고 다른 파장에서 빛을 방출하는 현상을 이용하는 광학현미경이다. 형광은 자연스러운 현상으로 다수의 광물질^{mineral}이 자외선을 쬐면 형광을 띤다. 생물 중에서도 몇몇 세균은 고에너지 빛을 흡수해 저에너지 빛을 방출하는 형광 단백질을 만든다.

형광체와 형광 표지

형광체^{fluorophore}는 특정 파장에서 빛을 재사용할 수 있는 물질이다. 형광체를 이용하면 연구자가 특정 세포의 특정 부분에 대한 이미지를 촬영할 수 있다. 일반적으로 형광체는 생물학에서 특정 세포를 염색하는 데 사용하는 중요한 도구다. 그림 7-9에서 자주 사용되는 형광체의 분자 구조를 확인할 수 있다.

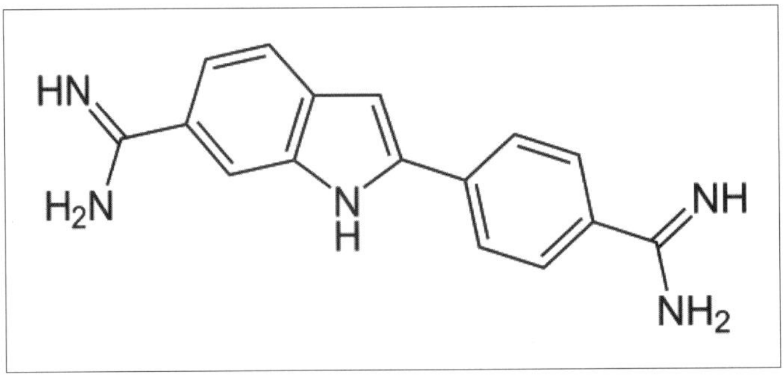

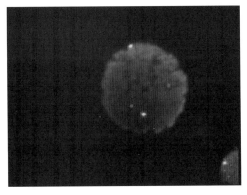

그림 7-9 DAPI(4',6-diamidino-2-phenylindole)는 DNA에 결합하는 형광체로
세포 내부에 있는 DNA의 위치를 확인하는 데 사용된다.
(출처: 위키미디어(https://commons.wikimedia.org/wiki/File:DAPI.svg))

형광 표지[fluorescent tag]는 형광체를 관심 있는 생체 분자에 부착시키는 기술이다. 효과적인 형광 표지를 위한 다양한 기술이 개발돼 있으며, 현미경 이미지에서 관심 있는 분자를 강조하는 데 특히 유용하다.

생물학 연구에서 형광현미경은 매우 유용하다. 연구원들이 시료 전체를 살펴보는 것이 아니라 주어진 특정 영역만을 확대해 관찰할 수 있기 때문이다. 특히 개별 세포 또는 세포 내 소기관을 연구할 때 형광 표지의 사용이 매우 중요하다. 그림 7-10은 형광체를 사용해 세포의 특정 염색체를 선택적으로 시각화한 것을 보여준다.

그림 7-10 13번 염색체와 21번 염색체를 갖고 있는 사람의 림프구(lymphocyte) 이미지.
DAPI 염색을 통해 염색체의 위치가 밝게 빛난다.
(출처: 위키미디어(https://commons.wikimedia.org/wiki/File:FISH_13_21.jpg))

형광현미경은 분자가 어디에 결합하는지를 추적하는 데 사용하는 매우 정확한 도구가 된다. 5장에서 이야기한 단백질-리간드 결합도 형광 분석에 의해 검출될 수 있다.

시료 준비 과정의 영향

현미경 시료를 준비하는 과정은 종종 의도치 않게 인위적인 왜곡이 생기기 때문에 매우 까다롭다. 인위적인 왜곡의 대표적인 예로는 메소좀^{mesosome}이 있다.

메소좀: 상상 속의 세포 소기관

전자현미경 촬영을 위해 세포를 고정하는 과정은 그람 양성균에 인위적인 왜곡을 만들었다 (그림 7-11 참조). 메소좀이라 불린 이 구조는 처음에는 자연적인 것으로 여겨졌지만, 이후 시료를 준비하는 과정에서 생긴 인위적인 왜곡임이 밝혀졌다.

이와 같은 현상은 언제나 발생할 가능성이 있기 때문에 우리가 사용한 딥러닝 모델이 생물학적으로 의미가 있는 결과를 찾기보다 이런 왜곡을 찾을 가능성이 있다.

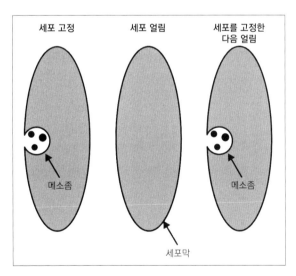

그림 7-11 메소좀은 전자현미경 시료를 준비하는 과정에서 세포막에 생기는 인위적 현상이다.
(출처: 위키미디어(https://en.wikipedia.org/wiki/Mesosome#/media/File:Mesosome_formation.svg))

현미경 시료의 출처 추적

현미경 이미지 데이터를 처리하는 시스템을 설계할 때는 시료의 출처(provenance) 정보가 중요하다. 즉, 모든 이미지에는 수집된 조건에 대한 정보가 주석으로 들어있어야 한다. 여기에는 이미지를 촬영한 장치, 촬영한 사람의 이름, 촬영한 시료의 이름, 시료를 채집한 위치 등이 포함된다. 생물학에서 오류를 찾아내는 것은 매우 어렵기 때문에 주석을 포함하는 메타데이터가 매우 중요하다. 특히 이미지의 출처 정보를 유지하면 미래에 발생할 수 있는 문제를 해결하는 데 큰 도움이 된다.

딥러닝 활용법

이 절에서는 세포수 측정, 세포 세분화, 분석 실험과 같은 딥러닝의 다양한 응용 사례를 간단하게 살펴본다. 앞서 언급했듯이 현미경에 딥러닝을 사용하는 사례의 극히 일부이지만, 이런 기초적인 응용 사례를 이해한다면 더 복잡한 응용 사례를 이해하는 데 도움이 될 것이다.

세포수 측정

세포수 측정$^{cell\ counting}$은 간단한 작업으로 주어진 이미지에 나타나는 세포의 수를 세는 것이다. 생물학적 실험에서 특정 조건에서 생존하는 세포의 수를 추적하는 것은 매우 유용한 정보가 된다. 예를 들어, 암세포를 항암제로 처리하는 실험을 한다고 가정해보자. 만약 항암제가 효과가 있다면, 암세포의 수가 점차 줄어들 것으로 예측할 수 있다. 이런 실험에 딥러닝을 이용하면 사람의 개입 없이 세포수를 측정할 수 있기 때문에 편리해질 것이다.

세포주란 무엇인가?

주어진 유형의 세포를 연구하는 것은 생물학에서 매우 유용하다. 그런 유형의 연구에 사용되는 것이 세포주$^{cell\ line}$다. 세포주는 세포의 근원이 알려져 있으며 실험실에서 안정적으로 배양 가능한 세포를 말한다.

수많은 학술 논문이 세포주를 이용한 실험을 근거로 발표된다. 그러나 몇 가지 주의해야 할 점이 있는데, 첫 번째는 세포는 주변 환경에 따라 근본적인 성질이 바뀔 수 있다는 것이다. 실제로 이런 성질 변화에 대한 증거가 점점 늘어나고 있다.

두 번째로 세포주는 교차 오염에 취약하다는 것이다. 세포주는 겉모습으로는 구분할 수 없기 때문에 종종 뒤섞여도 확인하기가 어렵다. 그러므로 처음에는 유방암 세포주로 시작했지만, 나중에는 전혀 다른 세포주가 돼 있는 경우도 존재한다.

이런 이유로 세포주 연구 결과는 다른 실험 결과와 비교해 검증하는 절차를 거쳐야 한다. 그럼에도 불구하고 세포주를 사용한 연구는 비교적 쉽게 시작할 수 있기 때문에 여전히 많이 사용된다.

그림 7-12 초파리(drosophila) 세포의 표본. 현미경 이미지는 촬영 조건에 따라 매우 달라 보인다.
(출처: 세포 이미지 라이브러리(http://cellimagelibrary.org/images/21780))

그림 7-12에서 볼 수 있듯이 세포의 현미경 이미지는 촬영 조건에 따라 매우 다르게 보일 수 있다. 그러나 최근 연구에 의하면, 합성곱 신경망 모델을 사용한 세포수 측정법은 촬영 조건에 크게 영향을 받지 않는 것으로 보인다.

DeepChem으로 세포수 측정

DeepChem을 사용해 세포수 측정을 위한 딥러닝 모델을 작성해보자. 먼저 세포수에 대한 데이터셋을 불러와 피처화하는 것부터 시작하자. 예시 데이터로 BBBC[Broad Bioimage Benchmark Collection](https://data.broadinstitute.org/bbbc/)의 현미경 데이터셋을 사용한다.

BBBC 데이터셋

BBBC 데이터셋은 다양한 세포 분석 결과를 주석으로 포함하고 있는 생물학 이미지 모음이다. 딥러닝으로 현미경 이미지를 학습할 때 BBBC 데이터셋은 더욱 유용하다. DeepChem은 이런 데이터셋을 처리할 때 유용한 이미지 처리 도구를 제공한다. 특히 ImageLoader 클래스를 사용하면 불러온 이미지 데이터셋을 쉽게 처리할 수 있다.

이미지 데이터셋 처리하기

이미지는 일반적으로 표준 이미지 파일 형식(PNG, JPEG 등)으로 로컬 디스크에 저장된다. 파이썬에서 이미지 데이터셋을 처리하는 일반적인 파이프라인은 다음과 같다. 로컬 디스크에서 이미지 파일을 읽고 넘파이 배열로 변환해 메모리상에서 작업한다. 만약 높이가 N픽셀, 넓이가 M픽셀인 이미지가 하나 있다면 $(N, M, 3)$의 배열로 표현된다. 마지막 요소가 3인 것은 RGB 색상 채널이 세 개이기 때문이다. 그리고 이미지 개수가 열 개라면 $(10, N, M, 3)$의 배열을 갖게 될 것이다.

가장 먼저 BBBC005 데이터셋을 다운로드해야 한다. BBBC005 데이터셋의 크기는 약 1.8GB 정도이므로 컴퓨터에 충분한 저장 공간이 있는지 미리 확인하자.

```
wget https://data.broadinstitute.org/bbbc/BBBC005/BBBC005_v1_images.zip
unzip BBBC005_v1_images.zip
```

DeepChem ImageLoader 클래스를 사용해 로컬 디스크에 다운로드한 데이터셋을 불러온다.

```
image_dir = 'BBBC005_v1_images'
files = []
labels = []

for f in os.listdir(image_dir):
  if f.endswith('.TIF'):
    files.append(os.path.join(image_dir, f))
    labels.append(int(re.findall('_C(.*?)_', f)[0]))

loader = dc.data.ImageLoader()
dataset = loader.featurize(files, np.array(labels))
```

위 코드는 다운로드한 폴더를 살펴서 이미지 파일을 불러온다. 정규식을 사용해 파일 이름에 포함돼 있는 세포수를 추출해 데이터의 레이블로 추가한다. 그런 다음 DeepChem의 ImageLoader 클래스를 사용해 데이터셋으로 변환한다.

```
splitter = dc.splits.RandomSplitter()
train_dataset, valid_dataset, test_dataset = splitter.train_valid_test_split(
  dataset, seed=123)
```

이어서 전결합층이 있는 간단한 합성곱 신경망 모델을 만든다.

```
learning_rate = dc.models.tensorgraph.optimizers.ExponentialDecay(
  0.001, 0.9, 250)
model = dc.models.TensorGraph(learning_rate=learning_rate, model_dir='model')
features = layers.Feature(shape=(None, 520, 696))
labels = layers.Label(shape=(None,))
prev_layer = features

for num_outputs in [16, 32, 64, 128, 256]:
  prev_layer = layers.Conv2D(num_outputs, kernel_size=5, stride=2, in_layers=prev_layer)

output = layers.Dense(1, in_layers=layers.Flatten(prev_layer))
model.add_output(output)
loss = layers.ReduceSum(layers.L2Loss(in_layers=(output, labels)))
model.set_loss(loss)
```

회귀 모델을 학습시키기 위해 손실 함수는 L2Loss[14]를 사용한다. 세포수는 전부 숫자이지만 최댓값을 설정할 수는 없다.

이 모델을 학습시키는 데 많은 시간이 걸리기 때문에 미리 훈련된 모델을 다운로드해 학습

---

14 선형 회귀에 쓰이는 손실 함수이며 모델이 예측한 값과 실제값 간 차이(오차)의 제곱이다. 미분이 가능하다는 장점이 있지만, 오차를 제곱하기 때문에 잘못된 예측이나 이상치(outlier)에 의해 큰 영향을 받는 단점이 있다. – 옮긴이

과정을 이어가는 것을 추천한다. 이 책의 코드 저장소(https://github.com/deepchem/Deep
LearningLifeSciences)에서 학습 모델을 다운로드하는 방법을 찾을 수 있다. 제대로 다운로드
가 완료되면 다음과 같이 모델을 불러올 수 있다.

```
model.restore()
```

다운로드한 세포수 측정 모델로 테스트 데이터셋의 평균 예측 오류를 계산한다.

```
y_pred = model.predict(test_dataset).flatten()
print(np.sqrt(np.mean((y_pred-test_dataset.y)**2)))
```

이제 직접 독자의 컴퓨터에서 이 모델을 학습시켜본다. 일반적인 컴퓨터에서 다루기에는 데
이터셋의 크기가 너무 크므로 50 에포치만 해보자.

```
model.fit(train_dataset, nb_epoch=50)
```

만약 독자의 컴퓨터에 좋은 GPU가 설치돼 있다면 위 코드를 실행하는 데 대략 한 시간 정도
걸릴 것이고, 그렇지 않다면 훨씬 오래 걸린다.

학습이 완료되면 검증 및 테스트 데이터셋에서 모델의 성능을 측정하고 다운로드한 모델과
값을 비교해보자.

세포 구별하기

세포 구별^{cell segmentation} 작업은 현미경 이미지에서 세포가 있는 위치와 배경을 주석으로 추가
하는 것이다. 세포를 구분하는 것은 앞에서 이야기했던 그람 양성균과 그람 음성균을 분류하
는 자동화 시스템에 유용하게 사용될 수 있다.

세포를 구별하는 방법은 세포수를 측정하는 방법보다 더 정교한 분석이 필요하다. 컴퓨터가
주어진 이미지의 어느 부분에 세포가 존재하는지를 이해할 수 있도록 구별 마스크를 만들어

분석을 수행한다. 그림 7-13은 인위적으로 만든 이미지에 구별 마스크를 만들어본 예시다.

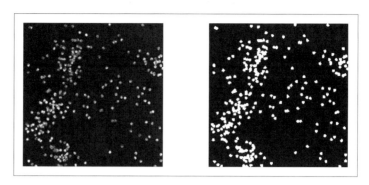

그림 7-13 인위적으로 만든 세포 이미지(왼쪽). 세포 위치를 주석으로 표시한 전경/후경 마스크가 있다.
(출처: https://data.broadinstitute.org/bbbc/BBBC005/)

세포와 비세포 영역을 정확히 구별하려면 정교한 머신러닝 모델이 필요하다. 따라서 세포 구별은 세포수 측정보다 어려운 문제다. 이제 DeepChem 라이브러리를 사용해 세포 구별 모델을 만들어보자.

구별 마스크는 무엇인가?

먼저 구별 마스크는 복잡한 개체(object)라는 점을 기억해야 한다. 또한 항상 좋은 구별 마스크를 생성하는 알고리즘은 존재하지 않는다. 그렇다면 구별 마스크를 개선시키는 방법에는 어떤 것이 있을까? 그림 7-13처럼 인조 데이터(synthetic data)를 사용한 방법이 있지만 개선에 분명한 한계가 존재한다.

그래서 좀 더 일반적으로는 사람이 수작업을 통해 구별 마스크를 개선하는 경우가 많다. 실제로 자율주행 차를 위한 구별 마스크는 보행자와 표지판을 구별하는 것이 매우 중요하기 때문에 다수의 사람이 수작업으로 훈련 데이터를 만든다. 현미경 이미지 분석의 경우도 나중에는 사람들이 모여 수작업을 해야 할 수 있다.

DeepChem으로 세포 구별 모델 구현하기

이전의 세포수 측정 작업에 사용했던 것과 동일한 데이터셋인 BBBC005로 세포를 구분하는 머신러닝 모델을 만들어본다. 사소해 보이지만 한 가지 중요한 부분이 있는데, 바로 세포수 측정의 경우 각 이미지의 레이블은 간단한 숫자였지만 세포를 구분하는 작업에서는 레이블이 그 이미지 자체라는 점이다. 즉, 세포 구분 모델은 단순 분류 또는 회귀 모델이 아닌 이미지 변환기의 한 형태다. 다음 명령어를 통해 BBBC 웹사이트에서 구별 마스크를 다운로드한다.

```
wget https://data.broadinstitute.org/bbbc/BBBC005/BBBC005_v1_ground_truth.zip
unzip BBBC005_v1_ground_truth.zip
```

이제 DeepChem으로 데이터셋을 불러온다. 다음과 같이 ImageLoader 클래스로 간단히 이미지 데이터셋을 분할해야 한다.

```
image_dir = 'BBBC005_v1_images'
label_dir = 'BBBC005_v1_ground_truth'
rows = ('A', 'B', 'C', 'D', 'E', 'F', 'G', 'H', 'I', 'J', 'K', 'L', 'M', 'N', 'O', 'P')
blurs = (1, 4, 7, 10, 14, 17, 20, 23, 26, 29, 32, 35, 39, 42, 45, 48)
files = []
labels = []

for f in os.listdir(label_dir):
  if f.endswith('.TIF'):
    for row, blur in zip(rows, blurs):
      fname = f.replace('_F1', '_F%d'%blur).replace('_A', '_%s'%row)
      files.append(os.path.join(image_dir, fname))
      labels.append(os.path.join(label_dir, f))

loader = dc.data.ImageLoader()
dataset = loader.featurize(files, labels)
```

데이터셋을 불러와 레이블을 처리하고, 이전처럼 데이터셋을 학습 데이터셋, 검증 데이터셋, 테스트 데이터셋으로 나눈다.

```
splitter = dc.splits.RandomSplitter()
train_dataset, valid_dataset, test_dataset = splitter.train_valid_test_split(
  dataset, seed=123)
```

이미지에서 물체를 구별하는 작업에는 어떤 기계 모델을 사용해야 할까? 모델의 출력값이 구별 마스크여야 하므로 단순한 합성곱 신경망은 사용할 수 없다. 이런 작업에는 합성곱을 누적해 사용하는 U-Net[15]이 적합하다. 그림 7-14에 U-Net의 모식도가 있다. U-Net 모델의 원리는 원본 이미지를 다운샘플링[16]과 업샘플링[17]을 통해 점진적으로 세분화하는 것에 있다.

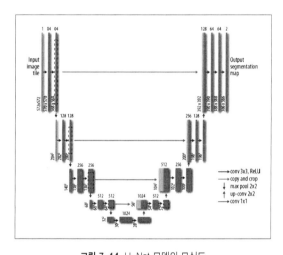

그림 7-14 U-Net 모델의 모식도
(출처: 프라이부르크(Freiburg) 대학교(https://lmb.informatik.uni-freiburg.de/people/ronneber/u-net/))

이제 다음 코드를 사용해 DeepChem으로 U-Net을 구현하자.

---

15   모양이 U자 형태를 띤다. – 옮긴이

16   이미지 축소 알고리즘 – 옮긴이

17   다운샘플링의 반대되는 개념 – 옮긴이

```
learning_rate = dc.models.tensorgraph.optimizers.ExponentialDecay(0.01, 0.9, 250)
model = dc.models.TensorGraph(learning_rate=learning_rate, model_dir='segmentation')
features = layers.Feature(shape=(None, 520, 696, 1)) / 255.0
labels = layers.Label(shape=(None, 520, 696, 1)) / 255.0
# 다운샘플링 세 번
conv1 = layers.Conv2D(16, kernel_size=5, stride=2, in_layers=features)
conv2 = layers.Conv2D(32, kernel_size=5, stride=2, in_layers=conv1)
conv3 = layers.Conv2D(64, kernel_size=5, stride=2, in_layers=conv2)
# 1x1 합성곱
conv4 = layers.Conv2D(64, kernel_size=1, stride=1, in_layers=conv3)
# 업샘플링 세 번
concat1 = layers.Concat(in_layers=[conv3, conv4], axis=3)
deconv1 = layers.Conv2DTranspose(32, kernel_size=5, stride=2, in_layers=concat1)
concat2 = layers.Concat(in_layers=[conv2, deconv1], axis=3)
deconv2 = layers.Conv2DTranspose(16, kernel_size=5, stride=2, in_layers=concat2)
concat3 = layers.Concat(in_layers=[conv1, deconv2], axis=3)
deconv3 = layers.Conv2DTranspose(1, kernel_size=5, stride=2, in_layers=concat3)
# 최종 결과를 계산한다
concat4 = layers.Concat(in_layers=[features, deconv3], axis=3)
logits = layers.Conv2D(1, kernel_size=5, stride=1, activation_fn=None, in_layers=concat4)
output = layers.Sigmoid(logits)
model.add_output(output)
loss = layers.ReduceSum(layers.SigmoidCrossEntropy(in_layers=(labels, logits)))
model.set_loss(loss)
```

U−Net 모델은 기존의 세포수 측정 모델보다 복잡한 구조이며, 기존에 사용한 모델의 구조에 누적 합성곱 레이어를 추가해서 구현한다. 이 모델 또한 학습에 많은 시간이 걸리기 때문에 이전처럼 미리 학습된 모델을 다운로드해 사용하자. 학습된 모델을 다운로드하는 방법은 책의 코드 저장소(https://github.com/deepchem/DeepLearningLifeSciences)에서 확인할 수 있다. 이제 다음 코드로 미리 학습된 모델을 불러온다.

```
model.restore()
```

U-Net 모델을 사용해 구별 마스크를 만들어보자. model.predict_on_batch()를 호출하면 입력에 대한 출력 마스크를 예측할 수 있다. 그리고 실제 구별 마스크 정보(ground-truth 데이터)와 비교해 정확도를 계산한다.

```
scores = []

for x, y, w, id in test_dataset.itersamples():
  y_pred = model.predict_on_batch([x]).squeeze()
  scores.append(np.mean((y>0) == (y_pred>0.5)))

print(np.mean(scores))
```

위 코드의 출력은 약 0.9899로, 거의 99%의 픽셀이 정확히 예측됐다는 것을 의미한다. 그러나 섣부르게 좋아해서는 안 된다. 우리가 사용한 예제는 학습을 위한 간단한 데이터셋이기 때문에 이렇게 좋은 성능을 보여준다. 실제 데이터셋에서 이런 성능을 얻는 매우 힘들다.

미리 학습된 U-Net 모델을 사용해봤으니 이제 직접 50개의 에포치만 사용해 머신러닝을 수행한 후 결과를 확인해본다.

```
model.fit(train_dataset, nb_epoch=50, checkpoint_interval=100)
```

이 작업은 매우 많은 계산이 필요하기 때문에 좋은 컴퓨터에서도 약 2시간 정도 걸릴 것이다. 모델의 학습이 완료되면 앞에서 사용한 모델과 성능을 비교해보자.

머신러닝과 과학 실험

세포수 측정과 세포 구별은 상대적으로 간단한 작업이라 딥러닝을 적용하기 쉬운 편이다. 그렇다면 더 복잡한 이미지 분석에도 딥러닝을 사용할 수 있을까? 현재 추세로 보면 가능할 것 같다.

최근에 딥러닝을 사용해 형광현미경을 사용하지 않은 현미경 이미지에서 형광 표지를 예측한 연구가 있었다.[18] 이것은 상당히 놀라운 결과인데, 앞서 '현미경을 위한 시료 준비' 절에서 배웠듯이 형광 염색은 복잡하며 노동 집약적인 과정이기 때문이다. 만약 딥러닝을 통해 시료를 형광 염색하는 과정을 생략할 수 있다면 실험을 진행하는 데 유용할 것이다.

아직까지는 연구 초기 단계의 결과일 뿐이지만, 그럼에도 앞으로 머신러닝이 폭넓은 현미경 이미지 분석에 사용될 수 있을 것이란 잠재력을 보여준다.

결론

7장에서는 현미경 검사의 기본과 현미경 검사 시스템에 대한 기본적인 머신러닝 방법을 배웠다. 서론에서는 현대 생물학에 사용되는 현미경을 소개하고, 딥러닝이 어떤 도움을 줄 수 있는지를 이야기했다.

그런 다음 현미경에 필요한 물리학과 생물학을 살펴보고, 현미경 이미지 처리를 위한 파이프라인에 딥러닝이 효과적인 이유를 설명했다. 광학현미경의 회절 한계와 같은 물리적 한계를 이해하고 다양한 현미경 기술과 딥러닝이 얼마나 중요한 역할을 할 수 있는지 알 수 있었을 것이다. 추가적으로 현미경 시료 준비에 대한 지식이 실제 현미경 이미지 분석 파이프라인을 설계하고 메타데이터 및 주석을 이해하는 데 도움이 됐을 것이다.

현미경 이미지 분석에 딥러닝을 사용하는 것은 큰 기술적 잠재력을 갖고 있다. 그러나 동시에 주의할 점도 있는데, 최근 연구에 따르면 합성곱 모델은 인위적인 이미지 왜곡에 취약하다.[19] 시료를 준비하는 과정에서 의도치 않게 생겨난 왜곡은 딥러닝 모델의 신뢰도를 크게 낮춘다.

따라서 현미경 이미지 분석에 딥러닝을 사용한 경우 발생할 수 있는 잠재적인 오류를 미리 생각해봐야 한다. 딥러닝 모델을 통한 분석이 단순히 학습된 데이터에서 거꾸로 처리된 것이라면, 모델의 예측 성능은 잘못된 상관관계에 의한 것일 가능성이 있다. 결과적으로 딥러닝

---

18 Christensen, Eric. "In Silico Labeling: Predicting Fluorescent Labels in Unlabeled Images." https://github.com/google/in-silico-labeling

19 Rosenfeld, Amir, Richard Zemel, and John K. Tsotsos. "The Elephant in the Room." https://arxiv.org/abs/1808.03305. 2018

으로 현미경 이미지를 분석한다면 결과가 인위적인 왜곡에 의한 것인지, 진정한 생물학적 현상에 의한 것인지 확인하는 과정이 필요하다. 그러므로 이 책의 남은 장에서는 딥러닝 모델의 결과가 올바른 것인지 확인할 수 있는 도구를 배울 것이다. 이런 도구를 사용하면 모델을 신뢰할 수 있는지를 판단할 수 있을 것이다.

의료 체계를 위한 딥러닝

딥러닝은 현대 의학에서도 유용하게 쓸 수 있다. 예를 들어, 병원에서 의사가 환자의 X선 사진을 보고 질병을 진단할 때 7장에서 배운 기술을 적용하면 더 쉽고 빠르게 처리할 수 있을 것이다.

8장에서는 이미 의학 분야에 사용되고 있는 컴퓨터 기술을 먼저 간단히 소개하고 이런 기술의 한계점을 이야기한다. 그리고 그런 한계점을 극복하기 위해 딥러닝을 어떻게 사용해야 하는지 배우고, 마지막으로 딥러닝이 가져올 수 있는 윤리적 문제에 대해 배운다.

컴퓨터 지원 질병 진단

그동안 의학 분야의 인공지능은 컴퓨터 지원 진단 시스템computer-aided diagnostic system을 만드는 데 초점을 맞췄다. 기존의 컴퓨터 지원 진단 시스템은 지식 기반 시스템으로 인과 관계에 따른 규칙을 사용해 질병을 추론한다(그림 8-1 참조). 그래서 개발자들이 규칙을 일일이 만들어야 했다.[1]

지식 기반 시스템은 기본적으로 확실한 요소들의 조합으로 불확실성을 제거하는 방향으로 접근한다.

---

[1]   자세한 정보는 위키피디아 Dendral(https://en.wikipedia.org/wiki/Dendral) 혹은 MYCIN(https://en.wikipedia.org/wiki/Mycin)을 참고하자.

```
IF
1) The stain of the organism in grampos, and (O1)
2) The morphology of the organism is COCCUS, and (O2)
3) The growth confirmation of the organisms chains (O3)

THEN
There is suggestive evidence (0.7) that the identity
of the organism is streptococus. (h1)
```

그림 8-1 초기의 컴퓨터 지원 진단 시스템 중 세균 감염을 진단하는 MYCIN 시스템.
여러 규칙을 사용해 추론하는 시스템의 대표적인 예다.
(출처: 서리(Surrey) 대학교(http://www.computing.surrey.ac.uk/ai/PROFILE/mycin.html#Certainity Factors))

지식 기반 시스템의 규칙들은 논리 엔진을 통해 결합된다. 그래서 대규모의 규칙 데이터베이스가 필요하고 효율적인 데이터베이스 사용을 위해 여러 추론 기술이 만들어졌다. 이런 추론 기술을 사용한 시스템을 보통 전문가 시스템expert system이라 부른다.

 전문가 시스템은 어떻게 작동하는가?

전문가 시스템은 몇 가지 주목할 만한 성과를 냈지만 시스템을 구축하는 데 많은 노력이 필요했다. 시스템의 내부 규칙들을 모두 전문가들이 작성하고 지식 엔지니어(knowledge engineer)들이 검토해야 했다. 그렇기 때문에 일부 전문가 시스템의 성공에도 불구하고 보편적으로 사용하기는 어렵다. 그러나 전문가 시스템은 컴퓨터과학의 발전에 많은 영향을 줬고 최신 컴퓨터 기술(SQL, XML, 베이즈 네트워크 등)들을 사용해 개선되고 있다.

전문가 시스템은 한때 눈부신 최신 컴퓨터 기술이었지만 이제는 과거의 유산이 됐다. 현재의 딥러닝도 언젠가 컴퓨터과학의 유산이 될 것이다. 그러나 새로운 기술은 언제나 과거의 유산을 토대로 한다는 것을 기억하라. 지금 딥러닝을 공부하는 것은 미래 기술의 근본을 배우는 것과 같은 일이다.

전문가 시스템은 그동안 현대 의학의 광범위한 분야에 채택돼 훌륭한 성능을 보여줬다.[2] 그러나 대부분의 의사와 간호사는 전문가 시스템을 탐탁지 않게 생각하는데, 전문가 시스템을 사용하는 것이 까다롭고 어렵기 때문이다. 또한 전문가 시스템을 사용하려면 고도로 구조화

---

2 Asabere, Nana Yaw. "mMes: A Mobile Medical Expert System for Health Institutions in Ghana." International Journal of Science and Technology no.6. (June 2012). https://pdfs.semanticscholar.org/ed35/ec162c5916f317162e11e390440bdb1b55b2.pdf

된 환자 정보를 다룰 수 있는 컴퓨터 지식이 필요하다. 그러나 처음 전문가 시스템이 도입됐던 당시는 컴퓨터가 일반 병원에 막 보급되기 시작한 시점이었고, 의료진들에게 컴퓨터 사용법을 가르쳐야 한다는 것은 높은 진입 장벽이었다.

베이즈 네트워크를 이용한 불확실성 예측

전문가 시스템의 또 다른 문제는 결정론적 예측만 제공한다는 것이다. 대부분의 질병은 진단하기가 애매하므로 결정론적 예측은 오진이 발생할 여지가 있다. 따라서 베이즈 네트워크 Bayesian network[3]를 사용해 예측에 불확실성을 추가해야 한다.

베이즈 네트워크로 얻은 확률 정보는 환자의 질병을 진단하는 데 필요한 통찰을 갖게 해준다. 그러나 베이즈 네트워크를 추가한 전문가 시스템에도 한계가 있다. 의사들로부터 의학 지식을 얻는 과정은 여전히 필요하고, 베이즈 네트워크를 통해 얻은 확률이 얼마나 유의미한지 판단하기 어렵다는 것이다.

또한 베이즈 네트워크를 학습하는 과정도 복잡하다. 딥러닝의 경우 대부분 경사 하강법으로 모델 학습을 수행할 수 있지만, 베이즈 네트워크의 경우 유형에 따라 다양한 학습 알고리즘이 필요하다. 그렇기 때문에 견고한 베이즈 네트워크 모델을 만들려면 여러 학습 알고리즘 간의 비교 작업이 필요하다. 그림 8-2는 베이즈 네트워크의 간단한 예를 보여준다.

---

3 무작위 변수의 집합과 방향성 있는 비순환 그래프를 통해 그 집합을 조건부 독립으로 표현하는 확률의 모델이다. 베이즈 네트워크는 질환과 증상 사이의 확률 관계를 나타낼 수 있다. 즉, 증상이 주어지면 베이즈 네트워크는 다양한 질병의 존재 확률을 계산한다. — 옮긴이

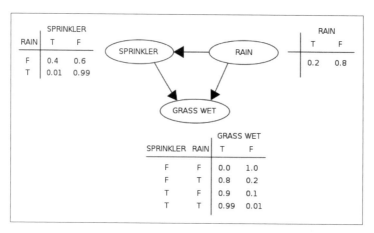

그림 8-2 주어진 지점에서 잔디가 젖었는지 여부를 예측하는 베이즈 네트워크
(출처: 위키미디어(https://commons.wikimedia.org/wiki/File:SimpleBayesNet.svg))

개발 편의성 높이기

전문가 시스템과 베이즈 네트워크 모두 의사들에게 선택받지는 못했다. 실패의 가장 큰 이유는 무엇보다 개발자들이 시스템을 설계하는 게 끔찍하게 어려운 작업이었기 때문이다.

반면에 딥러닝은 주어진 데이터 유형(이미지, 분자, 텍스트 등)과 주어진 과제에 따라 표준적인 평가 지표가 준비돼 있다. 개발자는 기능적 시스템을 구축하기 위해 통계적 방법에 따라 작성하면 되므로 전문 지식에 대한 의존도가 크게 줄어든다. 이런 이점으로 인해 현재 딥러닝이 훨씬 더 널리 사용되고 있다.

전자 건강 기록

전통적으로 의사들은 환자의 건강 정보를 종이에 적어서 관리했다. 종이 건강 기록에는 환자의 질병, 약물 처방, 기타 치료법 등이 기록돼 있어 의사가 환자의 상태를 빠르게 확인할 수 있다. 그러나 종이 건강 기록은 병원 간에 환자 기록을 전달하거나 과거의 건강 기록을 찾기가 어려웠다.

그래서 지난 수십 년 동안 종이에 작성됐던 건강 기록을 전자 건강 기록^{Electronic Health Record} ^{Data}(HER)으로 전환하는 작업이 시작됐다. 미국의 경우 전 국민 의료보험^{Affordable Care Act}에 의해 전환이 더욱 빨라진 덕분에 이제 대다수의 의사가 환자 기록을 전자 건강 기록 시스템에 저장하고 있다.

전자 건강 기록 시스템이 광범위하게 사용됨에 따라 머신러닝을 적용하는 연구도 많아졌다. 현재 대다수의 연구자는 머신러닝을 사용해 치료법의 효과와 잠재적인 부작용을 예측하는 것을 목표로 하고 있다.

그동안 수많은 프로젝트를 통해 다양한 머신러닝 모델이 만들어졌지만, 여전히 대부분의 의료 종사자는 머신러닝에 대해 보수적인 입장이다. 뿐만 아니라 환자의 건강 기록을 공개하는 것은 개인정보 보호와 관련된 법률 문제도 발생할 수 있다. 그렇기 때문에 아주 소수의 연구자들만 이런 데이터에 접근할 권한이 있다.

ICD-10 코드

ICD-10은 환자의 질병과 증상을 나타내는 코드로, 최근 몇 년간 보험 회사와 정부 기관이 질병의 표준 치료 방법과 치료 가격을 결정하는 데 널리 쓰이고 있다.

ICD-10 코드는 사람의 질병을 고차원적 연속 공간으로 분류한다. 이렇게 질병의 분류를 표준화함으로써 의사들은 환자를 서로 비교하고 쉽게 분류할 수 있다. 또한 연구자들이 전자 건강 기록으로 머신러닝 모델을 만들 때도 유용하게 사용된다.

FHIR 형식

FHIR(Fast Healthcare Interoperability Resource) 형식은 새로운 표준으로, 전자 건강 기록(EHR)보다 유연한 형식으로 임상 데이터를 나타내기 위해 만들어졌다.[4] 최근 구글은 기존 전자 건강 기록 데이터를 새로운 FHIR 형식으로 자동 변환하는 도구를 개발했다.[5] 이 도구를 사용하면 기존 전자 건강 기록 데이터를 표준 오픈소스 머신러닝 도구의 입력값으로 바로 사용할 수 있다. 아직 FHIR 형식은 초기 단계라서 빠르게 발전하고 있다. 이런 데이터의 표준화가 귀찮아 보이겠지만, 앞으로 더 생산적으로 작업할 수 있다는 점은 현대 의학이 더 크게 발전하는 데 든든한 토대가 될 것이다.

전처리 및 머신러닝 도구들의 성능이 향상되면서 상황이 변했다. 2016년 DeepPatient 시스템이 발표되면서 이제 전자 건강 기록을 사용한 머신러닝이 활성화됐다. DeepPatient 시스템은 환자의 진료 기록으로 질병을 진단하기 위해 전자 건강 기록 데이터에서 노이즈를 제거하고 변환한다.[6] 또한 정돈되지 않은 텍스트로 작성된 환자의 전자 건강 기록도 벡터 값으로 만들어준다. 데이터를 벡터 값으로 변환하는 이 시스템은 딥러닝이 성공적으로 전자 건강 기록 시스템에 적용될 수 있게 한다. 그 덕에 최근 들어 전자 건강 기록을 기반으로 한 여러 머신러닝 모델이 발표되고 있으며, 그중 몇 가지는 매우 뛰어난 성능을 보여줬다.

비지도 학습이란 무엇인가?

비지도 학습unsupervised learning은 지도 학습과는 다른 유형의 학습 데이터가 필요하다. 비지도 학습의 기본적인 개념은 학습 데이터에 레이블이 존재하지 않는다는 것이다. 예를 들어 전자 건강 기록에서 환자의 진단명이 존재하지 않는다고 생각하면 된다.

비지도 학습의 가장 간단한 알고리즘은 데이터 군집화clustering다. 만약 전자 건강 기록이 동

---

4   Mandel, JC. et al. "SMART on FHIR: A Standards-Based, Interoperable Apps Platform for Electronic Health Records." https://doi.org/10.1093/jamia/ocv189, 2016

5   Rajkomar, Alvin et al. "Scalable and Accurate Deep Learning with Electronic Health Records." NPJ Digital Medicine. https://arxiv.org/pdf/1801.07860.pdf, 2018

6   Miotto, Riccardo, Li Li, Brian A. Kidd and Joel T. Dudley. "Deep Patient: An Unsupervised Representation to Predict the Future of Patients from the Electronic Health Records." https://doi.org/10.1038/srep26094, 2016

일한 쌍둥이 환자가 있다면 두 환자의 진단명이 비슷할 것이라고 논리적으로 추론할 수 있듯이 K-평균$^{k-means}$, 오토인코더^{autoencoder}와 같은 비지도 학습 기술은 데이터를 비교해 군집화를 구현한다. 비지도 학습 알고리즘은 9장에서 자세히 배울 것이다.

비지도 학습은 강력한 통찰력을 얻게 해주지만 종종 학습에 실패하는 경우가 있다. 그래서 DeepPatient와 같은 몇몇 성공 사례가 있음에도 아직까지는 많이 사용되지 않는 편이다.

거대 전자 건강 기록 데이터베이스의 위험성

현재 많은 대형 병원이 환자들의 전자 건강 기록 시스템을 운영하고 있다. 이렇게 전자 건강 기록의 데이터베이스가 생겨나면 결국 어떤 일이 발생할까? 긍정적인 측면에서 보면, 희귀병을 앓는 환자들에게 효과적인 치료법을 찾는 데 도움이 될 수 있다.

그러나 부정적인 측면에서는 전자 건강 기록 데이터가 악의적으로 사용될 수 있다는 것을 상상해볼 수 있다. 예를 들어 보험사는 특정 환자들의 보험 가입을 처음부터 거부할 수 있으며, 의사들은 사망 위험이 높은 환자의 치료를 거부할 수도 있다. 이런 위험들로부터 환자의 개인정보를 보호하려면 어떻게 해야 할까?

이렇게 기술의 발전으로 인해 생기는 윤리적 문제들은 사실 기술만으로 완전히 해결할 수 없다. 사전에 예상할 수 있는 윤리적 문제는 의사, 보험사, 기타 사람들의 행동을 금지하는 법률을 제정함으로써 선제적으로 규제해야 한다.

전자 건강 기록이 정말 의사에게 도움이 될까?

전자 건강 기록은 분명 머신러닝 알고리즘을 설계하는 데 도움이 되지만 실제 의사의 삶을 개선한다는 증거는 없다. 오늘날의 전자 건강 기록은 결국 의사들이 수작업으로 입력하고 있으며, 그로 인해 의사들은 불만을 갖고 있다. 또한 환자들도 의사가 실제 환자가 아닌 컴퓨터 화면을 통해 진단하는 것을 탐탁지 않게 생각한다. 즉, 의사들이 치료보다 데이터 입력에 더 많은 시간을 소비하면 환자들은 적절한 관리를 받지 못한다고 느끼게 될 것이다.

지금까지의 전자 건강 기록은 의사와 환자 모두를 만족시키지 못했다.[7] 따라서 그 대안으로 딥러닝을 사용하려는 것이다.

물론 전자 건강 기록 시스템처럼 의사에 도움을 주려고 시작했지만 큰 도움이 되지 않았던 것처럼 딥러닝도 별다른 도움을 주지 못할 가능성도 있다.

방사선학을 위한 딥러닝

방사선학^{radiology}은 질병 진단을 위한 의료용 촬영 기술이다. 의료용 촬영에는 MRI, 초음파, X선, CT 촬영 등의 다양한 기술이 있으며, 얻어낸 이미지에서 환자의 상태를 진단하는 것이 방사선학의 주요 목표다. 의료용 이미지 촬영은 꽤나 오랜 역사를 갖고 있으며(초기 X선 촬영의 예시는 그림 8-4 참조), 현대 방사선학은 복잡한 의료 영상 데이터를 분류하고 처리하는 것이 주된 관심사다. 7장에서 살펴봤듯이 딥러닝은 이미지 데이터를 처리하는 데 좋은 성능을 발휘하기 때문에 방사선학은 딥러닝을 활용하기에 좋은 분야다.

이 절에서는 여러 가지 유형의 의료용 촬영 기술을 간단히 소개하고 딥러닝을 활용한 몇 가지 예제를 배운다. 먼저 딥러닝을 의료용 촬영 기술에 사용하려면 충분한 양의 데이터셋을 의료 기관으로부터 확보해야 한다. 데이터셋이 충분히 확보되면 일반적으로 VGG 또는 ResNet 모델을 사용해 머신러닝을 수행한다(그림 8-3 참조). 간단한 통계에 의하면 이런 딥러닝 모델은 의료 영상 데이터에서 전문의 수준의 성능을 보여준다.

---

7 Gawande, Atul. "Why Doctors Hate Their Computers." The New Yorker. https://www.newyorker.com/magazine/2018/11/12/why-doctors-hate-their-computers. 2018

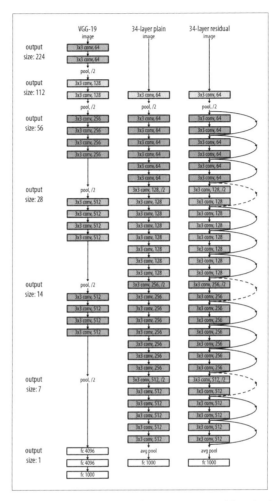

그림 8-3 몇 가지 표준 합성곱 모델(VGG-19, Resnet-34)을 보여준다.
이런 모델은 의료용 촬영 이미지 작업의 표준이며 의료용 프로그램에서 일반적으로 사용된다.

딥러닝 모델의 성능이 점점 향상되면서 머신러닝에 대한 과도한 기대감도 생겨났다. 유명한 인공지능 과학자인 제프 힌튼Geoff Hinton은 가까운 미래에는 방사선 전문의가 필요하지 않을 것이라 했다.[8] 물론 몇몇 사례에서 딥러닝이 전문의에 가까운 성능을 보인 것은 사실이다.

---

8 "AI, Radiology and the Future of Work." The Economist. https://econ.st/2HrRDuz, 2018

하지만 딥러닝은 종종 알 수 없는 오류에 취약하기 때문에 쉽게 받아들이기 힘든 주장이다.

그러나 분명 딥러닝이 현재의 의료 체계를 변화시킬 것은 분명하다. 최근에 수많은 딥러닝 기업이 의료 진단에 뛰어들고 있는 것이 그 증거다.

 딥러닝 모델은 진짜 의학 지식을 학습하는가?

과학자들은 딥러닝 모델이 의료용 이미지를 통해 실제 의학 지식을 얻는지 면밀히 조사했다. 불행히도 많은 경우에 딥러닝 모델은 이미지에서 비의학적인 요소를 학습해 구별하는 듯하다. 예를 들어 의료용 이미지가 촬영된 병원 정보를 포착해 구분하기도 하는데, 종합병원과 개인병원에서 촬영된 이미지를 구별함으로써 모델의 성능이 좋아 보이는 착시 현상을 일으킨다. 그러나 이와 같이 병원을 구별하는 것은 의학적으로 아무런 가치가 없다.

이런 문제가 발생하면 어떻게 해야 할까? 개발자들의 접근법은 다음과 같다. 먼저 딥러닝 모델 해석에 관한 문헌 정보를 모아서 모델의 학습을 주의 깊게 조사하는 것이다. 10장에서는 이러한 방법을 다룬다.

또 다른 방법은 딥러닝 모델을 일부 병원에 적용해보는 예비 실험을 진행하는 것이다. 의학 분야에서 특정 기술을 적용하기 전에 충분한 예비 실험을 진행하는 것은 불문율이며, 마찬가지로 딥러닝에도 그대로 적용돼야 한다.

X선 촬영과 CT 촬영

X선 촬영은 신체의 내부 구조를 살펴볼 수 있게 해준다(그림 8-4). CT^Computed Tomography 촬영은 피사체를 중심으로 회전하면서 연속적으로 X선 촬영을 하는 것으로 3차원 이미지를 얻을 수 있다.

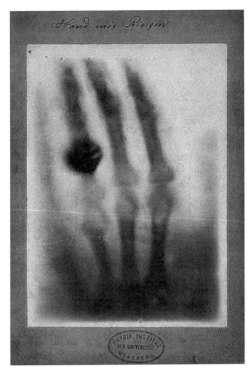

그림 8-4 빌헬름 뢴트겐(Wilhelm Röntgen)이 아내 안나 베르타 루드비히(Anna Bertha Ludwig)의 손을 촬영한 최초의 X선 이미지

X선 촬영에 관한 일반적인 오해는 뼈와 같은 딱딱한 물체만을 촬영할 수 있다는 것이다. 그러나 X선을 이용한 CT 촬영은 뇌와 같은 부드러운 신체 조직을 촬영하는 데도 일상적으로 사용되며(그림 8-5), 후방 산란^{backscatter} X선은 공항의 보안 검색대에서 여행자 가방의 내용물을 확인하는 데 쓰인다. 또한 저에너지 X선 촬영은 여성의 유방 조직을 촬영하는 데 사용된다.

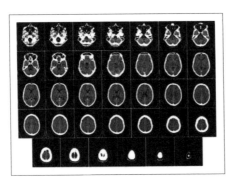

그림 8-5 사람의 뇌를 아래에서 위로 촬영한 CT 이미지
(출처: 위키미디어(https://commons.wikimedia.org/wiki/File:Computed_tomography_of_human_brain_-_large.png))

X선 촬영을 하는 동안 환자는 방사선에 노출되기 때문에 종양 발생 위험이 있다. 그래서 촬영 횟수를 줄이는 것이 중요하다. CT 촬영의 경우, 더 많은 데이터를 수집하기 위해 오랜 시간 동안 환자를 방사선에 노출시키게 되므로 더 문제가 된다. 그래서 CT 촬영 시간을 줄이기 위해 다양한 신호 처리 알고리즘을 적용하고 있으며, 최근에는 딥러닝을 사용해 X선 촬영 횟수를 더 세밀하게 줄이려는 노력이 계속되고 있다.

그러나 일반적으로 딥러닝은 의료 의미지를 분류하는 데 많이 쓰인다. 예를 들어, 알츠하이머성 치매 환자의 뇌를 촬영한 이미지로 치매 진행 과정을 진단하거나[9] 흉부 X선 검사 이미지에서 폐렴을 진단한다.[10] 그리고 다양한 연구에서 이미 딥러닝은 전문의 수준의 정확도를 보여주고 있다.[11]

9   Gao, Xiaohong W., Rui Hui, and Zengmin Tian. "Classification of CT Brain Images Based on Deep Learning Networks." https://doi.org/10.1016/j.cmpb.2016.10.007. 2017

10   Pranav Rajpurkar et al. "CheXNet: Radiologist-Level Pneumonia Detection on Chest X-Rays with Deep Learning." https://arxiv.org/pdf/1711.05225.pdf. 2017

11   10 Ribli, Dezso et al. "Detecting and Classifying Lesions in Mammograms with Deep Learning." https://doi.org/10.1038/s41598-018-22437-z. 2018

사람 수준 정확도라는 말의 함정

여러 머신러닝 논문에서는 자신들의 모델이 사람 수준의 정확도를 보여준다고 주장한다. 그렇다면 사람 수준의 정확도가 어떤 의미인지 생각해볼 필요가 있다. 보통 논문의 저자들은 ROC AUC와 같은 평가 지표를 사용해 의사들의 평균적 정확도와 비교하는데, 이런 상대적인 비교는 처음부터 여러 측면에서 잘못됐을 가능성이 있다.

첫째, 특정 평가 지표의 선택은 왜곡된 결과를 보여줄 수 있다. 다양한 평가 지표에 따라 다양한 차이가 생기고, 이런 차이를 줄이기 위해 여러 평가 지표를 사용하는 것이 이상적이다.

둘째, 의사들 사이에 상당한 의견 차이가 존재할 수 있다. 그래서 평균적인 진단은 생각보다 믿을 수 없는 결과다. 따라서 더 나은 방법은 머신러닝 모델을 의사들의 최고 정확도와 비교하는 것이다.

셋째, 머신러닝에 사용되는 테스트 데이터셋이 오염돼 있는지 확인해야 한다. 이것은 매우 까다롭다(7장의 경고 참조). 데이터셋이 오염됐다는 것은 예를 들어 동일한 환자에 대한 촬영 이미지가 학습 및 테스트 데이터셋에 모두 포함돼 있는 경우를 의미한다. 따라서 학습 및 테스트 데이터셋 모두에서 모델의 정확도가 높다면 이런 오염에 대해 검사해봐야 한다.

마지막으로 사람 수준의 정확성은 생각보다 높지 않다. 앞에서 살펴본 것처럼 일부 전문가 시스템과 베이즈 네트워크는 제한된 업무에 대해 인간 수준의 정확성을 달성했지만 의학의 발전에 큰 영향을 미치지 못했다. 의사는 통찰력이 필요한 직업이기 때문이다.

조직학

조직학^{histology}은 생체 조직에 대한 검사이며 주로 현미경을 통한 검사를 의미한다. 딥러닝을 조직학에 응용하는 것은 7장에서 살펴본 현미경 이미지에 딥러닝을 적용하는 것과 아주 비슷하다. 또한 딥러닝은 조직학에서도 강력한 성능을 보여준다.

MRI 촬영

자기 공명 영상$^{Magnetic\ Resonance\ Imaging}$(MRI)은 최근에 일반적으로 사용되는 의료용 촬영 기술이다. 자기 공명 영상은 X선 대신 강력한 자기장$^{magnetic\ field}$을 사용한다. 따라서 자기 공명 영상의 최대 장점은 방사선에 노출되지 않는다는 것이다. 자기 공명 영상의 단점으로는 좁고 시끄러운 기기 안에서 환자가 오랜 시간 누워 있어야 한다는 점을 들 수 있다.

CT 촬영처럼 자기 공명 영상도 다수의 2차원 이미지를 촬영해 3차원 이미지를 만든다. 따라서 2차원 이미지를 재구성해 3차원 이미지로 만드는 처리 과정이 중요하고, 그동안 처리 속도를 높이려는 많은 연구가 이뤄졌다. 최근 딥러닝 기법을 사용해 자기 공명 영상 이미지의 재구성 속도를 개선하려는 노력이 진행되고 있다. 또한 다른 촬영 기술과 마찬가지로 자기 공명 영상 이미지를 분류하고 처리하는 데 딥러닝을 사용하려는 여러 연구도 꾸준히 진행 중이다.

신호 처리에 딥러닝 사용하기

딥러닝은 CT 촬영과 자기 공명 영상에서 2차원 이미지를 3차원으로 빠르게 재구성하는 데 사용된다. 이미지 재구성은 고도의 수치 계산이 필요한 분야이므로 딥러닝이 좋은 성능을 보여줄 것이라고 예측된다. 그러나 이미 전통적인 이미지 재구성 알고리즘 또한 매우 강력한 성능을 보여주고 있으므로, 이미지 분류 작업과 달리 아직까지 딥러닝은 이미지 재구성 영역에서 획기적인 향상을 이루지 못했다. 그럼에도 딥러닝을 통한 이미지 재구성은 활발히 연구되고 있는 분야이므로 장기적으로는 더 큰 영향력을 미칠 것이라 예상한다.

위에 언급한 것들 외에도 의사가 사용하는 의료용 이미지들이 매우 많다. 그래서 다양한 유형의 검사들에서 딥러닝을 적용하려는 시도가 계속되고 있다. 예를 들면 현재 초음파, 심전도(ECG) 측정, 피부암 검사 등이 있다.

시각 정보를 처리하기 위해 우리의 뇌는 매우 복잡한 추상화 과정을 거친다. 그래서 딥러닝 중에서도 추상화에 특출난 합성곱 신경망 모델이 이미지 처리에 좋은 성능을 보인다. 그리고 딥러닝의 표준 프레임워크인 텐서플로가 오픈소스로 배포돼 전 세계의 연구자들은 언제나 새로운 기술을 손쉽게 접할 수 있다.

치료법으로서의 머신러닝

이제까지는 딥러닝이 의사들의 질병 진단과 의료용 이미지 분석에 조력자 역할을 할 수 있다는 것을 설명했다. 그러나 최근에는 조력자 수준을 넘어 환자의 치료에까지 적용할 수 있다는 증거도 나오고 있다.

어떻게 그것이 가능할까? 딥러닝의 가장 큰 힘 중 하나는 지각^{perceptual} 데이터[12]에서 작동하는 실용적인 소프트웨어를 구현하는 것이다. 따라서 딥러닝 시스템은 다른 사람들에게 '눈'과 '귀'로 작용할 수 있다. 예를 들어 시각 데이터를 처리하는 딥러닝 시스템은 시각 장애가 있는 환자에게 도움이 될 수 있다. 또한 오디오 데이터를 처리하는 딥러닝 시스템은 청각 장애가 있는 환자에게 도움이 될 것이다. 물론 이런 딥러닝 시스템은 실시간으로 작동해야 한다는 문제가 있고 지금까지 살펴본 딥러닝 모델은 배치 단위로 학습하는 시스템이기 때문에 적합하지 않다. 그러나 실시간으로 작동하는 딥러닝 시스템을 구현하고자 임베디드 ^{embedded} 장치가 만들어지고 있으므로 이것 또한 시간 문제일 것이다.

또한 현대 소프트웨어의 강력한 효과를 이용해 인간의 두뇌를 치료하려는 시도도 존재한다. 최근 연구에 따르면 페이스북^{Facebook}, 구글^{Google}, 위챗^{WeChat} 등과 같은 앱은 카지노의 슬롯머신처럼 밝은 색상으로 디자인돼 중독성을 높이고 있다. 이처럼 디지털 중독이 실제로 개인의 삶에 영향을 준다는 사회적 인식은 점차 확대되고 있다.[13] 반대로 이런 점은 소프트웨어가 좋은 방향으로 사용될 수 있다는 증거가 된다. 최근에는 우울증 환자를 위한 심리 치료 소프트웨어도 개발되고 있기 때문이다.

당뇨망막병증

지금까지는 이론적인 측면에서 딥러닝의 의학적 적용을 다뤘다. 이제 실제 예시를 살펴보자. 이 절에서는 당뇨망막병증$^{diabetic retinopathy}$을 진단할 수 있는 딥러닝 모델을 만들어본다.

당뇨망막병증은 당뇨병이 눈의 건강을 해치는 것으로, 특히 개발도상국에서는 이로 인해 많은 환자가 실명하고 있다. 안저^{fundus}는 각막^{lens}의 반대편에 있는 눈의 내부 영역이며, 당뇨망막병증의 진단은 일반적으로 의사가 환자의 안저 이미지를 통해 확인하는 것이다. 그림 8-6에서 볼 수 있듯이 환자의 안저 이미지를 촬영하는 기술에도 많은 발전이 있었다.

---

12   감각 기관을 통해 얻은 정보를 뜻한다. – 옮긴이

13   더 많은 정보를 얻길 원한다면 위키피디아에서 Digital Addict(https://en.wikipedia.org/wiki/Digital_addict)에 대한 설명을 참고하자.

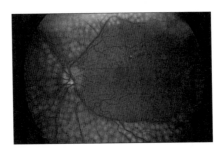

그림 8-6 당뇨망막병증으로 레이저 수술을 받은 환자의 안저 사진
(출처: 위키미디어(https://commons.wikimedia.org/wiki/
File:Fundus_photo_showing_scatter_laser_surgery_for_diabetic_retinopathy_EDA09.JPG))

딥러닝으로 당뇨망막병증을 진단하려면 환자의 안저 이미지를 바탕으로 질병의 정도를 분류할 수 있는 알고리즘을 만들어야 한다. 현재는 그런 분류를 하려면 숙련된 의사가 필요하다. 따라서 만약 딥러닝이 환자의 당뇨망막병증 진행 정도를 정확하게 예측할 수 있다면 의료비 부담을 줄일 수 있을 것이다.

전자 건강 기록(EHR) 데이터와 달리 안저 이미지는 환자의 개인정보가 많이 들어있지 않아 상대적으로 많은 데이터를 쉽게 수집할 수 있다. 그래서 캐글^{Kaggle}에서는 이미 안저 이미지의 데이터셋을 사용해 당뇨망막병증 진단 모델을 만드는 대회(https://www.kaggle.com/c/diabetic-retinopathy-detection)를 개최했었다. 우리도 캐글의 데이터셋을 사용해 DeepChem 으로 당뇨망막병증 분류 모델을 만들어보자.

캐글에서 당뇨망막병증 데이터셋 다운로드

캐글은 데이터셋을 재배포하는 것을 금지하므로 캐글 사이트에서만 데이터셋을 다운로드할 수 있다. 먼저 캐글 계정을 만들고 나서 API를 사용해 데이터셋을 다운로드한다. 전체 데이터셋은 약 80GB이며, 로컬 디스크의 저장 공간이 부족한 경우 부분 데이터셋을 다운로드하자.

캐글 데이터셋을 다운로드하는 자세한 방법은 이 책의 깃허브 저장소(https://github.com/deepchem/DeepLearningLifeSciences)에서 확인할 수 있다.

분류 모델을 만드는 첫 번째 단계는 원시^{raw} 데이터를 전처리하고 불러오는 것이다. 여기서 전처리는 각각의 이미지를 512×512픽셀 크기로 잘라 망막이 가운데로 오게 하는 것이다.

고해상도 이미지 다루기

의학 및 과학 분야의 이미지 데이터셋은 각각의 이미지가 매우 고해상도인 것이 특징이다. 고해상도 이미지를 직접 딥러닝 모델의 학습에 사용하면 계산량이 매우 많아진다. GPU의 메모리는 제한적이기 때문에 일반적인 컴퓨터에서는 이런 모델의 학습조차 실행할 수 없다. 또한 대부분의 이미지 처리 시스템은 선행 조건으로 입력 이미지들이 동일한 크기를 가져야 하므로 고해상도 이미지들을 표준에 맞는 크기로 잘라서 사용해야 한다.

다행히 이미지를 자르거나 크기를 조정해도 일반적으로 딥러닝 모델의 성능이 심각하게 하락하지는 않는다. 그러므로 여기서 사용한 당뇨망막병증 진단 모델 코드를 그대로 독자들의 실무에 사용해도 문제없을 것이다.

데이터셋은 다운로드한 로컬 디스크의 폴더 안에 저장돼 있을 것이다. 먼저 DeepChem의 `ImageLoader` 클래스를 사용해 이미지를 불러온다. 이 과정에 관심이 있다면 데이터셋 로딩 및 전처리 코드를 자세히 살펴볼 수 있지만, 여기서는 편의를 위해 미리 정의된 함수로 처리했다.

```
train, valid, test = load_images_DR(split='random', seed=123)
```

이제 데이터셋 준비를 마쳤으므로 합성곱 모델을 만들어 학습을 시작해보자. 이 작업을 위한 합성곱 모델은 이미 살펴봤던 모델이므로 설명을 반복하지는 않겠다. 다음 코드를 통해 간단하게 호출한다.

```
# 모델을 정의한다
model = DRModel(
  n_init_kernel=32, batch_size=32, learning_rate=1e-5,
  augment=True, model_dir='./test_model')
```

위 코드는 DeepChem을 사용해 당뇨망막병증 진단용 딥러닝 모델을 정의한다. 나중에 알게 되겠지만 이 모델을 학습시키는 것은 시간이 아주 오래 걸리는 작업이다. 따라서 학습의 편의를 위해 이미 학습이 완료된 모델을 다운로드해서 사용한다. 터미널에 다음 명령어를 사용해 학습된 모델을 다운로드한다.

```
wget https://s3-us-west-1.amazonaws.com/deepchem.io/featurized_datasets/DR_model.tar.gz
mv DR_model.tar.gz test_model/
cd test_model
tar -zxvf DR_model.tar.gz
cd ..
```

사전 학습된 모델을 사용하기 위해 복원^{restore} 명령어를 입력한다.

```
model.build()
model.restore(checkpoint="./test_model/model-84384")
```

모델의 특정 체크포인트를 복원하는 방법은 우리의 깃허브 저장소에서 찾을 수 있다. 이제 불러온 모델을 사용해 기초적인 통계 분석을 수행한다.

```
metrics = [
  dc.metrics.Metric(DRAccuracy, mode='classification'),
  dc.metrics.Metric(QuadWeightedKappa, mode='classification')]
```

당뇨망막병증 모델은 다중 분류 문제이기 때문에 평가 지표로 모델의 정확도를 측정하는 DRAccuracy와 평가자 간의 일치도를 측정하는 데 사용되는 통계 지표인 카파 상관계수^{Cohen's Kappa}[14]를 사용한다.

```
model.evaluate(test, metrics)
```

다음과 같은 결과가 출력된다.

```
computed_metrics: [0.9339595787076572]
computed_metrics: [0.8494075470551462]
```

---

14 두 명의 평가자의 일치도를 측정하는 통계적 지표. 0(완전 불일치)부터 1(완전 일치) 사이의 값을 갖는다. - 옮긴이

사전 학습된 모델은 테스트 데이터셋에서 93.4%의 정확도를 보여준다. 여기서 테스트 데이터셋은 학습 데이터를 분할한 것이므로 실제 캐글 테스트 데이터셋의 점수와는 동일하지 않다. 직접 모델 학습을 해보고 싶다면 학습 에포치를 10으로 줄인 다음 코드를 사용하자. 좋은 컴퓨터를 사용하고 있다면 학습이 완료되는 데 이틀 정도[15] 걸릴 것이다.

```
for i in range(10):
  model.fit(train, nb_epoch=10)
  model.evaluate(train, metrics)
  model.evaluate(valid, metrics)
  model.evaluate(valid, cm)
  model.evaluate(test, metrics)
  model.evaluate(test, cm)
```

머신러닝을 열 개의 에포치 단위로 10회 반복해 수행한다. 반복하는 과정에서는 모델의 성능을 평가하는 출력문을 사용했다. 이 작업은 시간이 오래 걸리므로 중간에 컴퓨터가 꺼지거나 절전 상태가 되지 않도록 하자. 학습이 중간에 멈춘다면 다시 처음부터 시작해야 한다.

결론

현대 의학은 다른 분야보다 딥러닝에 큰 영향을 받을 것으로 예상된다. 딥러닝이 불러올 의료 시스템의 변화가 의료 종사자들과 환자들의 삶을 변화시킬 것이기 때문이다. 그러므로 딥러닝이 가져올 윤리적 문제도 생각해봐야 한다.

윤리적으로 고려할 점

의료 체계에 대한 딥러닝 학습 데이터에는 편향이 존재할 가능성이 크다. 데이터는 주로 선

---

15 개인용 PC에서는 계산 시간이 너무 오래 걸리니 서버를 사용하거나 학습용 데이터를 줄여서 진행하라. - 옮긴이

진국의 의료 체계에서 수집될 것이고, 결과적으로 학습된 모델의 성능은 개발도상국의 의료 체계에는 맞지 않을 것이다.

또한 환자의 데이터를 수집하는 것은 윤리적인 문제를 일으킨다. 그동안 현대 의학은 가난한 사람들을 대상으로 많은 실험을 해왔다. 이와 관련해 헨리에타 랙스^{Henrietta Lacks}(http://rebecc askloot.com/the—immortal—life/)의 사례가 잘 알려져 있다.[16] 랙스의 암 조직에서 분리된 헬라^{Hela} 세포주는 표준 생물학적 도구로 사용되며 수천 개의 연구 논문에 활용됐다. 그러나 헬라 세포주로 발생한 수익은 그녀에게 전달되지 않았고 심지어 담당의는 세포주 사용에 대한 동의조차 받지 않았다.[17]

시간이 많이 지났지만 이런 비윤리적 문제는 되풀이될 가능성이 있다. 환자의 의료 기록이 환자나 가족의 동의 없이 딥러닝 모델을 학습시키는 데 사용되거나 의사가 환자를 치료하기 위해 개인정보에 대한 권리를 포기하도록 유도할 수도 있다.

사랑하는 가족의 권리가 의료 제도나 이익을 추구하는 기업에 의해 침해당했다는 사실을 알게 된다면 매우 혼란스럽고 화가 날 것이다. 그럼 윤리적 문제가 일어나지 않게 하려면 어떻게 해야 할까? 가장 쉬운 해결책은 데이터를 수집할 때 출처를 반드시 명기하고 적합한 절차를 거쳤는지 확인하는 것이다.

일자리 문제

앞서 살펴본 딥러닝 적용 분야는 일종의 곁가지 영역으로 현재 현업에서 일하고 있는 근로자의 일자리를 위협하지 않는다. 오히려 해당 분야에 더 많은 일거리를 창출해 고용이 늘어날 것으로 예상된다.

그러나 건강 관리와 의료 서비스는 다르다. 의료 서비스는 현재 전 세계에서 수백만 명의 의사와 간호사가 종사하고 있는 가장 거대한 산업 분야 중 하나다. 이 인력들이 딥러닝과 직면

---

16 볼티모어주에 살던 아프리카계 미국인이며 암으로 사망했다. – 옮긴이

17 70여 년이 지난 후에 랙스의 가족은 약간의 보상을 받게 됐다(출처: http://news.chosun.com/site/data/html_dir/2020/08/02/2020080200948.html). – 편집 팀

하면 어떻게 될까?

현대 의학에서 대부분의 일은 사람이 깊이 관여하고 있다. 만약 의료계 종사자들이 덜 바빠진다면, 치료받는 환자들에게 더 좋은 서비스를 제공할 수 있을 것이고 환자들의 치료 경험도 향상될 가능성이 매우 높다.

2010년 미국에서는 전 국민 의료보험으로 인해 의료 체계 전반에 전자 건강 기록 시스템이 적용됐다. 당시 많은 의사가 전자 건강 기록에 불필요한 관리 작업이 많고 사용자 편의성이 떨어진다고 보고했다. 이 문제는 대체로 단순히 소프트웨어 설계가 잘못됐거나 법률 규제에서 비롯된 것이었다. 그러나 일부는 당시 소프트웨어의 한계로 인해 발생한 것이다. 따라서 딥러닝을 의료 체계에 사용한다면, 이런 한계가 극복돼 의사들이 환자들과 더 많은 시간을 보낼 수 있을 것이다.

또한 대부분 국가의 의료 시스템은 미국 혹은 유럽의 의료 시스템과 동일하지 않다. 그러나 딥러닝 도구와 사용 가능한 데이터셋의 양이 많아지면서 제3국의 정부와 기업가들도 의료 체계를 개선시킬 수 있는 기회를 얻게 될 것이다.

요약

8장에서는 머신러닝을 의학 분야에 적용해온 역사를 알아봤다. 먼저 전문가 시스템과 베이즈 네트워크 같은 고전적인 방법을 설명하고, 현대적인 방법으로 전자 건강 기록과 의학용 촬영 기술을 이야기했다. 이어서 당뇨망막병증 경과를 분류하는 실제 딥러닝 모델을 만드는 방법을 배웠다. 또한 딥러닝이 현대 의료 체계에 일으킬 수 있는 여러 윤리적 문제도 언급했다. 윤리적 문제는 10장에서 다시 이야기한다.

생성 모델

이제까지 배운 모든 머신러닝 문제는 기본적으로 입력값에서 출력값을 예측하는 방법이다. 그래서 입력값을 학습한 모델이 좀 더 정확한 예측을 할 수 있도록 매개변수를 최적화하는 데 중점을 뒀다.

그러나 생성 모델generative model은 전혀 다른 머신러닝 접근 방법이다. 생성 모델은 데이터를 입력값으로 사용하면 출력으로 새로운 데이터를 생성한다. 예를 들어 생성 모델로 고양이 사진들을 학습하면 출력으로 새로운 고양이 사진을 얻을 수 있다. 또는 알려진 약물 분자 라이브러리를 학습시키면 후보 물질로 사용할 수 있는 새로운 약물 분자를 생성한다. 이론적으로 생성 모델은 데이터셋의 확률분포를 학습하고 새로운 샘플을 확률적으로 만들어내는 것이다.

9장에서는 가장 유명한 생성 모델인 VAE^{Variational Auto-Encoder}와 GAN^{Generative Adversarial Network}을 소개하고, 생성 모델을 생명과학 분야에서 사용하는 몇 가지 예제를 살펴본다.

VAE

오토인코더autoencoder[1]는 출력값을 입력값과 동일하게 만드는 머신러닝 모델이다. 다시 말해

---

1 머신러닝의 한 가지 방법으로 비지도 학습에 속한다. 신경망을 사용해 출력값이 그 입력값과 최대한 비슷해지도록 하는 것을 목표로 한다. – 옮긴이

오토인코더로 데이터셋을 학습하는 것은 결국 모델의 매개변수를 조절해 출력값을 가능한 한 입력값과 비슷하게 만드는 작업이다.

입력값을 그대로 출력으로 내보내는 것을 막기 위해 오토인코더는 그림 9-1과 같은 데이터 병목 현상이 발생하는 구조를 가진다. 예를 들어 입력과 출력에 각각 1,000개의 뉴런이 있다면, 그 사이에 열 개의 뉴런으로 구성된 레이어로 병목 현상을 만든다. 이렇게 해야 머신러닝 모델이 더 적은 수의 값으로 원래 값을 복원할 수 있는 압축 효과를 얻을 수 있다.

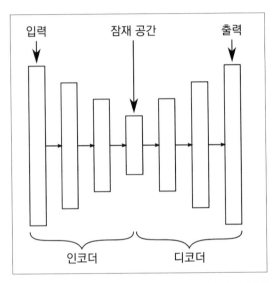

그림 9-1 VAE의 구조. 인코더와 디코더로 구분돼 있다. 데이터의 입력과 출력 사이에 잠재 공간이 존재한다.

아주 적은 양의 학습 데이터로 오토인코더 모델을 만드는 것은 불가능하다. 예를 들어 입력값의 1%만으로 모델 학습을 완료할 수는 없다. 그렇다고 데이터셋 전부를 입력값으로 사용할 필요는 없다. 다시 말해 오토인코더는 가능한 입력에 대해 특정한 확률분포로 가져온 입력값으로 모델을 만들 수 있다. 그러므로 여기서는 데이터셋에서 고양이가 아닌 이미지(약 1% 미만)를 제외해 모델을 만들 것이다.

오토인코더 모델 내부에서 병목 현상이 있는 중간 계층을 잠재 공간^{latent space}이라고 한다. 잠재 공간은 데이터셋의 정보를 압축 표현하는 공간이다. 잠재 공간을 기준으로 모델의 앞쪽은 인코더encoder라고 하며, 데이터셋을 가져와서 압축된 정보로 변환하는 역할을 한다. 잠재 공간의 뒷부분은 디코더decoder라고 하며, 압축된 정보를 다시 원래 데이터로 되돌리는 역할을 한다.

이것은 오토인코더가 생성 모델로 어떻게 사용될 수 있는지에 대한 첫 번째 단서를 제공한다. 디코더는 잠재 공간에서 벡터를 가져온 후 샘플로 변환하므로 잠재 공간에서 임의의 벡터를 가져와 벡터의 각 구성 요소에 대해 임의의 값을 선택해서 통과시킨다. 모든 것이 잘 되면 디코더는 학습 데이터와 비슷하지만 완전히 새로운 데이터를 생성할 수 있다.

오토인코더 모델에서 예상되는 문제점은 인코더가 잠재 공간의 작은 영역에서만 벡터를 생성할 수 있다는 것이다. 만약 잠재 공간이 아닌 곳에서 벡터를 선택하면 학습 데이터와는 전혀 관련 없어 보이는 출력을 얻게 된다. 즉, 디코더는 전체 영역의 벡터가 아닌 오직 인코더에서 생성된 특정 영역의 벡터에 대해서만 학습하는 문제가 발생한다.

VAE는 이 문제를 두 가지 방법으로 해결한다. 먼저 잠재 영역의 벡터가 특정 분포를 갖도록 손실 함수에 새로운 항을 추가한다. 추가된 항은 보통 잠재 영역이 평균이 0이고 분산이 1인 가우시안 분포를 가진다. 즉, 인코더가 무작위 벡터가 아닌 알려진 분포의 벡터를 생성하도록 제한하는 것이다. 이렇게 하면 무작위 벡터가 입력돼도 디코더가 잘 작동할 것으로 기대할 수 있다.

두 번째로 잠재 공간에 무작위 노이즈를 추가한다. 인코더는 입력 데이터를 잠재 공간의 벡터로 변환할 때 인위적인 노이즈를 추가한다. 그러면 디코더는 노이즈가 섞인 데이터를 원래 데이터와 가능한 한 가깝게 출력하기 위한 학습을 수행하고. 디코더는 잠재 영역 벡터의 세부 사항에 너무 민감하지 않게 된다.

이런 추가적인 기능은 모델의 성능을 크게 개선시킨다. 그러므로 VAE는 생성 모델 중에서 가장 보편적으로 사용되는 편이다.

GAN

GAN은 VAE처럼 잠재 공간의 벡터를 데이터로 변환하기 위해 디코더(GAN에서는 생성자라고 부른다.) 네트워크를 사용한다. 그러나 디코더 네트워크를 다른 방식으로 학습시키는 것이 다르다. GAN은 생성자에 무작위 벡터 값을 전달해서 예상되는 데이터의 분포와 얼마나 일치하는지 직접 평가한다. 그러기 위해서는 생성된 데이터가 훈련 데이터와 얼마나 유사한지를 측정하는 손실 함수를 만들고 학습 모델을 최적화해야 한다.

말은 간단하지만 사실 전혀 간단한 작업이 아니다. 예를 들면, 독자들은 특정 이미지가 고양이와 얼마나 비슷한지 측정하는 손실 함수를 작성할 수 있겠는가? 당연히 어디서부터 시작해야 할지도 모를 것이다. GAN은 이 문제를 해결하기 위해 수동으로 손실 함수를 만들어내는 대신에 데이터에서 손실 함수를 학습하는 방법으로 우회한다.

그림 9-2에서 볼 수 있듯이 GAN은 두 가지 요소로 구성된다. 첫 번째 부분은 생성자로, 무작위 벡터를 취해 새로운 샘플을 만든다. 구분자discriminator라고 불리는 두 번째 부분은 생성된 데이터와 실제 학습 데이터를 구별하는 시도를 한다. 구분자는 출력값으로 샘플의 진위 여부를 확률로서 나타내며 이것이 생성자의 손실 함수로 쓰인다.

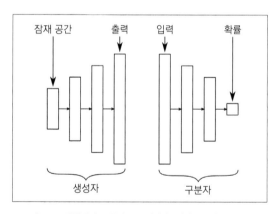

그림 9-2 GAN의 구조. 생성자와 구분자로 구성된다. 잠재 공간은 생성자의 앞쪽에 있다.

GAN의 두 부분은 동시에 학습된다. 무작위의 벡터 값이 생성자로 들어가 만든 출력값은 다시 구분자의 입력으로 사용한다. 생성자의 매개변수parameter는 구분자의 출력값을 가능한 한 1에 가깝게 만들고, 구분자의 매개변수는 출력을 가능한 한 0에 가깝도록 만든다. 그러나 동시에 학습 데이터가 구분자에 들어갔을 때는 출력값이 1이 돼야 한다.

이것이 GAN 모델에서 말하는 적대적adversarial 경쟁이다. 구분자는 가짜 데이터와 실제 데이터를 구별하기 위해 끊임없이 학습하고, 또한 생성자도 구분자를 속이기 위해 데이터 생성 능력을 계속 개선시킨다. 이런 생성자와 구분자 사이의 끊임없는 경쟁을 통해 전체적인 모델의 성능이 개선된다.

VAE와 마찬가지로 GAN도 많이 사용되는 학습 모델이며, 두 모델 사이에는 뚜렷한 장단점이 있다. 간단히 설명하면 GAN은 고품질 샘플을 생성하는 데 유리하고, VAE는 고품질 분포를 생성하는 데 유리하다. 즉, GAN에 의해 생성된 개별 데이터는 실제 데이터와 더 유사하지만, VAE에 의해 생성된 데이터의 분포가 실제 데이터의 범위와 더 유사하다. 그러나 이 말이 모든 경우에 해당되지는 않는다. 두 모델의 성능은 해결하려는 문제와 학습 모델의 세부적인 내용에 따라 다르다. 생성 모델은 머신러닝에서도 아주 활발하게 연구되고 있으며, 새로운 아이디어들이 자주 발표된다. 최근에는 VAE와 GAN의 수많은 변형 모델과 VAE와 GAN을 결합한 모델도 발표됐다.

생명과학에 생성 모델 응용하기

지금까지는 생성 모델의 기초 이론을 소개했고 이제 응용법을 살펴볼 차례다. 생성 모델은 전반적으로 표로 구성된 데이터를 다루는 데 강력한 기능을 발휘한다. 첫째, 생성 모델은 완전히 새로운 데이터를 생성할 수 있다. 이것은 신약을 개발하거나 새로운 기능을 하는 단백질을 만드는 데 도움이 된다. 둘째, 생성 모델을 사용하면 복잡한 시스템을 더 정확하게 모델링할 수 있다. 따라서 과학자들은 복잡한 생물학적 과정을 좀 더 이해할 수 있다.

신약 후보 물질 찾기

신약 개발에서 가장 중요한 것은 새로운 후보 물질을 찾는 것이다. 현재 이 과정은 적합한 후보 물질이 만들어질 때까지 화학자들이 무작위 합성을 반복하는 노동집약적 방법이 주류를 이루고 있다. 이 방법의 유일한 장점은 화학자들의 직감으로 잠재적인 구조 결함을 갖는 분자를 미리 식별할 수 있다는 점이다.

그러나 동시에 화학자의 역량에 좌우된다는 문제가 발생한다. 재능 있고 경험 많은 전문 화학자는 전 세계에 그렇게 많지 않으므로 이 방법의 한계는 명확하다. 또한 신약 개발 분야의 전문 인재가 부족한 국가들은 항상 더 불리한 상황에 처해 있다. 때문에 머신러닝을 사용해 신약 후보 물질을 도출하는 방법은 이런 한계를 극복하는 데 도움이 될 것이다. 또한 생성 모델은 기존의 화학자들은 생각하지 못했던 혁신적인 분자 구조를 제안하는 잠재력도 갖고 있다.

단백질 엔지니어링

현대 산업에서 엔지니어링된 단백질은 널리 사용된다. 예를 들어 때를 분해하는 단백질은 찬물에서도 잘 작용하도록 엔지니어링돼 세탁 세제의 첨가제로 사용된다. 단백질은 복잡한 특성을 갖고 있어 원하는 방향으로 엔지니어링하는 것은 매우 어려운 작업이었다. 그러나 최근에는 딥러닝을 사용해 단백질 엔지니어링을 하는 연구가 가시적인 성과를 내고 있으며, 가까운 미래에는 딥러닝 생성 모델로 원하는 특성의 단백질 서열을 얻을 수 있을 것으로 보인다.

단백질 엔지니어링에 딥러닝을 사용하는 것은 기존의 저분자 화합물에서보다 훨씬 더 긍정적인 영향을 줄 것이다. 저분자 화합물과는 달리 고분자인 단백질의 경우, 사람이 엔지니어링에 대한 효과를 예측하는 것은 불가능에 가깝기 때문이다. 따라서 앞으로 딥러닝을 단백질 엔지니어링에 사용한다면 오늘날의 전문가를 뛰어넘는 능력을 갖게 될 것이다.

과학적 발견을 위한 도구

생성 모델은 과학적 발견을 돕는 강력한 도구로도 사용될 것이다. 예를 들어, 조직 발달 과정(https://www.ncbi.nlm.nih.gov/pmc/articles/PMC6119234/)을 예측하기 위해 생성 모델로 시뮬레이션한다면 발달생물학자의 연구를 도울 수 있을 것이다. 또한 생성 모델을 사용해 빠른 시뮬레이션을 수행하면 다양한 환경 조건의 조합에서 조직 발달을 연구할 수 있는 '합성 시험'이 가능해진다. 아직은 좀 더 많은 연구가 필요하므로 효과적인 생성 모델을 만드는 것이 요원한 상태다. 그럼에도 불구하고 생성 모델은 극도로 복잡한 발달 및 생리학적 과정의 효과적인 모델을 구축하고 생명이 어떻게 진화하는지에 대한 가설을 검증하는 데 많은 잠재력을 갖고 있다.

생성 모델의 미래

생성 모델은 아주 빠르게 발전하고 있다. 초기의 GAN 모델로 만든 인물 사진은 거의 식별할 수 없는 흐릿한 사진을 만들어냈지만, 최근에는 사람의 눈으로는 거의 구별할 수 없는 사진을 생성한다. 그렇기에 앞으로 10년 안에 생성 모델은 사진뿐만 아니라 비디오도 만들어낼 것으로 예측된다. 이런 생성 모델의 발전은 현대 사회에 큰 영향을 줄 것이다. 예를 들면, 지난 세기 동안 사진과 비디오는 법정에서 범죄의 증거로 인정됐지만 생성 모델이 발전됨에 따라 사진과 비디오는 조작될 가능성이 커질 것이다. 따라서 앞으로는 범죄의 증거로 인정되지 못할 수도 있으며, 사법 및 국제 관계에서도 중요한 문제가 될 것이다.

동시에 생성 모델로 인해 현대 과학 혁명이 시작될 가능성도 있다. 생성 모델을 사용해 얻은 배아 발달 과정의 고품질 이미지를 상상해보자. 또한 CRISPR 유전자 변형의 효과를 모델링해서 발달 과정을 이해하게 될 수도 있다. 개선된 생성 모델은 다른 과학 분야인 물리 및 기후 과학에서 복잡계를 좀 더 정확하게 시뮬레이션하는 데 도움이 될 것이다. 그러나 아직은 때가 아니다. 좀 더 안정적인 생성 모델을 통해 좀 더 신뢰성 있는 결과를 얻으려면 기초 과학에 대한 발전이 선행돼야 한다.

생성 모델 사용하기

VAE 모델을 사용해 새로운 분자의 SMILES 문자열을 출력하는 예제를 살펴본다. SMILES 문자열을 출력하는 것은 뚜렷한 장단점을 갖고 있다. SMILES 문자열의 장점은 표현이 매우 간단해서 머신러닝 모델이 쉽게 처리할 수 있다는 것이다. 반면 SMILES 문자열의 복잡한 문법으로 인해 머신러닝 모델이 미묘한 문법의 차이를 알지 못한다면 유효하지 않은 분자가 출력되는 단점도 있다.

우선 모델을 학습시킬 SMILES 문자열 데이터셋이 필요하다. MoleculeNet에는 이미 SMILES 문자열 데이터셋 MUV가 포함돼 있다. 이 데이터셋에는 다양한 분자 구조를 가진 74,469개의 SMILES 문자열이 있다.

```
import deepchem as dc

tasks, datasets, transformers = dc.molnet.load_muv()
train_dataset, valid_dataset, test_dataset = datasets
train_smiles = train_dataset.ids
```

다음으로 모델이 알아야 할 SMILES 문자열 규칙에 대한 내용을 정의한다. 예를 들면 'SMILES 문자열에 나타날 수 있는 문자(토큰token)의 목록에는 어떤 것이 있을까?', '문자열의 최대 길이는 얼마인가?' 등이 필요하다. 여기서는 실제 학습 데이터셋에 포함돼 있는 분자들의 정보를 추려 규칙을 정의한다.

```
tokens = set()

for s in train_smiles:
  tokens = tokens.union(set(s))

tokens = sorted(list(tokens))
max_length = max(len(s) for s in train_smiles)
```

이제 학습 모델을 만든다. 어떤 구조의 인코더와 디코더를 사용하는 것이 가장 좋을까? 이는 계속 진행 중인 연구 분야이며, 다양한 논문에서 서로 다른 모델을 제안하고 있다. 현재 예제에서는 DeepChem의 AspuruGuzikAutoEncoder 클래스를 사용해 생성 모델을 구현할 것이다. 구체적으로 인코더는 합성곱 신경망을 사용하고 디코더는 순환 신경망을 사용한다. 모델에 대한 세부적인 내용을 알고 싶다면 관련 논문(https://arxiv.org/abs/1610.02415)을 읽어보자. 학습 속도를 조절하려면 ExponentialDecay를 정의한다. 이 값의 시작값은 0.001이고 매 에포치 학습 후 조금씩(0.95배) 감소시킨다. 보편적으로 이렇게 하면 많은 문제에서 원활한 최적화가 이뤄진다.

```python
from deepchem.models.tensorgraph.optimizers import Adam, ExponentialDecay
from deepchem.models.tensorgraph.models.seqtoseq import AspuruGuzikAutoEncoder

model = AspuruGuzikAutoEncoder(tokens, max_length, model_dir='vae')
batches_per_epoch = len(train_smiles)/model.batch_size
learning_rate = ExponentialDecay(0.001, 0.95, batches_per_epoch)
model.set_optimizer(Adam(learning_rate=learning_rate))
```

머신러닝을 시작하기 위해 기존에 사용해왔던 fit() 함수 대신 AspuruGuzikAutoEncoder는 자체의 fit_sequences() 함수를 사용해야 한다. fit_sequences() 함수를 사용하려면 일련의 토큰(이 경우 SMILES 문자열)을 생성하는 파이썬 객체가 필요하다. 일단 50 에포치만큼 학습을 해보자.

```python
def generate_sequences(epochs):
  for i in range(epochs):
    for s in train_smiles:
      yield (s, s)

model.fit_sequences(generate_sequences(50))
```

학습이 잘 진행됐다면 생성 모델은 새로운 분자를 생성할 수 있을 것이다. 새로운 분자를 만들기 위해 임의의 벡터를 선택해서 디코더를 통과시킨다. 예시로 길이가 196(모델에 들어가는 벡터의 크기)인 벡터 1,000개를 넣어본다.

앞서 언급했듯이 생성 모델의 모든 출력값이 실제 유효한 SMILES 문자열은 아니다. 유효하지 않은 SMILES 문자열을 선별하기 위해 RDKit의 `MolFromSmiles` 함수를 사용한다.

```python
import numpy as np
from rdkit import Chem

predictions = model.predict_from_embeddings(np.random.normal(size=(1000,196)))
molecules = []

for p in predictions:
  smiles = ''.join(p)
  if Chem.MolFromSmiles(smiles) is not None:
    molecules.append(smiles)

for m in molecules:
  print(m)
```

생성 모델의 결괏값 분석하기

생성 모델에서 만들어지는 SMILES 문자열은 유효하지 않은 분자이거나 약물로서 가치가 없는 분자일 수도 있다. 그렇기 때문에 신약 후보 물질을 식별하는 전략이 필요하다. 다음의 SMILES 문자열로 결괏값을 분석하는 예시를 살펴본다.

```python
smiles_list = [
  'CCCCCCNNNCCOCC',
  'O=C(O)C(=O)ON/C=N/CO',
  'C/C=N/COCCNSCNCCNN',
  'CCCNC(C(=O)O)c1cc(OC(OC)[SH](=O)=O)ccc1N',
```

```
'CC1=C2C=CCC(=CC(Br)=CC=C1)C2',
'CCN=NNNC(C)OOCOOOOOCOOO',
'N#CNCCCCCOCCOC1COCNN1CCCCCCCCCCCCCCCCCCCCCOOOOOSNNCCCCCSCSCCCCCCCCCCOCOOOSS',
'CCCC(=O)NC1=C(N)C=COO1',
'CCCSc1cc2nc(C)cnn2c1NC',
'CONCN1N=NN=CC=C1CC1SSS1',
'CCCOc1ccccc1OSNNOCCNCSNCCN',
'C[SH]1CCCN2CCN2C=C1N',
'CC1=C(C#N)N1NCCC1=COOO1',
'CN(NCNNNN)C(=O)CCSCc1ccco1',
'CCCN1CCC1CC=CC1=CC=S1CC=O',
'C/N=C/c1ccccc1',
'Nc1cccooo1',
'CCOc1ccccc1CCCNC(C)c1nccs1',
'CNNNNNNc1nocc1CCNNC(C)C',
'COC1=C(CON)C=C2C1=C(C)c1ccccc12',
'CCOCCCCNN(C)C',
'CCCN1C(=O)CNC1C',
'CCN',
'NCCNCc1cccc2c1C=CC=CC=C2',
'CCCCCN(NNNCNCCCCCCCCCCSCCCCCCCCCCCCCCNCCNCCCCSSCSSSSSSCCCCCCCCCCCCCCCSCCCCCSC)C(O)OCCN',
'CCCS1=CC=C(C)N(CN)C2NCC2=C1',
'CCNCCCCCOc1cccc(F)c1',
'NN1O[SH](CCCCO)C12C=C2',
'Cc1cc2cccc3c(CO)cc-3ccc-2c1']
```

첫 번째 전략은 SMILES 문자열에 제거하고 싶은 분자가 있는지를 검사하는 것이다. DeepChem에 포함된 RDKit의 기능을 사용하면 특정 SMILES 문자열이 포함된 분자를 쉽게 선택할 수 있다. 먼저 파이썬 리스트 축약[list comprehension]을 사용해 SMILES 문자열들을 분자 객체로 변환한다.

```
molecules = [Chem.MolFromSmiles(x) for x in smiles_list]
```

가장 먼저 확인할 것은 분자의 크기다. 일반적으로 분자의 원자 수가 열 개 미만인 경우에는 상호작용에 필요한 에너지가 불충분하고, 반대로 50개 이상인 경우에는 분자의 용해도가 너무 낮아 문제가 된다. 일단 수소를 제외한 각 분자의 원자 수를 계산해 분자의 크기를 대략적으로 추정한 분포를 구해본다. 다음 코드는 각 분자의 크기에 대한 목록을 만들고 정렬해서 대략적인 원자 수의 분포를 나타낸다.

```
print(sorted([x.GetNumAtoms() for x in molecules]))
```

위 코드의 출력은 다음과 같다.

```
[3, 8, 9, 10, 11, 11, 12, 12, 13, 14, 14, 14, 15,
16, 16, 16, 17, 17, 17, 17, 18, 19, 19, 20, 20, 22, 24, 69, 80]
```

상대적으로 큰 분자가 두 개, 작은 분자가 네 개 있는 것을 확인할 수 있다. 이제 파이썬 리스트 축약을 사용해 원자의 수가 열 개보다는 많고 50개보다는 작은 분자의 목록을 만든다.

```
good_mol_list = [
  x for x in molecules if x.GetNumAtoms() > 10 and x.GetNumAtoms() < 50]
print(len(good_mol_list))
```

위 코드의 출력은 다음과 같다.

```
23
```

위의 코드를 통해 29개 분자 목록을 23개로 줄일 수 있었다.

그러나 실무에서는 분자의 크기가 아니라 생성된 분자의 품질을 평가하기 위해 여러 특성을 사용해야 한다. 그런 특성 중에서 알려진 약물과 얼마나 유사한지를 판단하는 방법인 QED[Quantitative Estimate of Drug-likeness]가 최근에 많이 사용된다. QED는 리처드 비커튼[Richard

Bickerton 박사가 제안한 지표이며 각 분자에 대해 계산된 속성 집합과 판매된 약물의 동일한 특성 분포를 비교해 정량화한다.[2] 이 점수는 0에서 1 사이의 값을 가지며, 1에 가까울수록 기존 약물과 유사하다고 본다.

RDKit을 사용해 남아있는 분자에 대한 QED 점수를 계산하고 값이 0.5를 초과하는 분자만 고른다.

```
qed_list = [QED.qed(x) for x in good_mol_list]
final_mol_list = [
  (a,b) for a,b in zip(good_mol_list,qed_list) if b > 0.5]
```

마지막 단계로 final_mol_list의 화학 구조와 해당 QED 점수를 시각화한다.

```
MolsToGridImage(
  [x[0] for x in final_mol_list],
  molsPerRow=3,useSVG=True,
  subImgSize=(250, 250),
  legends=[f"{x[1]:.2f}" for x in final_mol_list])
```

결과는 그림 9-3과 같다.

그러나 해당 분자가 높은 QED 점수를 가진다고 해도 구조는 여전히 화학적으로 불안정할 수 있다. 그러므로 다음 절에서는 불안정한 분자를 확인하고 제거하는 방법을 설명한다.

2   Bickerton, Richard G. et al. "Quantifying the Chemical Beauty of Drugs." http://dx.doi.org/10.1038/nchem.1243. 2012

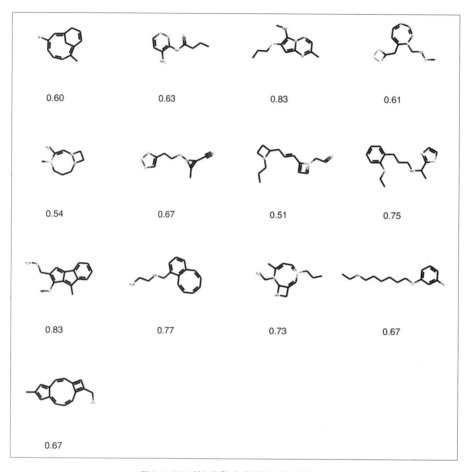

그림 9-3 QED 점수와 함께 생성된 분자의 화학 구조

결론

생성 모델은 원하는 특성을 갖는 새로운 분자 구조를 찾을 때 유용하지만 몇 가지 해결해야 할 문제점이 있다. 첫 번째는 '생성된 분자 구조가 화학적으로 안정하고 실제로 합성이 가능한가?'라는 문제다. 이 문제의 해결법은 생성된 분자 구조가 보편적인 화학 규칙을 따르고 있는지 평가하는 것이다. 쉽게 말해 각각의 탄소 원자에 네 개의 결합이 존재하는지, 각각의

산소 원자가 두 개의 결합을 갖는지, 각각의 불소 원자가 하나의 결합을 갖는지를 파악한다. 그리고 이런 화학 규칙을 통해 SMILES 문자열로 표현된 분자가 유효한 것인지 판단한다.

그러나 이런 화학 규칙을 이용한 검사도 완벽하지는 않다. 이런 규칙을 사용한 생성 모델도 종종 쉽게 분해되는 것으로 알려진 분자 구조를 생성하곤 한다. 대표적으로 그림 9-4의 헤미아세탈[hemiacetal][3] 그룹이 있다. 헤미아세탈 그룹은 불안정하기 때문에 쉽게 분해되는 것으로 잘 알려져 있다.

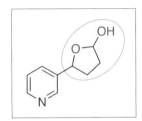

그림 9-4 불안정한 헤미아세탈 구조가 포함된 분자

그래서 그림 9-4에 나타낸 분자는 자연계에 존재할 확률이 거의 없다. 따라서 불안정하거나 반응성이 있는 것으로 알려진 분자 구조는 신약 개발의 시작 단계에서 빠르게 제거돼야 한다. 잠재적으로 불안정한 분자를 일련의 필터를 통해 제거하는 방법은 11장, '가상 선별검사'에서 자세히 살펴볼 것이다. 잠재적인 문제가 있는 화합물을 제거하는 방법은 사실상 동일한 개념이기 때문이다.

새로운 분자의 생물학적 활성을 측정하려면 화학자들이 해당 분자를 합성해야 한다. 새로운 유기 화학물을 합성하려면 보통 5~10 단계의 화학 합성이 필요하며, 100년이 넘는 화학 합성의 역사에서 화학자들은 수천 가지의 화학 반응을 찾아냈다. 약 50년 전부터는 화학물 합성을 자동화하려는 시도가 계속되고 있지만 아직까지는 요원한 상태다.

다행히 많은 화학자가 새로운 유기 화합물을 합성하는 데 머신러닝 모델을 적용하기 위해 노력하고 있으며, 특히 화학 합성에 딥러닝을 사용하는 방법에 많은 관심이 쏠리고 있다.

---

3   헤미아세탈 혹은 헤미케탈은 알데히드나 케톤 화합물에서 유도된 화합물의 군이다. - 옮긴이

화학 합성에 딥러닝을 적용하는 간단한 예시를 살펴보면, 입력값으로 합성된 분자와 그 분자를 합성하는 데 쓰인 일련의 단계를 사용한다. 그러면 딥러닝 모델은 수천 개의 분자에 대한 합성 단계를 학습함으로써 분자와 화학 반응 단계 간의 연관성을 찾는다. 이후 머신러닝이 완료된 모델은 새로운 분자 합성을 위한 화학 반응을 제안하고, 화학자들은 그 단계를 따라 실험을 진행한다.

유기 합성에 대한 딥러닝은 정말 최신 분야라고 말할 수 있다. 그러므로 이 분야가 계속 발전해 많은 화학자의 삶에 중요한 도구가 되길 희망한다. 또한 아직은 불가능하지만 가까운 미래에는 완전히 자동화된 합성 플랫폼이 만들어지길 기대한다.

현재 생성 모델을 여러 분야에 적용하기 힘든 첫 번째 이유는 데이터의 가용성에서 찾을 수 있다. 딥러닝 모델의 학습에 필요한 데이터들은 대부분 특정 조직의 자산인 경우가 많다. 그렇기 때문에 대다수는 해당 데이터를 사용할 권리조차 없다.

생성 모델이 해결해야 할 두 번째 문제는 생성된 데이터의 품질이다. 생성 모델을 통해 얻은 새로운 분자를 올바르게 평가하는 작업은 생각보다 어려운 일이다. 학습 데이터가 아닌 외부의 유효성 검사 데이터셋을 사용해 모델의 신뢰도를 검증할 수는 있겠지만, 새로 만들어진 데이터에 대해서는 검증할 수 없다. 따라서 생성 모델을 통해 만들어진 데이터의 신뢰도에는 본질적인 한계가 존재한다.

그러나 생성 모델은 아주 최신의 기술이고 많은 잠재력을 갖고 있다. 그러니 가까운 미래에는 이런 문제가 해결될 것으로 보인다.

## 10장

딥러닝 모델의 해석

지금까지 딥러닝을 사용해 다양한 문제를 해결하는 예제들을 살펴봤다. 대부분의 경우 학습 및 테스트 데이터셋을 이용해 딥러닝 모델을 훈련시키고 평가했다. 그리고 더 나은 모델을 만들기 위해 데이터를 추가하면서 모델의 성능을 개선했다. 마침내 예측을 정확하게 하는 딥러닝 모델을 만들었다면 이제 무엇을 더 할 수 있을까?

모델을 통해 정확한 예측을 한다는 것은 단지 시작일 뿐이다. 학습 모델이 어떻게 작동되는지, 입력값의 어느 특성이 예측에 중요한지, 학습 모델의 예측이 언제나 신뢰할 만한지, 예측이 실패하는 경우가 생기는지, 모델이 학습한 것은 정확히 무엇인지, 또한 학습 데이터에 대한 새로운 통찰력을 얻을 수 있는지 등과 같은 수많은 질문에 답해야 한다.

이런 질문들은 매우 광범위한 주제이므로 답을 찾는 방법도 다양하다. 그렇기 때문에 10장에서는 모든 것을 다 이야기하기보다는 답을 찾는 접근법을 설명한다.

앞서 다룬 예제를 다시 살펴보며 위 질문들에 대한 답을 찾아보자.

예측값 설명하기

자동차, 배, 기차, 비행기 사진들을 정확히 구별하는 머신러닝 모델을 만들었다고 가정하자. 머신러닝 모델을 실제 상황에 바로 사용할 수 있을까? 다시 말해 머신러닝 모델이 실제 상황에서도 계속 같은 성능을 보여줄 수 있을지 생각해보자.

실제 상황에서는 단 한 번의 잘못된 예측으로 심각한 문제가 발생할 수 있다. 그래서 머신러닝 모델에 대한 추가적인 유효성 검사가 필요하다. 유효성 검사를 통해 모델이 어떻게 예측값을 계산하는지 이해할 수 있게 된다면 해당 모델을 더욱 신뢰할 수 있다. 예시로 자동차 사진을 구별하는 머신러닝 모델을 생각해보자. 머신러닝 모델은 실제로 자동차를 구별할 수 있을까? 아니면 자동차와는 무관한 것에 의존하고 있을까? 자동차와는 무관하지만 자동차 사진에는 일반적으로 도로가 나오고 비행기 사진은 보통 배경이 하늘인 경향이 있다. 또한 기차 사진에는 대개 궤도가 포함돼 있으며, 배 사진은 보통 물을 배경으로 한다. 따라서 머신러닝 모델은 자동차가 아닌 배경을 식별해 판단하는 경우도 있을 것이다. 그렇게 되면 하늘을 배경으로 한 배는 비행기로 분류하고 물 위에 떠있는 자동차는 배로 분류하는 잘못된 예측을 하게 될 것이다.

또 다른 문제로 학습 모델이 사진의 세부 사항에 지나치게 집착할 수도 있다. 예를 들어 사진 속의 자동차 번호판을 보고 구별하거나 배에 있는 구명조끼를 통해 판단한다면, 구명조끼가 있는 수영장을 지나가는 자동차는 구별하지 못할 것이다.

자동차 사진을 식별하는 머신러닝 모델은 자동차의 일부나 사진의 배경이 아니라 전체적인 자동차의 형상을 판단해야 한다. 그래서 모델의 예측에 대한 해석이 매우 중요하다. 요컨대 올바른 이유에 대해 올바른 대답을 제공했다는 것을 알아야 머신러닝 모델의 예측에 대한 자신감을 얻을 수 있다.

8장에서 만들었던 당뇨망막병증 모델을 구체적인 예시로 들어본다. 이 모델은 환자의 망막 이미지를 입력으로 받아 당뇨망막병증의 존재와 심각도를 예측한다. 입력과 출력 사이에는 800만 개의 학습된 매개변수로 구성된 수십 개의 레이어 층이 있다. 딥러닝 모델의 복잡성은 인간의 이해력을 뛰어넘기 때문에 특정 입력 레이어가 특정 출력 레이어로 연결되는 이유를 아는 것은 사실상 불가능하다.

그동안 딥러닝 모델을 이해하기 위해 많은 방법이 발명됐으며, 여기서는 그중에서 가장 간단한 방법인 돌출맵$^{saliency\ map}$[1]을 배운다.[2] 이 방법의 핵심은 입력 이미지의 어느 부분이 출력값에 중요한지 찾는 것이다. 물론 딥러닝 모델의 예측에 전체 이미지 데이터가 사용돼야 하는 것이 올바르다. 그러나 모델의 출력은 매우 복잡한 비선형 함수의 결괏값이고, 실제로 이미지의 특정 부분이 다른 부분보다 중요하게 작용하는 것이 사실이다. 즉, 당뇨망막병증 환자의 망막 이미지에서는 모든 픽셀에 병증이 있는 것이 아니라 특정 부분에 병증이 나타나므로 병증이 일어나는 부분을 아는 것이 중요하다.

이런 질문에 돌출맵은 간단한 근사법으로 접근한다. 예를 들어 당뇨망막병증 환자의 망막 이미지에서 특정 부분이 질병과 관련이 없다면 해당 부분의 데이터를 변경해도 출력값에 큰 영향을 주지 않을 것이다. 반대로 생각해서, 질병과 연관된 특정 부분의 데이터를 수정하면 예측 결과가 뒤집히게 될 것이다. 이런 방식으로 이미지의 영역들을 검사하고 중요한 영역을 찾아 돌출맵을 그린다.

먼저 당뇨망막병증 모델을 만들고 학습된 매개변수 값을 불러온다.

```
import deepchem as dc
import numpy as np
from model import DRModel
from data import load_images_DR

train, valid, test = load_images_DR(split='random', seed=123)
model = DRModel(n_init_kernel=32, augment=False, model_dir='test_model')
model.restore()
```

이제 모델을 사용해 샘플에 대한 예측을 할 수 있다. 예를 들어 처음 열 개의 테스트 샘플에 대한 예측을 확인해본다.

---

1   이미지의 각 영역이 갖는 시각적 중요도를 지도의 형태로 나타낸다. – 옮긴이

2   Simonyan, K., A. Vedaldi, and A. Zisserman. "Deep Inside Convolutional Networks: Visualising Image Classification Models and Saliency Maps." Arxiv.org (https://arxiv.org/abs/1312.6034). 2014

```
X = test.X
y = test.y
for i in range(10):
  prediction = np.argmax(model.predict_on_batch([X[i]]))
  print('True class: %d, Predicted class: %d' % (y[i], prediction))
```

출력은 다음과 같다.

```
True class: 0, Predicted class: 0
True class: 2, Predicted class: 2
True class: 0, Predicted class: 0
True class: 0, Predicted class: 0
True class: 3, Predicted class: 0
True class: 2, Predicted class: 2
True class: 0, Predicted class: 0
True class: 0, Predicted class: 0
True class: 0, Predicted class: 0
True class: 2, Predicted class: 2
```

해당 학습 모델은 처음 열 개의 샘플 중 아홉 개를 올바르게 예측하는 꽤 좋은 성능을 보여준다. 그러면 돌출맵으로 학습 모델이 어떻게 예측하는지 확인하자. DeepChem을 사용하면 다음과 같이 쉽게 돌출맵을 그릴 수 있다.

```
saliency = model.compute_saliency(X[0])
```

compute_saliency()는 특정 샘플에 대한 입력값을 받아 모든 입력값에 대한 출력값의 미분값을 반환한다. saliency 형태를 확인하면 무슨 말인지 더 잘 이해할 수 있을 것이다.

```
print(saliency.shape)
```

위 코드의 출력값은 (5, 512, 512, 3)이다. (512, 512, 3)은 각각 가로 및 세로의 픽셀 크기와 RGB 색상의 구성 요소를 나타낸다. 첫 번째 숫자 5는 위 모델에 다섯 가지 출력이 존재한다는 뜻이며, 이것은 각자 속한 클래스에서 샘플의 확률을 말한다. 다시 말해 512×512×3 입력값에 대한 다섯 가지 출력을 미분한 것이 돌출맵이다.

추가적인 처리를 하면 돌출맵을 더 유용하게 만들 수 있다. 먼저 픽셀의 명암을 신경 쓰지 않기 위해 출력에 절댓값을 취한다. 그런 다음 출력 데이터를 압축하기 위해 각각의 값을 하나의 값으로 합산한다. 그렇게 하면 이제 모델의 예측에 영향을 주는 픽셀만 남게 되는데, 마지막으로 정규화를 통해 값을 0과 1 사이 값으로 만든다.

```
sal_map = np.sum(np.abs(saliency), axis=(0,3))
sal_map -= np.min(sal_map)
sal_map /= np.max(sal_map)
```

그림 10-1은 딥러닝 모델이 당뇨망막병증으로 예측한 이미지를 보여준다. 왼쪽은 입력 이미지이고, 오른쪽은 돌출맵으로 표현한 것이다. 돌출 영역은 흰색으로 강조 표시돼 있다.

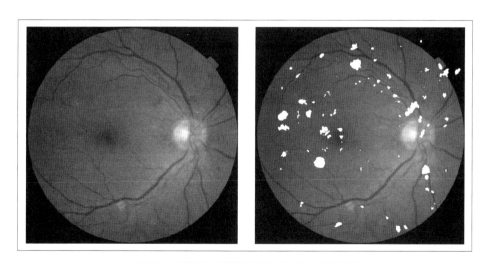

그림 10-1 심한 당뇨망막병증이 있는 환자 이미지의 돌출맵

돌출맵을 통해 알 수 있는 첫 번째 사실은 돌출 영역이 전체 망막에 균일하지 않게 퍼져 있다는 것이다. 돌출 영역은 혈관을 따라 집중돼 있고, 특히 혈관이 분지되는 곳에 집중적으로 나타난다. 이는 의사들이 당뇨망막병증을 진단하기 위해 비정상적인 혈관, 출혈, 새로운 혈관의 성장을 확인하는 것과 동일하다고 볼 수 있다. 결과적으로 당뇨망막병증 머신러닝 모델은 실제 의사들이 중요하다고 생각하는 부분을 통해 질병을 판단하는 것처럼 보인다.

입력값 최적화하기

돌출맵은 머신러닝 모델이 예측할 때 중점을 둔 정보를 알려준다. 그러나 정확하게 '어떤 정보를 해석했는지', '어떻게 정보를 해석했는지'는 알 수 없다. 당뇨망막병증 머신러닝 모델은 병든 혈관과 건강한 혈관을 구별하고자 무엇을 찾았을까? 마찬가지로 자동차 사진을 식별하는 모델은 자동차를 구성하는 픽셀 기반으로 객체를 파악했으며, 배경을 통해 식별하지는 않았다. 그럼 머신러닝 모델은 어떻게 그 픽셀이 자동차라고 결론지었을까?

이런 질문에 대답하는 일반적인 방법은 예측 확률을 최대화하는 입력값을 찾는 것이다. 즉, 모든 입력값 중에서 예측 확률이 최대화된 입력값을 찾는다면 머신러닝 모델이 실제로 식별하는 부분을 거꾸로 유추할 수 있다. 그러나 때로는 그림 10-2에 나타난 것처럼 우리의 예상과는 전혀 다른 결과를 얻기도 한다. 그림 10-2의 이미지들은 사람의 눈으로는 전혀 의미가 없어 보이지만 이미지 인식 모델에게는 해당 물체를 예측하게 만든다.

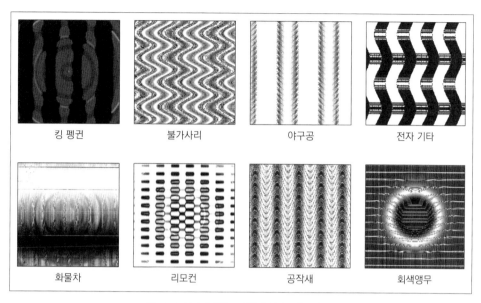

그림 10-2 이미지 인식 모델을 속일 수 있는 이미지들
(출처: Arxiv.org(https://arxiv.org/abs/1412.1897))

6장에서 배운 전사인자 결합 모델을 다시 생각해보자. 전사인자 결합 모델은 DNA 서열을 입력값으로 받아 전사인자가 결합 여부를 예측했었다. 그럼 거꾸로 가능한 DNA 서열을 모두 입력해보면 전사인자가 결합하는 DNA 서열을 찾을 수 있지 않을까?

그러나 가능한 DNA 서열의 개수는 4^{101}개이며, 하나의 서열을 예측하는 데 1나노초가 걸린다고 가정해도 모든 서열에 대한 분석을 완료하는 데 우주의 나이보다 더 오래 걸린다. 따라서 현실적으로 불가능한 방법이라고 할 수 있다.

훨씬 더 합리적인 접근법으로 학습 데이터셋의 DNA 서열을 확인하는 방법이 있다. 학습 데이터셋은 실제 수천만 개의 DNA 서열을 포함하고 있으므로 전체 염색체를 충분히 대변하는 것으로 간주할 수 있다. 머신러닝 모델에서 가장 높은 예측값을 나타내는 열 개의 서열을 그림 10-3에 나타냈다. 각각은 97% 이상의 확률로 결합 부위를 가질 것으로 예측됐으며, 실험을 통해 아홉 개는 실제 전사인자가 결합되고 나머지 하나는 위양성 예측이라는 것이 증명됐다. 추가적으로 돌출맵을 사용해 학습 모델이 중요하다고 생각하는 염기를 다른 색으로 강조했다.

```
✓ GGCGGCCGGGTCGGTGACGTCACCGCATGACTGGGTTTTTATGAATGAAAGGAATCCTGTGAGTGAGTAATTCCGGGAAGCTCGCCTTACAACTCCGCGCG
✓ GGGGCATTGCCAGAGGATGATGTCATCATCTCAAATGAAAGGCCCTGGAGGGAAGTGGTCCCCACTGGAACCCACCTGGAAACCTAATGCCCTCCTCTGTG
✓ CTGAATGAACACCAAGGTCACCTCTGCTGGTAACCTTTGGGCAGGGCTGCTTACAGGTGACTCATGGTGAGAGTGACGTCACCCCATCAGGGTGAGCTCTC
✓ TGATTTCATGACTCACTGATGAGTCACAATCCACAGTTTAAAAAAGTGTGAAAAGGGAATTTATTAAAGCCACACAATGTCTCCACTAGTCCCACTCTGAG
✓ ACATTTTGCTCTTCTCAGCTGGTAAGAAAGAGGTTACTCTACTGGCCAGGATGACTCATTCTGATTACCAAATTGAGTTGTTGCTTTACAATGCGGGCAGC
✓ TGAGTCACGGTCCCGAGGTCTTATTTTCGCTAAGTCACCGCCCCGAGATCTGTTTTCGCTGAGTCACGGTCCCGGTGTCTGTTTTCGCTGAGTCACGGTCTA
✓ GCTGTACTTGCCCTGACTCATTGTACTCTACCTTGCCCTTACCTCCCATCAGCCTATGACATCACTCAGTTAATTTCTGAAATCATGCTGCTGACTCATTG
✓ GATGATGGTAATGATGATGATGACATCATGATGATGATGATGATGTGGCCGATGATGATGGCTGATGATGACAATGGTGATGATGATAA
✗ TGACGATGACGATGACGACGACGATGACGACGACGACGACGACAACTACTAACTTCTTCCAGCTGAACTATTTTCAGTGGGCTAAAGTCTCTTGATAAAGA
✓ AGCTCCGCAGGCGTGACTCATGGCGCCGCCGACGCGCGGCGGAGGCTCCGCGGGTATGACGTCATGGCGCCGCCGCCGGCACGCGGCCGCGGCGCTGCACGG
```

그림 10-3 예측값이 가장 높은 열 개의 서열. 실제로 결합하는 부위는 강조 표시했다.

그림 10-3의 서열을 살펴보면 모두 TGA … TCA의 패턴을 갖고 있다. 돌출맵으로 다른 위치의 염기서열 빈도 또한 계산할 수 있는데(그림 10-4 참조), TGA 서열 앞에는 A가 오고 TGA와 TCA 서열 사이에는 보통 CG가 온다. 또한 TCA 서열 뒤에는 주로 TC 서열이 온다는 것을 알 수 있다.

그림 10-4 위치 가중치 행렬(position weight matrix)로 표현한 JunD 단백질의 결합 부위. 각 문자의 높이는 해당 위치에 해당 염기가 나타날 확률이다.

위양성 예측값에는 이런 패턴이 포함돼 있지 않지만 전사인자 결합 부위의 시작 서열인 TGAC가 반복돼 있다. 이처럼 겉보기에는 머신러닝 모델이 진짜 결합 부위를 확인하고 있는 것처럼 보이지만, 불완전한 서열이 반복돼 있으면 예측이 틀리는 경우가 있다.

그리고 학습 데이터셋이 항상 모든 입력값을 대변할 수 있는 것은 아니다. 이미지 인식 모델의 예를 들면, 자동차 사진만으로 구성된 학습 데이터로 만든 머신러닝 모델은 다른 물체는 인식하지 못한다. 그런 경우에는 눈송이 사진을 입력값으로 줘도 배 사진이라고 예측하기도 한다. 따라서 이미 갖고 있는 데이터로는 이런 오류를 확인할 수 없다. 그러므로 무작위로 입력값을 제공한 다음 최적화 알고리즘을 사용해 모델의 예측값을 수정하는 방식을 사용해야 한다.

예시로 전사인자(TF) 결합 모델에 무작위 서열을 입력해 전사인자 결합 부위를 예측해보자.

```
best_sequence = np.random.randint(4, size=101)
best_score = float(
  model.predict_on_batch([dc.metrics.to_one_hot(best_sequence, 4)]))
```

이제 서열 내의 위치를 임의로 선택해 예측값이 증가하면 그 위치를 유지하고, 그렇지 않으면 다른 위치를 선택하는 과정을 반복한다.

```
for step in range(1000):
  index = np.random.randint(101)
  base = np.random.randint(4)
  if best_sequence[index] != base:
    sequence = best_sequence.copy()
    sequence[index] = base
    score = float(model.predict_on_batch([dc.metrics.to_one_hot(sequence, 4)]))
    if score > best_score:
      best_sequence = sequence
      best_score = score
```

일반적으로 1,000번 정도 반복하면 예측값의 최대치인 1.0에 도달하게 된다.

이 과정을 통해 생성된 열 개의 서열이 그림 10-5에 나와 있다. 가장 일반적으로 결합하는 부위의 서열(TGACTCA, TGAGTCA, TGACGTCA)이 모두 강조됐다. 각각의 서열에는 이런 패턴이 적어도 하나 이상 포함돼 있고, 대체로 서너 개가 포함된다. 결론적으로 예측값이 최대화되는 서열이 실제값과 일치하기 때문에 해당 모델이 잘 작동하고 있다는 것을 유추할 수 있다.

```
GACGTCATCCCTTACGATGACGTCATCATAACGGCGACGATGACTCTACTGATGAGTCATCGCTGTGACGACGTTACTGCCGCTGACGCAATTGATGACGT
CGCGGCGACGGTTCCGATTACTCATCGGGTGATGACGTCGTGACGTCATCGGTGATGACGACGTCACCTCCGGAACGGTGACGACGGTGATGACGTAACTC
CGCTGCGGTGATGACTCATTCCGTTGTGAGTCATCGCTAACGGTTCCGAAAGTTTTCCGACGGCGATGAGTCATCGGTGACGATGACGATGACTCATTGTA
CGTCATTCGTGAGTCATGACTTATCGCGAAATGATGACTCCGTTCCGATGACTCATCGGCGCCGTCCGGTCAGGAATGACGTCATGATGACTCATTACGTC
GATGACTCATCTATGACTCAATGACGTCATTCGCGTGATTACGTCCTTTATAACGATGACGTCATCACTCACGGAACCGATCCGATTACGACCGGCGCTCC
TCAGTGATGACTGAGTCATCATGACGTCATCGCGTTCCGGTTACGTCGAGTACCGCGGCGGATGACGTCATCGCAGACCGGGGATGACTTCACTGGTGTGA
GTCACCTCGAAACGGTACGGCTCTGAGAGTACGTCACCGAGTATCCGATCCGGGCGATGACTCATCGTTCGGTGATGATGATGTCATCATCGATGACTCAT
GTCACGGGTAATGATGACGTCATCGCTTCGGATTGCCCGTCCGGAACGATGACGTCATATCGGTTATGACGTCAAGACGTCATCGCTTGCAGATGATGACG
CCTGCGATGACGTCATCGATTAGCATCGATGACGTCACTTACTGCTCCGACGATGACTCAATGAGTCATCATCAATGGTGACGACCGGGCCGGTTACGGTT
AGCGCTCCGTCCGGAATGATGACGTCACTTTGGTGACTCAGTAACTGTCCGCACCGATGACTCATCGGGTACGGTGAGTCATTGCACTGGTACGACATCTA
```

그림 10-5 가장 높은 예측값을 출력하도록 최적화된 서열

불확실성 예측하기

머신러닝 모델의 예측이 정확하다고 해도 여전히 중요한 문제가 남아있다. 예측의 정확도가 어느 정도 돼야 정확하다고 말할 수 있는 것일까? 언제나 과학은 하나의 값에 만족하지 못하고 모든 값에 대한 불확실성uncertainty을 원한다. 만약 예측값이 1.352라면 그 값은 1.351과 1.353 사이의 값으로 해석돼야 할까? 아니면 0과 3 사이의 값으로 봐야 할까?

4장에서 만든 용해도 예측 모델을 예시로 모델의 정확도를 살펴보자. 용해도 예측 모델은 분자 그래프로 표현한 분자를 입력값으로 받아 숫자로 용해도를 출력한다. 해당 모델을 만들려면 다음 코드를 사용한다.

```
tasks, datasets, transformers = dc.molnet.load_delaney(
  featurizer='GraphConv')
train_dataset, valid_dataset, test_dataset = datasets
model = GraphConvModel(n_tasks=1, mode='regression', dropout=0.2)
model.fit(train_dataset, nb_epoch=100)
```

앞서 4장에서는 테스트 데이터셋으로 학습 모델의 정확도를 평가하고 마무리했다. 하지만 여기서는 좀 더 심화적으로 정확도를 정량화한다.

정확도를 정량화하는 가장 간단한 방법은 테스트 데이터셋으로 예측값과 실제값의 차이에 대한 RMSRoot-Mean-Square 값을 계산하는 것이다.

```
y_pred = model.predict(test_dataset)
print(np.sqrt(np.mean((test_dataset.y-y_pred)**2)))
```

이 경우 RMS 값은 0.396이 나온다. 그렇다면 이 값을 모델의 예측 불확실성 값으로 사용할 수 있을까? 만약 테스트 데이터셋이 모든 입력값을 대변하거나 모든 예측 오류가 같은 분포를 가진다면 그렇게 할 수 있다. 그러나 두 가지 가정은 모두 합리적이지 않다. 일부 예측은 다른 것보다 훨씬 큰 오차를 가질 수 있고, 테스트 데이터셋에서는 분자에 따라 오차가 실제보다 높거나 낮을 수 있다.

우리에게 필요한 것은 모든 입력값에 대한 불확실성이다. 다시 말해 어떤 예측값이 더 정확하고 어떤 예측값은 덜 정확하다는 점을 알고 싶다. 그렇기 때문에 모델의 예측에 오류를 유발하는 여러 요소는 신중하게 고려돼야 한다.[3] 앞으로 살펴보겠지만 근본적으로 두 가지 유형의 불확실성이 있다.

그림 10-6은 학습 데이터셋에서 분자 용해도의 실제값과 예측값을 비교한 것이다. 대각선을 따라 각각의 데이터가 주위에 고르게 분포돼 있으므로 모델은 학습 데이터셋에서는 좋은 성능을 보여준다는 것을 알 수 있다. 물론 학습에 사용한 데이터를 갖고 예측했음에도 불구하고 어느 정도 오류가 발생했으므로, 테스트 데이터셋에서는 더 많은 오류가 발생할 것이라고 쉽게 예상할 수 있다.

---

3   Kendall, A., and Y. Gal, "What Uncertainties Do We Need in Bayesian Deep Learning for Computer Vision?" https://arxiv.org/abs/1703.04977. 2017

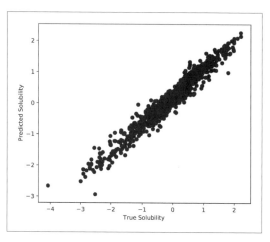

그림 10-6 학습 데이터셋에 대한 용해도의 실제값과 예측값

여기서는 학습 데이터셋만 사용했다는 점을 유의해야 한다. 예측값의 불확실성은 모델이 학습하는 동안에 이용한 데이터에 의해 결정되고, 이를 물리적 불확실성이라고 한다.

그림 10-7에는 머신러닝을 반복해서 얻은 각각의 모델로 용해도를 예측한 값이 나와 있다. 동일한 학습 데이터를 사용했지만 각각의 학습 모델은 모두 다른 예측값을 출력했다.

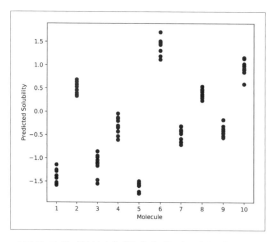

그림 10-7 열 개의 분자에 대한 용해도를 반복해서 예측한 결과

이것은 인식론적^{epistemic} 불확실성으로 알려져 있는 근본적인 유형의 불확실성이다. 따라서 학습 데이터를 통한 모델의 성능 측정은 어느 모델이 최고인지 판단할 수 없다.

인식론적 불확실성을 측정하는 방법은 그림 10-7과 같이 모델을 여러 개 만들어 결과를 비교하는 것이다. 이는 계산이 많이 필요한 작업이므로, 만약 한 번 학습하는 데 몇 주가 걸리는 복잡한 모델이라면 비교하기 어렵다.

다른 대안으로 단일 모델에 여러 드롭아웃을 적용해 여러 번 예측하는 방법이 있다. 일반적으로 드롭아웃을 50%로 설정하면 학습이 진행될 때 임의로 절반의 값을 제거하지만, 여기서는 다른 접근법으로 출력값의 절반을 임의로 제거한다. 이 방법을 사용하면 예측값의 범위를 얻을 수 있고 인식론적 불확실성에 대해 추정할 수 있다.

두 종류의 불확실성 사이의 절충안을 모델에 적용할 때는 주의해야 할 점이 있다. 머신러닝 모델에 많은 매개변수가 필요하다면 학습 데이터에 밀접하게 맞출 수 있어 매개변수 값이 대다수의 학습 데이터를 잘 대변한다. 그러나 매개변수가 거의 없는 학습 모델을 사용한다면 최적의 매개변수가 특정한 값이 될 확률이 높아 특정 학습 데이터를 대변하지 못한다. 그렇기 때문에 두 경우 모두 모델의 예측 정확도를 추정할 때는 두 종류의 불확실성이 포함돼야 한다.

복잡하게 들리지만 실제 적용하는 것은 간단하다. 다음과 같이 DeepChem 모델 생성자에 인수 하나만 추가하면 된다.

```
model = GraphConvModel(
  n_tasks=1, mode='regression', dropout=0.2, uncertainty=True)
```

학습 모델에 옵션 uncertainty=True를 포함시켜 불확실성에 대한 출력을 추가함으로써 손실 함수를 변경한다.

```
y_pred, y_std = model.predict_uncertainty(test_dataset)
```

이 모델은 여러 개의 드롭아웃 레이어를 사용해 모델의 예측값을 여러 번 계산함으로써 각 출력 요소의 평균값과 각 모델의 표준 편차의 추정값을 출력한다.

모델이 테스트 데이터셋에서 어떻게 작동하는지 확인하고자 그림 10-8에 각 샘플에 대한 예측값과 실제값의 오차와 불확실성을 시각화한다. 그림을 통해 명확한 추세를 확인할 수 있는데, 예측된 불확실성이 큰 샘플은 예측된 불확실성이 작은 샘플보다 큰 오차를 가진다. 점선으로 표현된 것은 $y=2x$에 해당하고, 약 90%에 해당하는 선 아래의 데이터들은 예측값과 실제값의 표준 편차가 2 이내다.

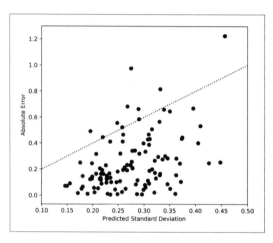

그림 10-8 예측에 대한 오류와 각 값의 불확실성에 대한 추정

해석 가능성, 설명 가능성, 실제 결과

잘못된 예측의 파장이 클수록 모델의 작동 방식을 이해하는 것이 중요하다. 일부 모델의 경우에 개별적인 예측값은 중요하지 않은 경우가 있다. 예를 들어 신약 개발 초기 단계에서는 수백 가지의 후보 물질을 선별screening해 가장 좋은 약물을 선택하는 모델을 사용한다. 이 경우 모델의 예측 정확도는 낮아도 예측값이 평균보다 높으면 충분하다고 본다.

반면에 질병의 진단 및 치료법을 추천할 때는 환자의 삶이 예측 결과에 큰 영향을 받기 때문에 모든 예측값의 신뢰도가 높아야 한다.

또한 이상적인 모델이라면 단지 병을 진단할 뿐만 아니라 진단을 뒷받침하는 증거도 제공해야 한다. 그래야 의사가 머신러닝 모델이 정확하게 진단했는지 판단할 수 있을 것이다.

그러나 대부분의 딥러닝 모델은 예측에 대한 근거를 설명하지 않는다. 때문에 의사들은 진단 결과가 어떤 근거에 의한 것인지 전혀 모른다. 그런 경우에도 학습 모델의 진단을 믿어야 할까? 아니면 예측값을 무시하고 자신의 판단에 따라야 할까?

모든 모델은 궁극적으로 인간과 상호작용해야 하며, 모델의 품질을 평가하려면 이 점을 항상 고려해야 한다. 사람은 종종 머신러닝만큼 심리학이나 경제학에도 의존하기 때문에 예측에 대한 상관계수나 정확도로는 충분하지 않다. 그래서 머신러닝의 예측값을 누가 보는지, 어떻게 해석해야 되는지, 실제 효과는 어떤지를 항상 생각해야 한다.

머신러닝 모델에 대한 해석은 예측의 정확성에는 영향을 주지 않지만 예측의 실제 결과에는 큰 영향을 미칠 수 있다. 따라서 모델을 설계할 때는 먼저 예측값을 어떻게 신뢰할 수 있는지를 생각해야 한다.

결론

딥러닝 모델은 해석하기 어렵지만 그동안 해석을 돕는 많은 기술이 만들어졌다. 이런 해석 기술을 사용하면 모델의 작동 방식을 어느 정도 이해하는 데 도움이 되고 예측이 실패할 가능성이 높은 상황을 찾을 수 있다. 또한 데이터에서 새로운 통찰을 얻기도 하는데, 전사인자 결합 모델의 경우 기존에 알려지지 않은 결합 부위 서열을 발견할 수 있었다.

11장

가상 선별검사

제약 회사들은 신약 후보 물질을 찾기 위해 수천만 개의 분자를 대상으로 고효율 선별 검사(HTS)를 사용한다. 근래에는 실험을 통한 고효율 선별 검사의 비용을 절감하고자 많은 제약 회사가 가상 선별검사를 도입 중이다. 가상 선별검사[1]는 기존의 고효율 선별 검사 대비 비용이 저렴하고 분석 시간도 짧은 것이 특징이다. 가상 선별검사의 종류에는 구조 기반 선별과 리간드 기반 선별이 있다.

구조 기반 가상 선별검사는 단백질의 결합 부위에 최적으로 결합하는 분자 구조를 찾는 방법이다. 단백질과 결합하는 분자는 종종 단백질의 기능을 억제하는데, 이런 분자를 사용하면 종양, 염증, 세균 감염 등의 광범위한 곳에 새로운 치료제로 쓸 수 있다.

리간드 기반 가상 선별검사는 이미 알려진 약물과 유사한 분자를 찾는 방법이다. 따라서 기존에 존재하는 약물의 기능을 향상시키거나 부작용을 줄이는 것이 목표다. 리간드 기반 가상 선별검사는 일반적으로 다양한 실험 방법을 통해 이미 효과가 확인된 분자 데이터로 시작한다. 딥러닝을 사용해 분자의 효능을 예측하는 모델을 만들고 새로운 분자 데이터를 입력해 효능을 예측한다.

11장에서는 리간드 기반 가상 선별검사의 예시로 합성곱 신경망 모델을 사용해 표적 단백질에 결합하는 분자와 결합하지 않는 분자의 데이터셋으로 결합력을 예측한다. 이어서 예제 코

---

1   선별검사는 신약 후보 물질의 약리 활성 및 독성을 평가하는 방법이다. – 옮긴이

드 뒤에 숨겨진 이론적인 내용과 분석법을 설명한다.

예측 모델을 위한 데이터셋 준비

먼저 ERK2 단백질[2]을 억제하는 분자를 예측하기 위한 그래프 합성곱 모델을 만든다. ERK2 는 MAPK1[Mitogen-Activated Protein Kinase 1]이라고도 부르며 세포 증식을 조절하는 신호 전달 경로 에 중요한 역할을 하는 것으로 알려져 있다. ERK2 단백질은 여러 암과 관련돼 있는 것으로 알려져 있고, ERK2 억제제는 현재 비소세포성 폐암[non-small cell lung cancer3]과 흑색종(피부암)에 대해 임상 시험이 진행되고 있다.

ERK2 단백질의 활성을 억제하는 분자를 예측하기 위해 DUD−E(http://dud.docking.org/) 데 이터베이스에서 활성 및 비활성 분자들의 데이터를 사용할 것이다. 추가적인 데이터를 원 하는 경우라면, 논문이나 유럽 생물 정보학 연구소(EBI)의 ChEMBL(https://www.ebi.ac.uk/ chembl/)와 같은 생물학적 분자 데이터베이스에서 얻을 수 있다. 성능이 좋은 머신러닝 모델 을 위해서는 활성 분자와 비활성 분자의 특성 분포가 유사해야 한다. 예를 들어, 만약 비활 성 분자들이 활성 분자보다 명백히 낮은 분자량을 가진다면 머신러닝 모델은 단순히 분자량 을 통해 활성을 구별하도록 학습하게 된다.

따라서 신뢰할 수 있는 모델을 만들려면 활성 분자와 비활성 분자의 특성이 유사해야 한다. 이제 DUD−E 데이터셋에서 활성 및 비활성 분자에 대한 몇 가지 특성을 살펴보자.

먼저 필요한 라이브러리를 불러온다.

```
from rdkit import Chem
from rdkit.Chem import Draw
import pandas as pd
from rdkit.Chem import PandasTools
```

---

2   extracellular signal-regulated kinases의 약자로 다수의 생화학적 신호에 관여하고 있으며 세포의 증식 분화 전사 조절에 관여한 다. – 옮긴이

3   비소세포암은 폐암 환자의 약 80~85%에서 발생하며 조기에 진단하면 수술적 치료로 완치될 수 있다. – 옮긴이

```
from rdkit.Chem import Descriptors
from rdkit.Chem import rdmolops
import seaborn as sns
```

데이터셋의 분자 데이터는 SMILES 문자열 형식으로 표현돼 있다. SMILES 문자열에 대한 자세한 내용은 4장의 내용을 참고하자. 데이터셋의 활성 정보를 판다스^{Pandas} 데이터프레임으로 불러오고 RDKit의 AddMoleculeColumnToFrame() 함수를 사용해 SMILES 문자열 데이터를 데이터프레임에 추가한다. 활성 분자 정보가 포함된 파일(actives_final.ism)은 CSV 파일이 아니지만 판다스 read_CSV() 함수를 사용해 읽어온다.

```
active_df = pd.read_CSV("mk01/actives_final.ism", header=None, sep=" ")
active_rows, active_cols = active_df.shape
active_df.columns = ["SMILES", "ID", "ChEMBL_ID"]
active_df["label"] = ["Active"]*active_rows
PandasTools.AddMoleculeColumnToFrame(active_df, "SMILES", "Mol")
```

먼저 분자의 속성을 추가하는 함수를 정의한다.

```
def add_property_columns_to_df(df_in):
  df_in["mw"] = [Descriptors.MolWt(mol) for mol in df_in.Mol]
  df_in["logP"] = [Descriptors.MolLogP(mol) for mol in df_in.Mol]
  df_in["charge"] = [rdmolops.GetFormalCharge(mol) for mol in df_in.Mol]
```

위 함수를 사용해 분자량$^{molecular\ mass}$[4], 분배 계수$^{partition\ coefficient}$(LogP)[5], 전하^{charge}를 계산할 수 있다. 각각의 속성은 분자의 크기, 유성 물질(옥탄올)에서 물로 분리되는 능력, 분자의 전하가 양전하인지 음전하인지 여부를 나타낸다. 이제 활성 및 비활성 데이터셋에서 이런 특성의 분포를 비교한다.

---

4   분자량은 원자 질량 단위로 나타낸 분자의 질량이다. – 옮긴이
5   해당 분자가 물과 유기 용매 사이에 평행하게 용해된 시점에서 용질의 농도 비율을 의미한다. – 옮긴이

```
add_property_columns_to_df(active_df)
```

데이터프레임의 처음 다섯 행을 살펴서 내용이 일치하는지 확인한다(표 11-1 참조).

```
active_df.head()
```

표 11-1 active_df 데이터프레임의 처음 다섯 줄

Line	SMILES	ID	ChEMBL_ID	label
0	Cn1ccnc1Sc2ccc(cc2Cl)Nc3c4cc(c(cc4ncc3C#N)OCCCN5CCOCC5)OC	168691	CHEMBL318804	Active
1	C[C@@]12[C@@H]([C@@H]	86358	CHEMBL162	Active
2	Cc1cnc(nc1c2cc([nH]c2)C(=O)NC@Hc3cccc(c3)Cl)Nc4cccc5c4OC(O5)(F)F	575087	CHEMBL576683	Active
3	Cc1cnc(nc1c2cc([nH]c2)C(=O)NC@Hc3cccc(c3)Cl)Nc4cccc5c4OCO5	575065	CHEMBL571484	Active
4	Cc1cnc(nc1c2cc([nH]c2)C(=O)NC@Hc3cccc(c3)Cl)Nc4cccc5c4CCC5	575047	CHEMBL568937	Active

비활성 분자 데이터에도 똑같이 한다.

```
decoy_df = pd.read_CSV("mk01/decoys_final.ism",header=None,sep=" ")
decoy_df.columns = ["SMILES","ID"]
decoy_rows, decoy_cols = decoy_df.shape
decoy_df["label"] = ["Decoy"]*decoy_rows
PandasTools.AddMoleculeColumnToFrame(decoy_df,"SMILES","Mol")
add_property_columns_to_df(decoy_df)
```

활성, 비활성 분자 데이터를 하나의 데이터프레임으로 합쳐야 모델 학습에 사용할 수 있다.
판다스의 append() 함수로 tmp_df라는 새로운 데이터프레임을 만든다.

```
tmp_df = active_df.append(decoy_df)
```

활성, 비활성 데이터셋을 비교하기 위해 바이올린 플롯^{violin plot}으로 특성의 분포를 시각화한다. 바이올린 플롯은 박스 플롯^{box plot}[6]과 비슷한 방법으로 데이터 분포에 대한 정보를 제공한다. 결과는 그림 11-1에서 확인할 수 있다.

```
sns.violinplot(tmp_df["label"],tmp_df["mw"])
```

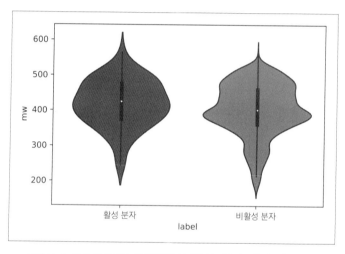

그림 11-1 활성 및 비활성 데이터셋의 분자량 분포를 비교한 바이올린 플롯

400mw 이하의 분자들이 비활성 분자 데이터셋에 좀 더 많이 있지만, 바이올린 플롯의 중간 상자로 표시된 분포의 중심은 비슷한 위치에 있다. 따라서 두 데이터셋의 분자량 분포는 유사하다고 볼 수 있다.

---

6 상자 수염 그림(Box-and-Whisker Plot) 또는 상자 그림이라고도 부른다. – 옮긴이

LogP의 분포도 동일한 시각화 방법으로 비교한다(그림 11-2). LogP의 분포 또한 유사하며, 비활성 분자 데이터셋의 값들이 좀 더 하단에 분포하지만 전체적으로는 거의 같은 양상을 나타낸다.

```
sns.violinplot(tmp_df["label"],tmp_df["logP"])
```

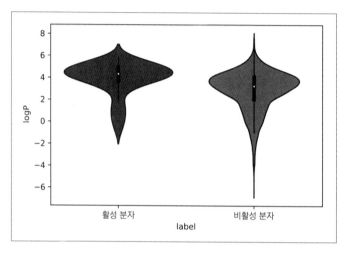

그림 11-2 활성 및 비활성 데이터셋의 LogP 분포를 비교한 바이올린 플롯

마지막으로 분자의 전하를 비교한다(그림 11-3).

```
sns.violinplot(new_tmp_df["label"],new_tmp_df["charge"])
```

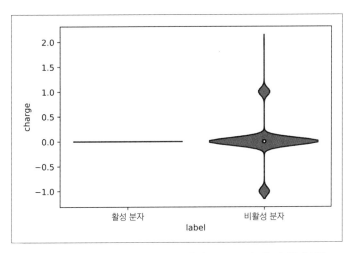

그림 11-3 활성 및 비활성 분자 데이터셋의 전하 분포를 비교한 바이올린 플롯

전하의 분포에서는 유의미한 차이가 보인다. 활성 분자는 거의 중성으로 0의 전하를 갖는데, 일부 비활성 분자는 +1 또는 −1의 전하를 띠고 있다. 새로운 데이터프레임을 만들어 비활성 분자의 어느 부분이 전하를 띠는지 살펴보자.

```
charged = decoy_df[decoy_df["charge"] != 0]
```

판다스 데이터프레임은 .shape 속성을 사용해 행과 열의 개수를 확인할 수 있다. 전체 비활성 분자들 중 전하를 띤 분자의 비율을 구하기 위해 다음 코드를 사용한다.

```
charged.shape[0]/decoy_df.shape[0]
```

위 코드의 출력은 0.162다. 따라서 비활성 분자의 약 16%가 전하를 띠고 있는 것으로 보인다. 활성 및 비활성 데이터셋이 동일한 방식으로 수집된 것은 아니므로 활성 분자와 비활성 분자의 전하 차이로 인해 모델 학습에 편향bias이 생길 수 있다. 따라서 비활성 분자의 화학 구조를 수정해 전하를 제거함으로써 문제를 해결할 것이다. 여기서는 RDKit Cookbook(https://www.rdkit.org/docs/Cookbook.html)에서 제공하는 NeutraliseCharges()

함수를 사용한다.

```python
from rdkit import Chem
from rdkit.Chem import AllChem


def _InitialiseNeutralisationReactions():
    patts= (
        ('[n+;H]', 'n'), # 이미다졸
        ('[N+;!H0]', 'N'), # 아민
        ('[$([O-]);!$([O-][#7])]', 'O'), # 카복실산, 알콜
        ('[S-;X1]', 'S'), # 싸이올
        ('[$([N-;X2]S(=O)=O)]', 'N'), # 설파닐아마이드
        ('[$([N-;X2][C,N]=C)]', 'N'), # 엔아민
        ('[n-]', '[nH]'), # 테트라졸
        ('[$([S-]=O)]', 'S'), # 설폭사이드
        ('[$([N-]C=O)]', 'N')) # 아마이드
    return [(
        Chem.MolFromSmarts(x),
        Chem.MolFromSmiles(y,False)) for x,y in patts]


_reactions=None


def NeutraliseCharges(smiles, reactions=None):
    global _reactions
    if reactions is None:
        if _reactions is None:
            _reactions=_InitialiseNeutralisationReactions()
        reactions=_reactions
    mol = Chem.MolFromSmiles(smiles)
    replaced = False
    for i,(reactant, product) in enumerate(reactions):
        while mol.HasSubstructMatch(reactant):
            replaced = True
            rms = AllChem.ReplaceSubstructs(mol, reactant, product)
            mol = rms[0]
    if replaced:
```

```
        return (Chem.MolToSmiles(mol,True), True)
    else:
        return (smiles, False)
```

혼란을 피하려면 다음과 같이 비활성 분자를 위한 SMILES 문자열, ID, 레이블이 있는 새로운 데이터프레임을 만든다.

```
revised_decoy_df = decoy_df[["SMILES","ID","label"]].copy()
```

새로 만든 데이터프레임에 NeutraliseCharges() 함수를 사용해 중성 전하를 띤 SMILES 문자열로 변환한다. NeutraliseCharges() 함수는 두 가지 값을 반환하는데, 첫 번째는 중성 전하를 띤 SMILES 문자열이고 두 번째는 분자가 변경됐는지 여부를 나타내는 불리언[boolean][7] 변수다. 여기서는 중성 전하의 SMILES 문자열만 필요하므로 NeutraliseCharges() 함수의 첫 번째 요소만 사용한다.

```
revised_decoy_df["SMILES"] = [
    NeutraliseCharges(x)[0] for x in revised_decoy_df["SMILES"]]
```

SMILES 문자열을 변경한 후에는 데이터프레임에 분자의 속성을 추가한다.

```
PandasTools.AddMoleculeColumnToFrame(revised_decoy_df,"SMILES","Mol")
add_property_columns_to_df(revised_decoy_df)
```

그런 다음 활성 분자의 데이터프레임과 합쳐 사용한다.

```
new_tmp_df = active_df.append(revised_decoy_df)
```

---

7   불리언은 논리 자료형이라고도 하며, 참과 거짓을 나타내는 데 쓰인다. - 옮긴이

다시 전하의 분포를 비교하는 바이올린 플롯을 시각화한다.

```
sns.violinplot(new_tmp_df["label"],new_tmp_df["charge"])
```

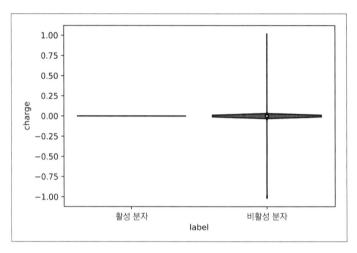

그림 11-4 활성 및 비활성 데이터셋의 전하 분포를 나타내는 바이올린 플롯

그림 11-4를 통해 이제는 비활성 분자 데이터셋에 전하를 띤 분자가 거의 없다는 것을 알수 있다. 그래도 다시 한 번 전하를 띤 분자의 비율을 계산해보자.

```
charged = revised_decoy_df[revised_decoy_df["charge"] != 0]
charged.shape[0]/revised_decoy_df.shape[0]
```

위 코드의 출력 결과는 0.003이다. 즉, 전하를 띤 분자의 비율이 16%에서 0.3%로 줄어들었다. 이제는 활성 및 비활성 데이터셋의 데이터가 균형을 이뤘다고 볼 수 있다.

학습 데이터셋으로 사용하기 위해 각 분자에 SMILES 문자열, ID, 이름, 활성 여부(활성이면 1, 비활성이면 0으로 표현)를 포함하는 새로운 데이터프레임을 만든다.

```
active_df["is_active"] = [1] * active_df.shape[0]
revised_decoy_df["is_active"] = [0] * revised_decoy_df.shape[0]
combined_df = active_df.append(revised_decoy_df)[["SMILES","ID","is_active"]]
combined_df.head()
```

새로 만든 데이터프레임의 처음 다섯 줄을 표 11−2에 나타냈다.

표 11-2 새로 만든 데이터프레임의 처음 다섯 줄

Line	SMILES	ID	is_active
0	Cn1 ccnc1Sc2ccc(cc2Cl}Nc3c4cc(c(cc4ncc3C#N}OCCCN5CCOCC5)OC	168691	1
1	C[C@@]12[C@@H]([C@@H](CC(O1)n3c4ccccc4c5c3c6n2c7ccccc7c6c8c5 C(=O)NC8)NC)OC	86358	1
2	Cc1cnc(nc1c2cc([nH]c2)C(=0) NC@Hc3cccc(c3}Cl}Nc4cccc5c4OC(O5)(F)F	575087	1
3	CCc1cnc(nc1c2cc([nH]c2)C(=O)NC@Hc3cccc(c3}Cl}Nc4cccc5c4OCO5	575065	1
4	Cc1cnc(nc1c2cc([nH]c2)C(=0) NC@Hc3cccc(c3}Cl}Nc4cccc5c4CCC5	575047	1

판다스의 to_csv() 함수를 사용해 새로 만든 combined_df 데이터프레임을 CSV 파일로 저장한다. index = False 옵션을 사용하면 CSV 파일에 행 번호가 저장되지 않게 할 수 있다.

```
combined_df.to_csv("dude_erk1_mk01.csv", index=False)
```


머신러닝 모델 학습하기

이전 절에서 전처리를 완료한 데이터셋을 사용해 그래프 합성곱 모델을 만들어본다. 먼저 필요한 라이브러리를 불러온다.

```
import deepchem as dc
from deepchem.models import GraphConvModel
```

```
import numpy as np
import sys
import pandas as pd
import seaborn as sns
from rdkit.Chem import PandasTools
```

이어서 그래프 합성곱 모델을 생성하는 함수를 정의한다. 분류 모델을 만들기 위해 옵션 값으로 mode='classification'을 설정한다. 생성한 모델을 다른 데이터셋에서도 사용할 수 있도록 원하는 폴더에 저장한다.

```
def generate_graph_conv_model():
  batch_size = 128
  model = GraphConvModel(
    1, batch_size=batch_size,
    mode='classification',
    model_dir="/tmp/mk01/model_dir")
  return model
```

CSV 파일로 저장된 학습 데이터를 다음의 코드로 불러온다.

```
dataset_file = "dude_erk2_mk01.CSV"
tasks = ["is_active"]
featurizer = dc.feat.ConvMolFeaturizer()
loader = dc.data.CSVLoader(
  tasks=tasks,
  smiles_field="SMILES",
  featurizer=featurizer)
dataset = loader.featurize(dataset_file, shard_size=8192)
```

학습 모델의 성능을 평가하기 위해 전체 데이터셋을 학습 및 검증 데이터셋으로 나눈다. 이 경우 무작위로 데이터셋을 분리하는 RandomSplitter() 함수를 사용한다. DeepChem에서는 이외에도 화학 구조를 기반으로 데이터셋을 나누는 ScaffoldSplitter()와 데이터를 군집화한 다음 데이터셋을 분리하는 ButinaSplitter() 같은 도구를 제공한다.

```
splitter = dc.splits.RandomSplitter()
```

학습 데이터와 검증 데이터로 분할하고 나서는 모델 성능의 평가 지표를 정의해야 한다. 이번 예시의 경우에는 적은 수의 활성 분자와 많은 수의 비활성 분자로 구성된 불균형한 데이터셋으로 학습을 진행했다는 점을 고려해야 한다. 불균형한 데이터셋에서 일반적으로 사용되는 매튜 상관계수$^{Matthews\ Correlation\ Coefficient}(\mathrm{MCC})$[8]를 평가 지표로 사용한다.

```
metrics = [
  dc.metrics.Metric(
    dc.metrics.matthews_corrcoef,
    np.mean, mode="classification")]
```

또한 10겹$^{10\ folds}$ 교차 검증으로 모델의 성능을 평가한다.

```
training_score_list = []
validation_score_list = []
transformers = []
cv_folds = 10

for i in range(0, cv_folds):
  model = generate_graph_conv_model()
  res = splitter.train_valid_test_split(dataset)
  train_dataset, valid_dataset, test_dataset = res
  model.fit(train_dataset)
  train_scores = model.evaluate(train_dataset, metrics, transformers)
  training_score_list.append(train_scores["mean-matthews_corrcoef"])
  validation_scores = model.evaluate(valid_dataset, metrics, transformers)
```

---

8 1975년에 생화학자 매튜가 제안한 방법으로 이진 분류에 사용한다. −1에서 +1 사이의 값으로 표현되며 +1이면 완벽한 예측, 0이면 무작위 예측, −1이면 완전히 반대되는 예측을 의미한다. – 옮긴이

```
    validation_score_list.append(validation_scores["mean-matthews_corrcoef"])

print(training_score_list)
print(validation_score_list)
```

박스 플롯으로 학습 및 검증 데이터셋에서 모델의 성능을 시각화한다. 시각화 결과는 그림 11-5에서 확인할 수 있다.

```
sns.boxplot(
    ["training"] * cv_folds + ["validation"] * cv_folds,
    training_score_list + validation_score_list)
```

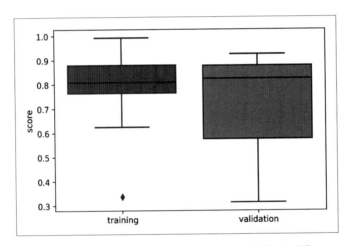

그림 11-5 학습 및 검증 데이터셋에서 모델의 성능을 평가한 박스 플롯

박스 플롯을 통해 학습 모델의 성능이 학습 데이터에서 더 좋다는 것을 알 수 있다. 물론 검증 데이터셋에서의 성능도 상당히 좋은 편이다.

학습 모델의 성능에 대해 좀 더 확신을 얻으려면 결과를 시각화하는 것이 매우 유용하다. 추가적인 시각화를 위해 검증 데이터에 대한 예측값 집합을 만든다.

```
pred = [x.flatten() for x in model.predict(valid_dataset)]
```

예측값으로 구성된 데이터프레임을 만든다.

```
pred_df = pd.DataFrame(pred,columns=["neg", "pos"])
```

활성 여부(1은 활성, 0은 비활성)와 예측된 분자의 SMILES 문자열을 데이터프레임에 추가한다.

```
pred_df["active"] = [int(x) for x in valid_dataset.y]
pred_df["SMILES"] = valid_dataset.ids
```

데이터프레임의 처음 다섯 줄을 출력해 데이터가 올바른지 확인하자. 결과는 표 11-3에서 확인할 수 있다.

표 11-3 예측을 포함하는 데이터프레임의 처음 다섯 줄

Line	neg	pos	active	SMILES
0	0.906081	0.093919	1	Cn1ccnc1Sc2ccc(cc2Cl)Nc3c4cc(c(cc4ncc3C#N)OCCC...
1	0.042446	0.957554	1	Cc1cnc(nc1c2cc([nH]c2)C(=O)NC@Hc3cccc(c3...
2	0.134508	0.865492	1	Cc1cccc(c1)C@@HNC(=O)c2cc(c[nH]2)c3c(cnc...
3	0.036508	0.963492	1	Cc1cnc(nc1c2cc([nH]c2)C(=O)NC@Hc3ccccc3)...
4	0.940717	0.059283	1	c1c₩2c([nH]c1Br)C(=O)NCC/C2=C/3₩C(=O)N=C(N3)N

박스 플롯을 그려서 활성 및 비활성 분자의 예측값을 비교한다(그림 11-6).

```
sns.boxplot(pred_df.active,pred_df.pos)
```

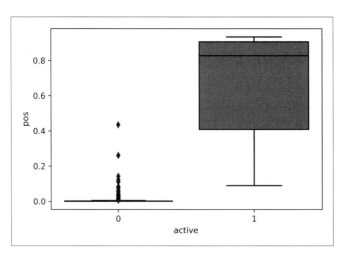

그림 11-6 예측된 분자에 대한 매튜 상관계수 점수

그림 11-6은 우리가 만든 머신러닝 모델이 우수한 성능으로 활성 분자와 비활성 분자를 구분할 수 있다는 것을 보여준다. 분류 모델을 평가할 때는 활성 분자로 예측한 비활성 분자(위양성)와 비활성으로 예측되는 활성 분자(위음성)를 검사하는 것이 중요하다. 예측값이 0.5 미만인 활성 분자로 구성된 새로운 데이터프레임을 만들어 위음성 여부를 검사해보자.

```
false_negative_df = pred_df.query("active == 1 & pos < 0.5").copy()
```

RDKit의 PandasTools 모듈을 사용해 분자의 화학 구조를 검사한다.

```
PandasTools.AddMoleculeColumnToFrame(false_negative_df, "SMILES", "Mol")
```

위음성 데이터를 출력해 살펴본다(그림 11-7).

```
false_negative_df
```

	neg	pos	active	SMILES	Mol
4	0.723421	0.27658	1	c1ccc(cc1)c2c(c3ccccn3n2)c4cc5c(n[nH]c5nn4)N	
5	0.910040	0.08996	1	CCNC(=O)Nc1ccc(cn1)CNc2c(scn2)C(=O)Nc3ccc4c(c3)OC(O4)(F)F	

그림 11-7 위음성으로 판별된 예측값

데이터프레임에 들어있는 정보를 최대한 활용하려면 화학적 지식이 필요하다. 위음성 분자의 화학 구조와 진양성[true positive] 분자의 화학 구조를 비교해 모델이 분자를 정확하게 예측하지 못한 이유를 유추할 수 있기 때문이다. 그러나 종종 위음성, 진양성 분자가 전혀 다른 구조를 갖는 경우가 발생하는데, 그때는 분자 구조의 다양성을 높이기 위해 추가적인 데이터가 필요하다.

위음성 데이터의 경우와 비슷한 접근법으로 위양성 데이터도 확인한다. 예측값이 0.5를 초과하는 모든 비활성 분자를 새로운 데이터프레임으로 만든다(그림 11-8 참조). 이어서 진양성 분자들과 비교해보자.

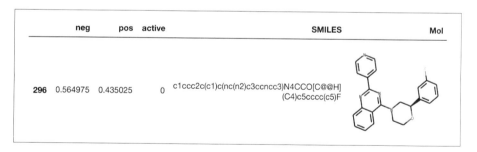

	neg	pos	active	SMILES	Mol
296	0.564975	0.435025	0	c1ccc2c(c1)c(nc(n2)c3ccncc3)N4CCO[C@@H](C4)c5cccc(c5)F	

그림 11-8 위양성 분자

```
false_positive_df = pred_df.query(
    "active == 0 & pos > 0.5").copy()
PandasTools.AddMoleculeColumnToFrame(
```

```
    false_positive_df, "SMILES", "Mol")
false_positive_df
```

머신러닝 모델의 학습이 완료되면 그다음 목표는 모델의 성능을 평가하는 것이다. 따라서 일반적으로는 데이터셋을 나눠서 일부는 모델의 학습에 사용하고, 또 다른 일부는 성능을 평가하는 데 사용한다. 그러나 이 예제에서는 모델의 성능을 최대한으로 높이기 위해 데이터셋의 모든 데이터로 머신러닝을 진행한다.

```
model.fit(dataset)
```

위 모델은 약 91%의 정확도를 가진다. 마지막으로 학습한 모델을 다음 번에도 사용하고자 로컬 디스크에 저장한다.

```
model.save()
```

예측을 위한 데이터셋 준비하기

대부분의 경우 기존에 갖고 있던 데이터셋을 기반으로 머신러닝 모델을 만들고 원하는 분자의 활성을 예측하는 데 사용한다. 이전 절에서 ERK2 단백질의 활성을 억제하는 분자를 예측하는 머신러닝 모델을 만들었으니 이제 새로운 데이터셋으로 분자의 활성을 예측해보자. 예측을 위한 데이터셋은 일반적으로 내부 데이터베이스나 상업적인 데이터베이스를 사용한다. 여기서는 ZINC 데이터베이스(https://zinc15.docking.org/)의 일부[9]를 사용해 우리가 만든 모델로 분자의 활성을 예측한다.

가상 선별검사의 한 가지 문제점은 데이터셋에 생물학적 분석이 어려운 분자들이 존재한다

---

9   총 10억 개 중 10만 개의 분자만 간추렸다. – 옮긴이

는 것이다. 그래서 지난 25년 동안 수많은 과학자가 잠재적으로 문제가 있는 분자를 걸러내기 위해 노력해왔다. 그런 노력 중 하나가 ChEMBL 데이터베이스다. 이 예제에서는 파이썬 스크립트 rd_filters.py를 사용해 ChEMBL 데이터베이스로 잠재적인 문제가 있는 분자 데이터를 제거하는 방법을 배운다.

rd_filters.py 파이썬 스크립트와 관련 데이터는 깃허브 저장소(https://github.com/deepchem/DeepLearningLifeSciences)에서 다운로드할 수 있다.

rd_filters.py 파이썬 스크립트에 사용 가능한 모드와 옵션에 대한 설명은 -h 플래그를 호출하면 확인할 수 있다.

```
rd_filters.py -h

Usage:
  rd_filters.py $ filter --in INPUT_FILE --prefix PREFIX [--rules RULES_FILE_NAME][--alerts
ALERT_FILE_NAME][--np NUM_CORES]
  rd_filters.py $ template --out TEMPLATE_FILE [--rules RULES_FILE_NAME]

Options:
  --in INPUT_FILE input file name
  --prefix PREFIX prefix for output file names
  --rules RULES_FILE_NAME name of the rules JSON file
  --alerts ALERTS_FILE_NAME name of the structural alerts file
  --np NUM_CORES the number of cpu cores to use (default is all)
  --out TEMPLATE_FILE parameter template file name
```

입력 파일 zinc_100k.smi에서 스크립트를 호출하기 위해 옵션 --in을 사용한다. 잠재적인 문제가 있는 분자를 식별하려면 filter 모드 옵션을 사용한다. --prefix 옵션은 출력 파일 이름에 접두어 zinc를 붙이기 위한 것이다.

```
rd_filters.py filter --in zinc_100k.smi --prefix zinc

using 24 cores
```

```
Using alerts from Inpharmatica
Wrote SMILES for molecules passing filters to zinc.smi
Wrote detailed data to zinc.CSV
68752 of 100000 passed filters 68.8%
Elapsed time 15.89 seconds
```

출력된 내용은 다음을 의미한다.

- 24 코어[10]에서 병렬로 실행됐다. -np 옵션으로 사용할 코어 수를 지정할 수 있다.
- 인파마티카^{Inpharmatica} 규칙을 사용했다. 이 규칙은 생물학적 분석이 어려운 화합물을 제거하기 위해 사용한다. 자세한 내용은 rd_filters.py 문서를 참조하자.
- SMILES 문자열 필터를 통과한 데이터는 zinc.smi 파일로 저장한다. 이 파일을 머신 러닝 모델의 입력값으로 사용할 것이다.
- 특정 구조를 형성한 화합물에 대한 정보는 zinc.CSV 파일에 저장한다.
- 전체 분자 중 약 69%가 필터를 통과했고, 나머지 31%의 분자는 제거됐다.

31%의 분자가 통과하지 못한 이유를 살펴보고, 혹시 필터에 수정이 필요한지 알아보자. 먼저 zinc.CSV 파일의 처음 다섯 줄을 출력한다(표 11-4 참조).

```
import pandas as pd

df = pd.read_CSV("zinc.CSV")
df.head()
```

---

10 각종 연산을 수행하는 CPU의 핵심 요소 – 옮긴이

표 11-4 zinc.CSV에서 불러온 데이터프레임의 처음 다섯 줄

Line	SMILES	NAME	FILTER	MW	LogP	HBD
0	CN(CCO)C[C@@H](O)Cn1cnc2c1c(=O)n(C)c(=O)n2C	ZINC000000000843	Filter82_pyridinium 〉0	311.342	-2.2813	2
1	O=c1[nH]c(=O)n([C@@H]2C[C@@H](O)[C@H](CO)O2)cc1Br	ZINC000000001063	Filter82_pyridinium 〉0	307.100	-1.0602	3
2	Cn1c2ncn(CC(=O)N3CCOCC3)c2c(=O)n(C)c1=O	ZINC000000003942	Filter82_pyridinium 〉0	307.310	-1.7075	0
3	CN1C(=O)C[C@H](N2CCN(C(=O)CN3CCCC3)CC2)C1=O	ZINC000000036436	OK	308.382	-1.0163	0
4	CC(=O)NC[C@H](O)[C@H]1O[C@H]2OC(C)(C)O[C@H]2[C...	ZINC000000041101	OK	302.327	-1.1355	3

zinc.CSV 파일에는 총 여섯 개의 열이 있고 각각은 다음의 정보를 포함한다.

SMILES

　　각 분자에 대한 SMILES 문자열

NAME

　　입력 파일에 나열돼 있는 분자의 이름

FILTER

　　해당 분자가 필터를 통과하지 못한 이유. OK는 통과를 의미한다.

MW

　　분자량. 기본적으로 분자량이 500보다 크면 필터를 통과하지 못한다.

LogP

　　계산된 옥탄올/물 분배 계수다. 기본적으로 LogP 값이 5보다 큰 분자는 필터를 통과하지 못한다.

HBD

수소 결합의 공여체 수. 기본적으로 다섯 개 이상인 분자는 필터를 통과하지 못한다.

가장 많은 분자를 걸러내는 필터를 찾기 위해 내장 라이브러리 collections의 Counter 클래스를 사용한다(표 11-5 참조).

```
from collections import Counter

count_list = list(Counter(df.FILTER).items())
count_df = pd.DataFrame(count_list,columns=["Rule","Count"])
count_df.sort_values("Count",inplace=True,ascending=False)
count_df.head()
```

표 11-5 걸러지는 분자 수에 대한 상위 다섯 개의 필터

Index	Rule	Count
1	OK	69156
6	Filter41_12_dicarbonyl 〉O	19330
0	Filter82_pyridinium 〉O	7761
10	Filter93_acetyl_urea 〉O	1541
11	Filter78_bicyclic_Imide 〉O	825

첫 번째 줄에 OK라고 표시된 항목은 필터를 통과한 분자의 수를 나타내며, 총 10만 개의 분자 중 69,156개가 통과했다는 것을 알 수 있다. 그다음으로 19,330개의 분자는 1,2-디카르보닐dicarbonyl을 구조에 포함하고 있어 필터를 통과하지 못했다. 1,2-디카르보닐을 포함한 분자들은 아미노산 세린serine 혹은 시스테인cysteine과 공유 결합을 형성하는 것으로 알려져 있다. filter_collection.CSV 파일에서 1,2-디카르보닐 구조를 의미하는 SMARTS 문자열 '*C(=O)C(=O)*'를 확인할 수 있다. 해당 문자열은 다음을 의미한다.

234

- 탄소에 연결된 임의의 원자 한 개
- 산소가 이중 결합된 탄소 두 개
- 그리고 임의의 원자 한 개

항상 모든 것이 예상대로 작동하는지 직접 데이터를 보고 확인하는 것이 좋다. RDKit의 MolsToGridImage() 함수에 highlightAtomLists 옵션을 사용해 1,2-디카르보닐의 위치를 강조함으로써 시각화한다(그림 11-9 참조).

```
from rdkit import Chem
from rdkit.Chem import Draw

mol_list = [Chem.MolFromSmiles(x) for x in smiles_list]
dicarbonyl = Chem.MolFromSmarts('*C(=O)C(=O)*')
match_list = [mol.GetSubstructMatch(dicarbonyl) for mol in mol_list]
Draw.MolsToGridImage(
  mol_list, highlightAtomLists=match_list, molsPerRow=5)
```

그림 11-9는 실제 1,2-디카르보닐 그룹이 분자에 있다는 것을 보여준다. 마찬가지로 다른 필터들도 같은 방법을 통해 알아볼 수 있다.

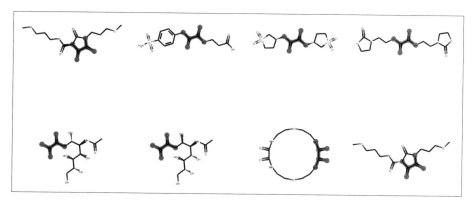

그림 11-9 1,2-디카르보닐 구조를 포함하는 분자

예측 모델 적용하기

앞서 만들었던 그래프 합성곱(GraphConvMdel) 모델로 다음 단계를 따라 한다.

1. 로컬 디스크에서 학습 모델을 불러온다.

2. 피처화자를 만든다.

3. 분자 데이터를 학습 모델에 사용할 수 있도록 피처화한다.

4. 예측된 값에 대한 성능 점수를 확인한다.

5. 가장 높은 점수로 예측된 분자의 화학 구조를 확인한다.

6. 선택한 분자들을 분류한다.

7. 모아진 분자 데이터를 CSV 파일로 저장한다.

필요한 라이브러리를 불러온다.

```
import deepchem as dc
import pandas as pd
from rdkit.Chem import PandasTools, Draw
from rdkit import DataStructs
from rdkit.ML.Cluster import Butina
from rdkit.Chem import rdMolDescriptors as rdmd
import seaborn as sns
```

이전에 만든 모델을 불러온다.

```
model = dc.models.TensorGraph.load_from_dir(""/tmp/mk01/model_dir"")
```

모델로부터 예측값을 생성하려면 우선 예측할 분자를 피처화해야 한다. 먼저 DeepChem의 ConvMolFeaturizer() 함수를 객체화한다.

```
featurizer = dc.feat.ConvMolFeaturizer()
```

분자를 피처화하기 위해 SMILES 파일을 CSV 파일로 변환해야 한다. DeepChem의 피처화자를 생성하려면 데이터프레임에 추가적인 열column이 필요하다.

```
df = pd.read_CSV("zinc.smi",sep=" ",header=None)
df.columns=["SMILES","Name"]
rows,cols = df.shape
# 피처화자를 위해 열을 추가한다
df["Val"] = [0] * rows
```

데이터프레임의 처음 다섯 줄을 살펴보면서 모든 것이 예상대로 이뤄졌는지 확인한다(표 11-6 참조).

```
df.head()
```

표 11-6 입력 파일의 처음 다섯 줄

Line	SMILES	Name	Val
0	CN1C(=O)C[C@H](N2CCN(C(=O)CN3CCCC3)CC2)C1=O	ZINC000000036436	0
1	CC(=O)NCC@H[C@H]1O[C@H]2OC(C)(C)O[C@H]2[C@@H]1NC(C)=O	ZINC000000041101	0
2	C1CN(c2nc(−c3nn[nH]n3)nc(N3CCOCC3)n2)CCO1	ZINC000000054542	0
3	OCCN(CCO)c1nc(Cl)nc(N(CCO)CCO)n1	ZINC000000109481	0
4	COC(=O)c1ccc(S(=O)(=O)N(CCO)CCO)n1C	ZINC000000119782	0

Val 열은 DeepChem의 피처화자를 위한 자리를 표시하는 열이다. 데이터프레임을 zinc_filtered.CSV 파일로 저장해 입력값으로 사용한다. 그리고 나서 index = False 옵션을 사용해 불필요한 행 번호가 첫 번째 열로 저장되지 않게 한다.

```
infile_name = "zinc_filtered.CSV"
df.to_CSV(infile_name, index=False)
```

다음 코드를 사용해 DeepChem으로 CSV 파일을 읽어온다.

```
loader = dc.data.CSVLoader(
  tasks=['Val'], smiles_field="SMILES",
  featurizer=featurizer)
dataset = loader.featurize(infile_name, shard_size=8192)
```

모델로 예측하는 데 피처화된 분자 데이터가 사용된다.

```
pred = model.predict(dataset)
```

편의를 위해 예측된 값을 데이터프레임으로 만든다.

```
pred_df = pd.DataFrame(
  [x.flatten() for x in pred],
  columns=["Neg", "Pos"])
```

시각화 라이브러리인 시본^{Seaborn}을 사용해 점수 분포에 대해 시각화한다. 점수로 활성과 비활성을 명확하게 구분하는 방법은 없으므로 가장 좋은 전략은 점수의 분포를 보고 구분하는 것이다. 그림 11-10을 보면 점수가 0.3 이상인 분자가 적다는 것을 알 수 있다. 따라서 이 값을 일차적인 컷오프 값으로 사용할 것이다.

SMILES 문자열을 가진 데이터프레임과 예측값이 있는 데이터프레임을 서로 합친다. 결합한 데이터프레임으로 예측값이 높은 분자의 화학 구조를 쉽게 확인할 수 있다.

```
combo_df = df.join(pred_df, how="outer")
combo_df.sort_values("Pos", inplace=True, ascending=False)
```

데이터프레임에 추가된 화학 구조는 그림 11-11에서 확인할 수 있다.

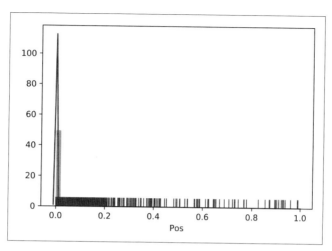

그림 11-10 예측된 분자에 대한 점수 분포

	SMILES	Name	Val	Neg	Pos	Mol
63669	O=C(NC[C@@H](CO)NC(=O)c1ccncn1)c1ccncn1	ZINC000681745616	0	0.438595	0.561404	
55121	Cn1cncc1C(=O)NC[C@@H](CO)NC(=O)c1cncn1C	ZINC000644062250	0	0.481628	0.518372	
38671	CN(C)c1nc(N)nc(C(=O)N[C@H](CO)c2ccnn2C)n1	ZINC000566403331	0	0.501487	0.498513	

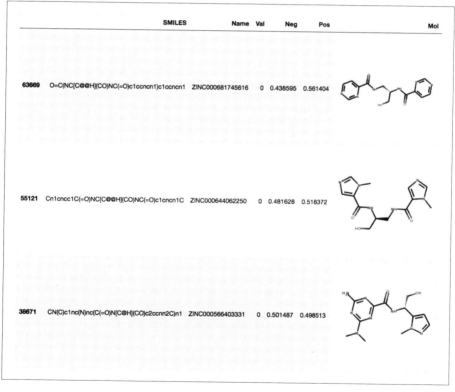

그림 11-11 예측값이 높은 분자의 화학 구조

예측값이 높은 몇 가지 분자를 살펴보면, 그림 11-12에 나타난 것처럼 화학 구조가 유사하다는 사실을 알 수 있다.

```
Draw.MolsToGridImage(
    combo_df.Mol[:10], molsPerRow=5,
    legends=["%.2f" % x for x in combo_df.Pos[:10]])
```

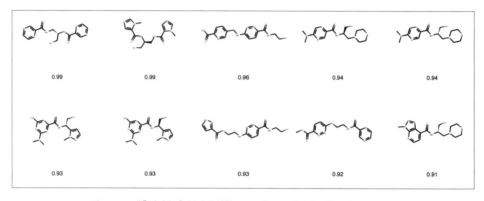

그림 11-12 예측값이 높은 분자의 화학 구조. 각 구조 아래에 예측값이 표기돼 있다.

예측값이 높은 분자들의 화학 구조는 서로 매우 비슷하다. 이렇게 화학 구조들이 중복되는 문제를 피하고자 군집화 과정으로 각 화학 구조 군집에서 가장 예측값이 높은 분자만 따로 모은다. RDKit에는 이러한 상황에서 많이 사용되는 군집화 방법인 부티나[Butina] 군집화 방법[11]이 이미 구현돼 있다. 부티나 군집화 방법은 화학적 유사성을 기반으로 그룹을 만드는 것이며, 각각의 분자는 화학 지문으로 알려진 벡터(0, 1의 배열) 값을 비교한다. 화학 지문은 분자 내에서 연결된 원자의 패턴 유무를 나타내며 군집을 만들기 위해 타니모토 계수[Tanimoto coefficient]로 알려진 지표를 사용한다. 타니모토 계수를 수식으로 나타내면 다음과 같다.

$$타니모토\ 계수 = \frac{A \cap B}{A \cup B}$$

---

11   속도가 빠르고 간단한 군집화 방법이다. – 옮긴이

위 방정식에서 분자는 교차점이거나 비트 벡터$^{bit vector12}$ A와 B 모두에서 값이 1이다. 그리고 분모는 비트 벡터 A 또는 B에서 값이 1이다. 타니모토 계수가 0이면 분자 사이에 공통적인 원자 패턴이 없다는 것을, 값이 1이면 모든 패턴이 동일하다는 것을 의미한다. 그림 11–13의 비트 벡터를 예로 들면, 두 벡터의 교집합은 3비트이고 합집합은 5비트다. 따라서 타니모토 계수는 3/5 또는 0.6으로 표현된다.

```
A   =      11011010
B   =      11010000
A∩B =      11010000   Intersection = 3

A   =      11011010
B   =      11010000
A∪B =      11011010   Union = 5
```

그림 11–13 타니모토 계수를 계산하는 과정

부티나 군집화는 컷오프 매개변수가 반드시 필요하다. 타니모토 계수가 컷오프 값보다 크면 같은 군집으로 간주하고 작으면 다른 군집으로 판단하기 때문이다. 분자 데이터를 부티나 군집화하는 코드는 다음과 같다.

```python
def butina_cluster(mol_list, cutoff=0.35):
  fp_list = [
    rdmd.GetMorganFingerprintAsBitVect(m, 3, nBits=2048)
    for m in mol_list]
  dists = []
  nfps = len(fp_list)
  for i in range(1, nfps):
    sims = DataStructs.BulkTanimotoSimilarity(
      fp_list[i], fp_list[:i])
    dists.extend([1 - x for x in sims])
  mol_clusters = Butina.ClusterData(
```

---

12   중복되지 않는 정수 집합을 비트로 나타내는 방식이다. – 옮긴이

```
      dists, nfps, cutoff, isDistData=True)
  cluster_id_list = [0] * nfps
  for idx, cluster in enumerate(mol_clusters, 1):
    for member in cluster:
      cluster_id_list[member] = idx
  return cluster_id_list
```

combo_df 데이터프레임에 head() 함수를 사용해 처음 100개 행을 복사한다.

```
best_100_df = combo_df.head(100).copy()
```

그런 다음 각 화합물에 대한 군집 식별자^{cluster identifier} 열을 추가한다.

```
best_100_df["Cluster"] = butina_cluster(best_100_df.Mol)
best_100_df.head()
```

그림 11-14에는 군집화가 완료된 데이터의 SMILES 문자열, 분자 이름, 예측값, 군집 식별자 행이 출력돼 있다.

판다스의 unique() 함수를 사용하면 군집의 개수가 55개임을 쉽게 확인할 수 있다.

```
len(best_100_df.Cluster.unique())
```

궁극적으로 가상 선별검사를 통해 얻은 후보 분자의 활성은 실제 생물학적 실험으로 검증돼야 한다. 해당 분자들을 합성하고자 데이터를 CSV 파일로 저장한다. 각 군집당 하나의 분자만을 선택하기 위해 drop_duplicates() 함수를 사용한다. 이 함수는 데이터프레임에서 중복된 행을 제거한다.

```
best_cluster_rep_df = best_100_df.drop_duplicates("Cluster")
```

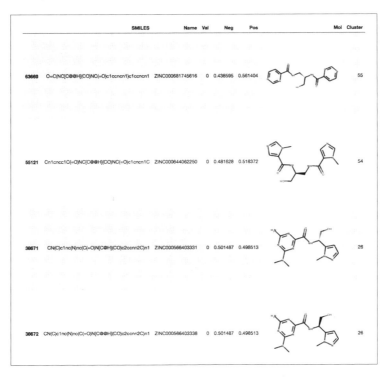

	SMILES	Name	Val	Neg	Pos		Mol	Cluster
63669	O=C(NC[C@@H](CO)NC(=O)c1ccncn1)c1cncn1	ZINC000681745616	0	0.438595	0.561404			55
55121	Cn1cncc1C(=O)NC[C@@H](CO)NC(=O)c1cncn1C	ZINC000644062250	0	0.481628	0.518372			54
38671	CN(C)c1nc(N)nc(C(=O)N[C@H](CO)c2ccnn2C)n1	ZINC000566403331	0	0.501487	0.498513			26
38672	CN(C)c1nc(N)nc(C(=O)N[C@@H](CO)c2ccnn2C)n1	ZINC000566403338	0	0.501487	0.498513			26

그림 11-14 군집화된 데이터들의 처음 열 개 행

작업이 올바르게 됐는지 확인하기 위해 .shape 옵션을 사용해 데이터프레임의 행과 열의 개수를 출력한다.

```
best_cluster_rep_df.shape
```

마지막으로 CSV 파일로 저장한다.

```
best_cluster_rep_df.to_CSV("best_cluster_represenatives.CSV")
```

결론

11장에서는 머신러닝으로 리간드 기반의 가상 선별검사를 하는 법을 배웠다. 먼저 그래프 합성곱 모델에 필요한 데이터를 전처리하기 위해 학습 데이터를 평가하고 분자량, LogP, 전하 분포가 활성 및 비활성 데이터셋 간에 균형을 맞추는 방법을 설명했으며 분자 데이터의 화학적 특성을 추출했다.

그래프 합성곱 모델을 만들고자 DeepChem 라이브러리의 GraphConv 클래스에서 제공하는 피처화자를 사용했고, 머신러닝을 통해 새로운 분자들의 활성을 예측하고 생물학적으로 문제가 될 수 있는 분자 데이터를 제거하기 위해 SMARTS 문자열 필터를 적용했다.

활성값이 높게 예측된 분자 데이터를 검증하려면 생물학적 실험이 필요하며, 그러기 위해서는 실제 화학 합성을 통해 해당 분자를 합성해야 한다. 화학 합성은 이미 많은 부분이 자동화돼 있으므로 일반적으로 외부 업체에 외주를 맡겨서 진행한다.

가상 선별검사로 활성이 가장 높을 것으로 예측된 분자들은 생물학적 분석을 통해 신약 후보 물질 가능 여부가 결정된다. 생물학적 분석에는 항생제부터 항암제까지의 광범위한 평가 항목이 포함돼 특정 화학 구조와 활성 간의 관계에 대한 정보도 얻을 수 있다. 따라서 생물학적 분석은 가상 선별검사의 마지막 단계인 동시에 신약 개발의 첫 번째 단계가 된다.

딥러닝의 미래와 전망

생명과학은 다른 분야보다 더 빠르게 발전하고 있다. 마찬가지로 딥러닝도 컴퓨터과학에서 가장 빠르게 발전하는 중이다. 그렇기 때문에 이 두 분야의 융합은 앞으로 광범위한 방법으로 세상을 변화시킬 것이다. 생명과학과 딥러닝의 융합은 인류에게 엄청난 이익을 가져다줄 것으로 예상되지만, 이와 동시에 잠재적인 부작용도 예상된다.

12장에서는 먼저 미래에 딥러닝이 의료 현장을 어떻게 바꿀 것인지 살펴본다. 딥러닝이 해결할 수 있는 중요한 문제와 딥러닝이 앞으로 극복해야 할 장애물을 살펴보고, 딥러닝으로 인한 부작용과 그것을 피하는 데 필요한 노력을 소개한다.

질병 진단

질병 진단medical diagnosis은 딥러닝이 가장 많이 사용되는 분야이며 지난 몇 년간 폐렴, 피부암, 당뇨망막병증, 황반 변성, 부정맥, 유방암 진단에서 의사보다 더 정확한 모습을 보여줬다. 또한 딥러닝으로 진단 가능한 질병도 계속해서 늘어날 것으로 전망된다.

딥러닝이 컴퓨터 비전 분야에서 놀라운 성능을 보여주고 수년간의 연구로 상당히 정교한 머신러닝 모델을 만들 수 있기 때문에 대부분의 질병 진단 모델은 X선, 자기 공명 영상(MRI), 현미경 이미지 데이터를 기반으로 한다. 그러므로 의료용 이미지에 딥러닝을 적용하는 것은 비교적 간단했다. 그러나 대부분의 의료 데이터는 이미지 기반이 아니다. 따라서 앞으로는 숫자형 데이터로 표현되는 심전도, DNA 서열, 유전자 발현 프로파일 등에 딥러닝을 적용하는 방향으로 가게 될 것이다.

의료 분야에 딥러닝을 사용하는 과정에서 가장 먼저 겪게 되는 문제는 데이터를 모으는 일이다. 머신러닝에는 일관성 있고 깨끗하게 분류된 많은 데이터가 필요하다. 예를 들어 현미경 이미지로 암을 진단하는 모델을 만들고 싶다면, 암의 유무에 관계없이 아주 많은 현미경 이미지가 필요하다. 다른 예로 유전병을 진단하는 딥러닝 모델을 만들려면 아주 많은 사람의 유전자 발현 프로파일 데이터가 필요하다.

현존하는 의료 데이터들은 딥러닝 모델을 만들기에 양적으로 충분치 않다. 간혹 적절한 데이터셋이 존재하더라도 많은 노이즈를 포함하고 있거나 레이블이 정확하지 않은 경우가 많다. 게다가 어떤 데이터들은 컴퓨터가 읽을 수 없는 형식으로 존재한다. 예를 들면, 의사가 수기로 작성한 환자 기록을 사람은 이해할 수 있지만 컴퓨터는 쉽게 이해하지 못한다.

그러므로 딥러닝으로 성공적인 질병 진단을 하는 것은 더 나은 데이터셋을 만드는 데 달려 있다고 할 수 있다. 따라서 기존 데이터를 합치거나 선별하는 과정 혹은 처음부터 머신러닝에 적합한 데이터를 수집하는 과정이 필요하다. 후자의 방법은 보통 더 나은 결과를 보여주지만, 데이터 수집 비용이 비싸다는 문제가 있다.

게다가 환자의 의료 기록에는 민감한 개인정보가 포함된 경우가 많으므로 이런 데이터셋을 만들면 환자의 사생활을 침해할 수도 있다. 예를 들어, 에이즈를 진단받은 이력이 고용주나 이웃에게 알려지면 환자는 매우 곤란해질 것이다.

사생활 침해 문제는 유전체 데이터에서 더욱 심각하다. 유전체의 특성상 부모와 자녀는 전체 유전체의 50%를 공유하고, 형제는 25%를 공유한다. 따라서 본인의 유전체 데이터를 제공하는 것은 친족의 유전체 일부를 제공하는 것과 마찬가지다. 또한 유전체 데이터를 익명으로 처리하는 것도 불가능하다. DNA 서열은 이름이나 지문보다 훨씬 정확하게 개인을 식별할 수 있기 때문이다. 따라서 개인의 권리를 침해하지 않고 유전체 데이터를 사용하는 것은 결코 쉽지 않은 일이다.

정리하자면 머신러닝에 유용한 데이터셋은 세 가지 특징을 가진다. 첫째, 많은 데이터가 포함돼야 한다. 그래서 가능하면 최대한의 데이터를 모아야 한다. 둘째, 데이터가 깨끗하고 세밀하며 명확히 표현돼야 한다. 셋째, 데이터는 쉽게 접근할 수 있어야 한다. 그래야 많은 연구자가 자신들의 머신러닝 모델에 적용해볼 수 있고 다른 데이터셋과 결합해 더 큰 데이터셋을 만들 수 있기 때문이다.

하지만 데이터셋의 유용한 특성은 동시에 데이터를 악용하기 쉽게 만든다. 따라서 유용한 데이터는 한편으로 위험한 데이터라고 할 수 있다. 그렇기 때문에 데이터셋의 유용성과 위험성 사이에 균형을 유지하는 것은 바로 연구자들이 갖춰야 할 덕목이다.

맞춤 의학

진단의 다음 단계는 치료법을 제공하는 것이다. 전통적으로 의사들은 같은 진단을 받은 환자들 중 다수에게 치료 효과가 있고 부작용이 덜한 약물을 처방해왔다.

그러나 이 방법은 모든 사람이 다르다는 생물학적 복잡성을 무시한다. 특정 약물은 어떤 사람에게는 효과를 나타내지만 다른 사람에게는 심각한 부작용을 일으킬 수도 있다. 또한 어떤 사람에게는 주입되는 약물의 양이 많이 필요한 반면 다른 사람에게는 훨씬 적은 양이 필요할 수도 있다.

게다가 질병의 진단은 생각보다 매우 추상적인 개념으로 의사가 환자의 병이 당뇨나 암이라고 진단해도 확실한 것은 아무것도 없다. 암세포는 정상세포에 서로 다른 돌연변이가 발생해 만들어진다. 즉, 같은 암 환자라고 해도 모든 암은 근본적으로 다르며, 어떤 사람에게 효과가 있는 약물도 다른 사람에게는 효과를 나타내지 못하는 것이 당연하다.

맞춤 의학personalized medicine[1]은 이런 현대 의학의 한계를 넘기 위한 시도로서 최선의 치료법을 제공하고자 환자의 고유한 유전자와 생화학적 특성을 고려한다. 그러므로 맞춤 의학을 통해 약물의 부작용을 줄이고 더 큰 치료 효과를 얻음으로써 현대 의료의 질을 획기적으로 향상시

---

1   질병의 위험성과 관련해 예상되는 반응에 따라 각각의 환자에게 어떤 약이 효과가 있는지 결정해서 처방을 내리는 개인 맞춤형 의학이다. – 옮긴이

킬 수 있다.

그러나 맞춤 의학을 실현하려면 컴퓨터 기술의 발전이 필수적이다. 아주 많은 양의 데이터를 분석해 가능한 치료법이 환자의 질병 상태와 어떻게 상호작용하는지 예측해야 하기 때문이다. 앞서 10장에서 언급했듯이 이런 종류의 문제를 해결하는 데 딥러닝은 탁월한 성능을 보여준다.

딥러닝으로 치료법의 효과를 예측할 때는 학습 모델의 해석 가능성과 설명 가능성이 중요하다. 컴퓨터가 내린 진단과 치료법을 의사가 다시 확인하고 신뢰 여부를 결정해야 하기 때문이다.

불행히도 질병에 관련된 데이터의 양과 생물학적 시스템의 복잡성은 사람의 이해력을 넘어선다. 딥러닝 모델이 특정 치료법이 효과적인 이유를 환자의 유전자에 17개의 돌연변이가 있기 때문이라고 설명해도 현실적으로 의사가 그 돌연변이를 재확인할 수 있는 방법은 없다. 그래서 법률적이고 동시에 윤리적인 문제가 발생한다. 의사가 머신러닝의 결과를 이해하지 못한 채 학습 모델이 권장하는 치료법을 따르는 것이 옳을까? 아니면 머신러닝의 권장 사항을 무시하는 것이 옳을까? 이런 경우에 처방한 약물이 효과가 없거나 부작용이 발생했다면 누구의 책임일까?

맞춤 의학은 계속 발전할 것이다. 처음에는 의사가 환자를 치료하는 과정에서 컴퓨터가 보조하는 역할만 하겠지만, 결국에는 컴퓨터를 사용한 진단이 사람이 직접 하는 진단보다 훨씬 정확해질 것이다. 그렇게 되면 그 누구도 의사를 비윤리적이라고 비난할 수 없게 된다. 하지만 이런 발전은 아직 먼 미래의 일이다. 그러므로 맞춤 의학이 발전하는 동안에 더 주의를 기울여야 한다. 의사가 부정확한 딥러닝 모델을 믿고 의지하게 되지 않도록 컴퓨터과학자들이 더 신중해야 한다. 더불어 섣부른 예측이 어떤 결과를 불러올지 염두에 두면서 여러 학습 모델을 비판적으로 생각해야 한다.

신약 개발

신약 개발pharmaceutical development은 매우 복잡한 과정이며 많은 시간을 소비한다. 또한 일반적으로 신약 개발은 매우 큰 비용이 든다. 최근 연구에 따르면, 제약 회사는 하나의 의약품을 허가받는 데 평균적으로 26억 달러를 사용한다. 이는 신약 하나를 개발하는 데 수십억 달러가 필요하다는 의미가 아니라, 신약 개발 시도는 대부분 실패한다는 것을 의미한다. 다시 말해 제약 회사는 대부분의 돈을 결국 실패할 신약 후보 물질에 쓰고 있다.

신약 개발의 모든 문제를 딥러닝이 해결할 것이라고 말할 수 있다면 좋겠지만 그렇지는 않다. 신약 개발은 다음의 예시들을 포함해서 매우 많은 것을 고려해야 하기 때문이다. 약물이 원하는 효과를 내려면 몸속에서 다른 분자와 올바르게 상호작용해야 한다. 또한 약물이 혈액에 들어가려면 충분히 높은 용해도가 필요하며, 어떤 경우에는 혈액 뇌 장벽blood-brain barrier을 넘어야 한다. 때로는 몸속에서 약물의 분자 구조가 변하기도 한다. 그런 경우 원래 약물의 효과뿐만 아니라 변경된 구조의 약물이 유발하는 모든 효과도 고려해야 한다. 마지막으로 약물의 생산 비용이 저렴하고 보관 수명이 길며 관리가 용이해야 한다는 추가적인 요구 사항도 있다.

따라서 신약 개발 과정을 최적화하는 것은 매우 어렵다. 단계도 많고 한 번에 모든 것을 최적화할 수 있는 방법은 원래 존재하지 않는다. 그렇기 때문에 딥러닝을 사용하면 몇몇 단계는 최적화할 수 있겠지만, 전체 단계에서 볼 때 극히 일부에 불과하다.

반면 긍정적으로 생각해보면, 신약을 개발하는 데 엄청난 비용이 들어가므로 개발 과정에서 아주 적은 개선만 이뤄져도 생각보다 큰 비용 절감 효과를 얻게 된다. 만약 딥러닝으로 신약 개발 비용의 5%를 절약한다면, 총 26억 달러 중에서 1억 3,000만 달러를 절약할 수 있다.

그림 12-1은 신약 개발의 전체 과정을 보여준다. 신약 개발의 첫 단계는 원하는 특성을 갖는 수천 가지의 후보 물질을 선별하는 것이다. 이 선별 과정은 이후 생물학적 분석 비용에 비하면 상대적으로 저렴한 편이다. 두 번째 단계는 유망한 수백 개의 후보 물질로 동물 실험과 생물학적 실험을 수행하는 것이다. 이런 실험을 전임상이라 부른다. 전임상을 모두 마치면 아마 열 개 이하의 후보 물질이 임상 시험 단계로 넘어갈 것이다. 운이 좋다면 그중 하나 정

도가 승인을 받는다. 신약 개발 과정에서 뒤로 갈수록 후보 물질의 수가 줄어드는 데 반해 비용은 증가하므로, 대부분의 비용이 뒷 단계에서 소모된다.

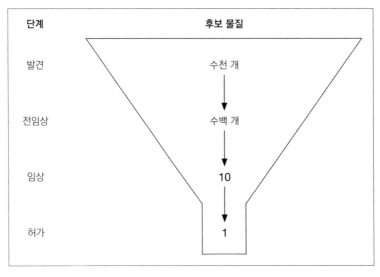

그림 12-1 신약 개발 단계

따라서 신약 개발 비용을 줄이려면 빠른 실패가 중요하다. 궁극적으로는 수억 달러를 사용해 임상실험을 진행하기 전보다 더 빠른 시점인 개발 초기 단계에서 실패 유무를 판정하는 것이 중요하다. 그렇기 때문에 딥러닝으로 성공적인 약물이 될 화합물을 더 정확하게 예측할 수 있다면 그 비용 절감 효과는 엄청날 것이다.

생물학 연구

딥러닝은 의학뿐만 아니라 기초 생물학 연구에도 큰 잠재력을 갖고 있다. 현대 과학에 사용되는 실험들은 높은 처리량high-throughput이 기본이다. 높은 처리량 실험은 한 번에 수천에서 수백만 개에 달하는 데이터를 생성한다. 따라서 사람이 실험 데이터에서 패턴을 찾고 이해하는 것은 매우 어렵다. 앞에서 유전체 데이터와 현미경 이미지를 머신러닝으로 분석하는 예시를 살펴본 것처럼 딥러닝은 복잡한 데이터를 분석하고 패턴을 찾는 데 강력한 성능을 보여준다.

또 다른 예시로 딥러닝을 시뮬레이션에 사용하는 것이 있다. 딥러닝의 인공 신경망은 실제 뇌신경의 구조를 모방해 만들었다. 그렇다면 딥러닝 모델이 학습하는 과정은 실제 두뇌와 유사할 것으로 예상할 수 있다.

몇몇 경우에는 실제 그런 것처럼 보인다. 두뇌에서 시각[2], 청각[3], 운동 감각을 처리하는 기능을 인공 신경망으로 구현해 머신러닝을 수행해봤더니 해당 뇌 영역의 행동과 일치하는 것으로 나타났다. 특히 인공 신경망의 시뮬레이션으로 시각 또는 청각 피질 영역의 동작을 정확하게 예측했다.

이는 매우 주목할 만한 결과인데, 딥러닝 모델은 특정 뇌 영역보다는 매우 단순하게 설계됐기 때문이다. 과학자들은 특정 작업을 수행하기 위해 간단한 딥러닝 모델을 만들고 경사 하강법으로 머신러닝을 수행한 것인데, 이로써 수백만 년의 진화를 통해 얻은 뇌의 구조와 근본적으로 유사해졌다.

이러한 접근 방식을 더 발전시키려면 아마도 정말 새로운 신경망 구조가 필요할 것이다. 합성곱 네트워크는 실제 시각 피질의 구조를 본따서 만들었기 때문에 좋은 성능을 보여주지만, 뇌에는 전혀 다른 방식으로 작동하는 영역도 있다. 따라서 앞으로 신경 과학과 딥러닝은 같이 발전해야 할 것이다. 두뇌에 대한 이해는 딥러닝을 위한 새로운 신경망 구조를 제안하고, 새로운 신경망 모델은 다시 두뇌를 더 잘 이해하게 해줄 것이다.

생물학에는 인공 신경망 외에도 복잡한 네트워크가 많다. 예를 들면 면역 체계나 유전자 조절 메커니즘도 일종의 네트워크로 볼 수 있고, 구성 요소들은 서로 정보를 주고받는다. 그렇다면 딥러닝을 사용해 이런 네트워크의 작동 방식을 더 잘 이해할 수 있지 않을까? 아직까지 그 답을 알지는 못하지만 가까운 미래에는 밝혀질 것이다.

2   Yamins, Daniel L. K. et al. "Performance-Optimized Hierarchical Models Predict Neural Responses in Higher Visual Cortex." Proceedings of the National Academy of Sciences 111:8619-8624. https://doi.org/10.1073/pnas.1403112111. 2014

3   Kell, Alexander J. E. et al. "A Task-Optimized Neural Network Replicates Human Auditory Behavior, Predicts Brain Responses, and Reveals a Cortical Processing Hierarchy." Neuron 98:630-644. https://doi.org/10.1016/j.neuron.2018.03.044. 2018

결론

딥러닝 분야는 아주 빠르게 발전하고 있다. 또한 딥러닝은 생명과학 분야를 크게 변화시킬 것이므로 만약 여러분이 생명과학 분야에서 일한다면 딥러닝을 공부할 필요가 있다.

반대로 독자 여러분이 딥러닝 관련 분야에 종사한다면 생명과학이 앞으로 딥러닝을 응용하는 중요한 분야가 될 것이라는 점을 알아야 한다. 생명과학은 기본적으로 빅데이터와 복잡계를 연구하며 의학 발전에 직접적으로 연관되기 때문이다.

이 책의 내용이 딥러닝으로 생명과학 문제를 해결하는 데 필요한 배경지식은 충분히 전달했을 것이다. 우리는 지금 새로운 기술들이 모여 세상을 변화시키는 역사적인 순간을 맞이하고 있다. 독자 여러분들도 여기에 참여해 세상을 변화시키는 주체가 되길 바란다.

찾아보기

생명과학을 위한 딥러닝

생물학, 유전체학, 신약 개발에 적용하는 실무 딥러닝

발　행 | 2020년 8월 19일

지은이 | 바라스 람순다르 · 피터 이스트먼 · 패트릭 월터스 · 비제이 판데
옮긴이 | 김 태 윤

펴낸이 | 권 성 준
편집장 | 황 영 주
편　집 | 김 진 아
　　　　임 지 원
　　　　김 은 비
디자인 | 윤 서 빈

에이콘출판주식회사
서울특별시 양천구 국회대로 287 (목동)
전화 02-2653-7600, 팩스 02-2653-0433
www.acornpub.co.kr / editor@acornpub.co.kr

한국어판 ⓒ 에이콘출판주식회사, 2020, Printed in Korea.
ISBN 979-11-6175-442-0
http://www.acornpub.co.kr/book/dl-life-sciences

이 도서의 국립중앙도서관 출판시도서목록(CIP)은 서지정보유통지원시스템 홈페이지(http://seoji.nl.go.kr)와
국가자료공동목록시스템(http://www.nl.go.kr/kolisnet)에서 이용하실 수 있습니다.(CIP제어번호: CIP2020033015)

책값은 뒤표지에 있습니다.